职业教育汽车类专业"互联网+"创新教材
汽车技术服务与营销专业"校企合作"精品教材

汽车顾问式销售

(配实训工单)

北京运华科技发展有限公司　组编

主　编　刘秀荣　吴风波
副主编　边　晶　邢　磊
参　编　周学锋　李　君　郑瑞娜　陈佳伟　刘长策　刘　铭

本书是理实一体化教材，包括**理论知识**和**实训工单**两部分，两部分单独装订成册，方便使用。**理论知识**包括概述、客户开发与售前准备、客户接待、需求分析、车型推荐、试乘试驾、异议处理、成交签约、新车交付和服务跟踪，同时将课程思政理念、课程思政元素融入其中，达到了"润物细无声"的效果；**实训工单**配套对应每个项目，每个实训工单将职业技能目标和德育素质目标作为实训目标，并以接受工作任务、信息收集、制订计划、计划实施、质量检查、评价反馈六个环节为实训主线，结合理论知识内容进行实践操作，培养学生良好的素养，形成理实一体化教学模式。

本书采用"校企合作"模式，同时运用了"互联网+"形式，在理论知识部分嵌入二维码，方便读者理解相关知识，以便更深入地学习。

本书可作为职业院校汽车类相关专业的教学用书，也可作为汽车4S店销售顾问等岗位的内部培训资料和参考书，还可供社会从业人员自学使用。

为方便教学，本书配有**电子课件**、**实训工单答案**等配套资料，同时还配有"示范教学包"，可在超星学习通上实现"一键建课"，方便混合式教学。凡选用本书作为授课教材的教师，均可登录www.cmpedu.com，以教师身份注册下载。也可咨询相关编辑，编辑电话：010-88379201。

图书在版编目（CIP）数据

汽车顾问式销售：配实训工单/刘秀荣，吴凤波主编．—北京：机械工业出版社，2019.9（2024.2重印）

职业教育汽车类专业"互联网+"创新教材 汽车营销与服务专业"校企合作"精品教材

ISBN 978-7-111-63521-5

Ⅰ.①汽… Ⅱ.①刘…②吴… Ⅲ.①汽车-销售-职业教育-教材 Ⅳ.①F766

中国版本图书馆CIP数据核字（2019）第180426号

机械工业出版社（北京市百万庄大街22号 邮政编码100037）
策划编辑：师 哲 责任编辑：师 哲
责任校对：王 欣 李 杉 封面设计：张 静
责任印制：刘 媛
涿州市般润文化传播有限公司印刷
2024年2月第1版第11次印刷
184mm×260mm·15.5印张·373千字
标准书号：ISBN 978-7-111-63521-5
定价：42.80元

电话服务	网络服务
客服电话：010-88361066	机 工 官 网：www.cmpbook.com
010-88379833	机 工 官 博：weibo.com/cmp1952
010-68326294	金 书 网：www.golden-book.com
封底无防伪标均为盗版	机工教育服务网：www.cmpedu.com

职业教育汽车类专业"互联网+"创新教材
汽车技术服务与营销专业"校企合作"精品教材

编审委员会

顾　问
罗　磊　中国汽车流通协会
简玉麟　武汉交通学校
李景芝　山东交通学院
王法长　中国汽车流通协会人力资源分会
贺　萍　深圳职业技术学院

主　任
郑丽梅　全国机械职业教育教学指导委员会

副主任
张国方　武汉理工大学
刘宏飞　吉林大学
申荣卫　天津职业技术师范大学
韩　萍　长春汽车工业高等专科学校
宋润生　深圳职业技术学院

委　员

王旭荣	高腾玲	李贵炎	庞志康	李　彤	王彦峰	罗国玺
陈　青	吴　刚	李东魁	姚延钢	张红英	操龙斌	李　杰
张晶磊	刘凤良	王远明	莫舒玥	商　卫	张宏阁	邓宏业
苏　明	段懿伦	毕丽丽	颜同宇	郑　莺	何寿柏	付慧敏
曾　虎	纪　烨	李冬冬	尹向阳	张树玲	曲鲁滨	苏　青
何　健	金加龙	赵暨羊	严　丽	邱华桢	屠剑敏	叶燕仙
田厚杰	廖　明	张潇月	李永安			

二维码索引

序　号	二维码	名　称	页　码
1		潜在客户判定原则	23
2		展厅展车整理	27
3		展厅接待流程	33
4		接听客户电话	42
5		呼出电话邀约	44
6		需求分析	63
7		车辆发动机舱介绍	94
8		邀约试乘试驾	105

（续）

序　号	二　维　码	名　称	页　码
9		带客户进行试乘体验	107
10		洽谈成功	138

前言

随着汽车产业的高速发展和人民生活水平的不断提高，汽车已成为人民生活中不可缺少的部分。由此，社会对专业的汽车销售人才的需求越来越大，需要有一本突出职业教育特点的教材来指导和提升汽车销售顾问的业务。因此，机械工业出版社牵头组织编写了本书。本书对应的课程体系由北京运华科技发展有限公司组织企业人士和一线教师共同开发。本书以职业岗位为主线，采用"基于工作过程"的方法进行开发。在对汽车技术服务与营销专业技术技能人才岗位进行调研的基础上，分析出岗位典型工作任务，然后根据典型工作任务提炼了行动领域，在此基础上构建了工作过程系统化的课程体系。为方便职业院校开展一体化教学和信息化教学，本书包括理论知识和实训工单两部分，两部分内容单独成册，构成一个整体。理论知识以项目任务引领，每个任务以知识储备为主线，重点突出解决问题的能力和技巧辅以知识拓展来丰富课堂教学内容并将课程思政的元素融入课程内容中，通过亮点展示塑造和培育学生的价值观。实训工单部分配套对应每个项目，每个实训工单将职业技能目标和德育素质目标作为实训目标，并以接受工作任务、信息收集、制订计划、计划实施、质量检查、评价反馈六个环节为实训主线，结合理论知识内容进行实践操作，对教学内容和职业技能进行巩固和提升。同时在理论知识部分运用了"互联网+"技术，在部分知识点附近设置了二维码，使用者可以用智能手机进行扫描，便可在手机屏幕上显示和教学资料相关的多媒体内容，可以方便读者理解相关知识，以便更深入地学习。

本书由天津职业大学刘秀荣、安徽工商职业学院吴风波两位双师型教师担任主编；汽车销售顾问边晶、安徽工商职业学院邢磊任副主编。具体编写分工如下：刘秀荣编写了概述、项目一、项目三和项目四，并设计了实训工单中项目一～项目九的职业技能目标和德育素质目标；边晶编写了项目二；吴风波编写了项目五、项目七～项目九；邢磊编写了项目六。刘秀荣对全书进行了统稿并提出了修改建议。北京运华科技发展有限公司的陈佳伟和郑瑞娜协助主编统稿、撰写实训工单，其他参与实训工单编写的还有北京运华科技发展有限公司的刘长策和刘铭、天津滨海新区塘沽第一职业中等专业学校的周学锋和李君。

在本书编写过程中，北京运华科技发展有限公司开发了配套的实训项目，在此表示衷心的感谢。

由于编者水平有限，书中难免有错漏之处，敬请广大读者批评指正。

编　者

目录

二维码索引
前言

| 概述 | 1 |

| 项目一 | 客户开发与售前准备 | 12 | | 任务一 | 客户开发 | 12 |
| | | | | 任务二 | 售前准备 | 25 |

项目二	客户接待	33		任务一	展厅客户接待	33
				任务二	邀约客户接待	41
				任务三	进行客户沟通	46

项目三	需求分析	55		任务一	客户交际风格判断	55
				任务二	辨别影响客户购买行为的因素	60
				任务三	需求分析流程	63

项目四	车型推荐	76		任务一	车型推荐前准备	76
				任务二	选择车型推荐方法	79
				任务三	六方位绕车介绍	84
				任务四	车型推介技巧	95

项目五	试乘试驾	100		任务一	试乘试驾前	100
				任务二	试乘试驾中	107
				任务三	试乘试驾后	112

| 项目六 | 异议处理 | 120 | | 任务一 | 异议处理的认知 | 120 |
| | | | | 任务二 | 异议处理的方法 | 124 |

项目七	成交签约	133		任务一	洽谈成交	133
				任务二	二手车置换业务推荐	141
				任务三	金融业务推荐	143
				任务四	保险业务推荐	148
				任务五	精品业务推荐	153

| 项目八 | 新车交付 | 160 | | 任务一 | 交车准备 | 160 |
| | | | | 任务二 | 新车递交 | 162 |

| 项目九 | 服务跟踪 | 170 | | 任务一 | 客户回访及投诉处理 | 170 |
| | | | | 任务二 | 客户关系维系 | 175 |

| 参考文献 | 181 |

概 述

任务目标

1. 熟悉现代推销的基本原则。
2. 掌握全面的专业素质开展销售工作。
3. 具备专业的汽车销售人员的 8 种能力。

建议学时

6 学时。

相关知识

一、销售概述

1. 销售的概念

在竞争日趋激烈、买方市场的条件下，销售人员的销售工作开始由过去的客户主动上门购买的被动式销售转变为主动开发客户，将产品推销给对产品有需求的客户的过程。这时的销售过程实际上是一种产品的推销过程，推销的概念可以从广义和狭义两个方面来理解。

广义的推销是指主动发起者采用一定的技巧、传递有关信息、刺激推销对象，使其接受并实施推销内容的活动与过程。推销的主动发起者是发起、策划、组织推销活动的人或组织；推销的对象是推销目标人群或目标组织，即推销活动的接受者；推销内容是指推销者希望推销对象接受的标的物；如产品、服务、思想、观点以及形象或权利等。

狭义的推销是指推销人员以满足双方利益或需求为出发点，主动运用各种技巧，向推销对象传递产品或劳务的有关信息，使推销对象接受并购买相关产品或劳务的活动过程。狭义的推销是以企业或推销人员为推销的主动发起者，以产品或劳务为推销内容，以目标市场的购买者为推销对象。本书所阐述的推销理论就是建立在狭义推销概念基础上的（在买方市场条件下，企业和推销人员往往是推销的主动发起者，这里所讲的销售就推销，下面将推销统称销售）。

> 例如，客户购车有的是为了开拓业务，彰显自己的身份；有的是为了突出个性，体现自身独特的品位；有的是为了代步，考虑经济实用。由于每个客户的需求不同，所以我们在介绍汽车的过程中，必须要有针对性。

2. 销售的三要素

（1）**销售人员**　销售人员是指主动向别人销售的销售主体，这里指专门从事商业性销售的职业销售员。销售人员的主要任务是通过走访客户，了解客户的困难与问题，为客户提供服务，说服客户购买企业的产品或劳务。

（2）**销售对象**　销售对象是指接受销售人员销售的销售主体，包括各类客户和购买决策人等。没有销售对象就不会有销售活动，销售对象是销售人员销售作用的目标，是说服的对象。客户和购买决策人是指具有购买决策权或者具有影响购买决策力量并且直接参与购买过程的有关人员，包括各类采购人员、购买决策人以及其他方面的有关人员。购买者不仅包括年龄、教育水平、收入水平和性格各异的个人购买者，也包括不同规模、不同经营范围的中间商、各类产业型企业以及各种非营利性组织。所有上述个人和组织都可能成为销售对象。

（3）**销售品**　销售品又称销售客体，是指被销售的目标。销售品包括商品、服务和观念。作为销售中的一个基本要素，销售品必然会影响销售活动的各个方面和环节，如销售品的性能、质量、技术含量等，都关系到销售活动的具体方式和难易程度等。研究销售品的目的在于了解销售品，掌握销售品各方面的知识。在实际商品交换过程中，不了解销售品的特性、用途甚至维修保养方面的知识，就无法胜任推销工作。

3. 现代销售的基本原则

商品销售的基本原则是基于对销售规律的认识而概括出来的销售活动的依据和规则。销售人员掌握正确的销售原则，可以使销售活动有所遵从，减少销售失误，提高销售成效，增强销售人员按照客观规律办事的自觉性。

（1）**满足客户需求的原则**　客户的需求是市场营销的出发点，也是销售的出发点。产品是满足客户需要的有形与无形的物质或服务的综合体。客户之所以购买某种产品或服务，总是为了满足一定的需求。因此，销售人员必须认真地了解客户的需求，把销售品作为满足客户需求的方案向客户推荐，让客户明白它确实能满足其需求。客户只有产生了需求才可能产生购买动机并导致购买行为。满足需求，是客户购买的基本动机。一位销售员若不能真切地了解客户的内在需求，在销售品与客户需求之间成功地架设起一座桥梁的话，销售是不可能成功的。

需求是指没有得到某些基本满足的感受状态。销售人员不仅要了解销售对象是否具有支付能力的需求，而且要了解销售对象的具体需求是什么，要熟悉自己的客户，既了解他们的一般需求，又了解他们的特殊需求，把客户的需求放在第一位，向其销售适当的产品或服务。

（2）**互利互惠的原则**　互利互惠原则是指在销售过程中，销售人员要以交易能为双方都带来较大的利益或者能够为双方都减少损失为出发点，不能从事伤害一方或给一方带来损失的销售活动。要知道，客户之所以进行购买活动，就在于交易后得到的利益大于或等于他所付出的代价。因此，销售人员在销售活动中要设法满足自己和客户双方所追逐的目标，实现"双赢"是培养长久客户之计，是客户不断购买的基础和条件，也是取得客户口碑的基础和条件。

销售人员在把握互利互惠原则时，切不可简单地理解为是对客户的让利。实际上，客户追求的利益也是多方面的，必须将它与客户所具有的多种需求相适应。销售人员在努力实现互利互惠原则时，必须善于认识客户的核心利益，并与客户加强沟通。

正确运用互利互惠原则开展销售活动，必须在销售之前分析交易活动的结果能给客户带来的利益。客户追求的利益，既有物质的，也有精神的。不同的客户对同一商品会产生不同标准的价值判断，需求强烈的商品，价值判断越高；反之则相反。商品不同，带给客户的利益就会有差异。不同的客户对商品价值的评判会有高低，要在准确判断销售品给客户带来的利益的基础上找到双方利益的均衡点，开展"双赢"销售活动。在进行利益判断时，一个优秀的销售人员，不仅要看到当前的销售利益，而且要看到长远的销售利益；不仅要看到直接的销售利益，还要看到间接的销售利益。销售人员要多因素综合评价利益均衡点，不能以某一次交易的成功与否来判断销售的利益，要坚持用能给客户带来的利益引导客户成交。充分展示商品或服务能给客户带来的利益，是引导客户购买的重要途径。这种展示越充分、越具体，客户购买的可能性就越大。

掌握互利互惠原则的意义如下：

1）互利互惠是双方达成交易的基础。
2）互利互惠能增强销售人员的工作信心。
3）互利互惠能形成良好的交易气氛。
4）互利互惠有利于业务的发展。

互利互惠是商品交易的一项基本原则，但在具体执行中没有明确的利益分割点。双方利益的分配，也并非简单的一分为二。优秀的销售人员，总能够使客户的需求得到最大程度的满足，又能使自己获得最大的利益。因而销售人员和客户的利益并不是互相矛盾、互相对立的。

(3) 销售使用价值观念的原则　使用价值观念，是客户对商品使用价值的认识。销售人员与其说是在销售商品，不如说是在销售商品的使用价值。客户总是基于对商品使用价值的认识来实施购买行为，但是面对层出不穷的新产品，客户对商品使用价值的认识是有限的，或者说要有一个过程，又由于生活方式和生活观念的不同，即使对同一种商品的同一种使用价值，客户也会有不同的认识。

销售使用价值观念的原则，就是在销售商品时，要利用或改变客户原有的观念体系，想方设法地使客户形成对商品使用价值的正确认识，以达到说明和帮助客户购买商品的目的。著名的销售专家戈德曼说过这么一句话："你不要单纯地销售具体的商品，更重要的是销售商品的使用价值观念。"

具体地说，销售使用价值观念原则的意义在于：

1）具有使用价值观念，才能最终决定购买。决定客户最终购买的，一是购买力；二是对商品使用价值的认识。所以，销售人员首先应该帮助客户形成对商品使用价值的正确认识，或者缩短这个认识过程。
2）使用价值观念是购后评价的标准。
3）使用价值观念需要销售。就销售而言，正确的使用价值观念非常重要，但客户往往由于各种原因不能形成正确的使用价值观念。这就需要销售人员去帮助客户正确认识商品的使用价值，认识自己的需要，并把两者密切联系起来。所以说，使用价值观念需要销售。

(4) 人际关系原则　人际关系原则是指销售人员在销售商品时，必须建立和谐的人际关系。买卖双方的关系是一种经济利益的交换关系，是人际关系的一种。销售人员应致力于建立一种真诚的、长期的、富于人情味的人际关系，这种关系能使双方感到满意和愉快，而不使一方的利益受到损害。

销售人员要建立良好的人际关系，必须以诚待客，关心客户，关心他们的事业和生活，并信守各项交易条款，按时、按质、按量地兑现自己的承诺，哪怕是一次礼节性的拜访，也要遵守约定的时间。

掌握人际关系原则的意义如下：

1）和谐的人际关系导致信任和理解。

2）和谐的人际关系能促进信息的畅通和业务的发展。

因此，在销售活动中，谁能建立和谐的人际关系，谁能赢得客户的好感和信任，谁就能吸引住客户，就能在竞争中立于不败之地。销售人员要认真对待身边的每个客户，因为每个客户的身后，都有一个相对稳定、数量不小的群体。

(5) 尊重客户的原则　尊重客户的原则是指销售人员在销售活动中要敬重客户的人格，重视客户的利益。

掌握尊重客户原则的意义如下：

1）有利于建立良好的人际关系，消除隔阂。当客户在销售人员那里首先获得被尊重的感觉时，通常容易消除对销售人员产生的疑虑和不信任感。

2）可以优化交易气氛。

3）可以得到客户的回报。

对销售人员来说，学会赞美，善于换位思考，从客户的立场、角度出发来考虑问题，充分理解客户、尊重客户，是一件非常重要的事。

二、汽车销售概述

1. 汽车销售的特点

在汽车行业中汽车销售人员被称为汽车销售顾问，汽车销售顾问必须熟悉汽车销售的特点，汽车销售的特点具体体现在以下几个方面。

(1) 面向特定的人群　汽车是高价格商品，从几万元到几百万元，甚至上千万元；同时，汽车也是高价值的商品，汽车所能赋予人们的不仅仅是代步的工具，而且还充分体现人的身份、地位、品味、爱好、生活方式、审美观念等多方面的信息。随着我国经济的快速发展，人民生活水平的提高，汽车已经进入了家庭，汽车已经成为提高人们生活品质，创造新的生活方式的一种选择。但是，由于汽车使用成本高，对用车人来讲，需要考取驾驶证，因此，目前的汽车销售对象大多具有较高的收入或稳定的职业，这是一个特定的消费人群。

(2) 汽车产品技术先进，结构复杂　汽车是民用产品中技术比较复杂技术含量最高的商品，同时，也是技术更新最快的产品。因此，可以说汽车销售工作是在销售行业中最复杂、科技含量最高的工作，汽车销售顾问必须对汽车有深入的了解，全面掌握商品知识和汽车原理，熟悉汽车的基本构造和结构，这就意味着汽车销售顾问要具有丰富的专业知识，而且要随着汽车工业的发展和汽车技术的创新，不间断地持续学习。一个优秀的汽车销售顾问需要长时间的培训和锻炼，通过长时间的实践和积累才能得到成长。

(3) 商品体现生活方式　汽车对于客户来说不仅仅是一件商品，而是一种新的生活方式的开始。

(4) 与销售相关的业务　随着汽车销售行业的不断发展，与汽车销售相关的业务也取得了长足的发展，如汽车按揭业务、汽车保险业务、汽车改装、汽车美容、汽车保养、二手车置换、汽车俱乐部等相关业务。可以说，汽车销售顾问不仅仅要了解汽车本身，还要了解汽车以外的、与汽车相关的所有知识，有时，相关业务知识比商品知识本身还重要。

(5) 体现终身服务　汽车销售是一种终生销售和服务，通过良好的售前、售中、售后服务，使客户产生信赖感，从而获得老客户介绍、换购、增购的销售机会。能否建立客户的"品牌忠诚度"，取决于汽车销售顾问的终身服务意识和良好的专业素质。

(6) 主动销售才有出路　目前，我国的汽车销售市场已成为买方市场。销售人员守在展厅不一定就能有很好的销售业绩，为了完成销售任务，需要持续不断地开发客户、登门拜访，并且有针对性地采取灵活多样的销售策略和技巧才能留住客户。

(7) 客户购买周期较长　不同于一般商品的购买，很少有客户在购车前不进行品牌间的比较。在决定购买之前，客户常常会花上数星期甚至数月时间反复衡量，并且在购车的过程中往往会涉及家庭其他成员的参与，使整个决策的过程出现反复和变化。因此，汽车销售顾问在与客户接触的过程中，不能急于求成，要有耐心，要有持久战的思想准备，不能因为客户没有决定购买而气馁。在目前的销售实际中，被客户拒绝一次，10个销售顾问有5个会从此放弃；被拒绝第二次，5个中又少掉2个；被拒绝第三次，就只剩下一个人会做第四次努力，这时他已经没有竞争对手了。成功贵在坚持，这一点对于汽车销售顾问来说更为重要。

2. 汽车销售顾问必备的专业素质

汽车销售与其他销售行业相比，对汽车销售顾问的专业知识、素质、品格的要求更高，必须经过长期的专业训练和培养，同时还必须具备智慧、勇气、诚实、勤奋的特质。因此，要成为一名专业的汽车销售顾问就必须具备较全面的专业素质。

(1) 有坚定的信念　一名成功的汽车销售顾问，应该时时刻刻鼓励自己，鞭策自己，以激发内在的动力，这就需要一个更好的心态和坚定的信念。汽车销售顾问每天都会遇到各种困难和挫折，最优秀的汽车销售顾问的成交率也只能达到20%，也就是说经历80次的失败才能换来20次的成功，如果没有坚定的信念，汽车销售顾问会因难以承受失败的打击而选择放弃。

(2) 有持续的热情　热情是每一个汽车销售顾问取得成功的基本条件，但是在实际工作中，我们发现一个有趣的现象，在汽车销售顾问刚从事销售工作时，由于业务知识不足，往往在销售中表现出强烈的热情，而随着汽车销售顾问业务能力的提高，专业知识的丰富，热情却逐渐消退了。

没有热情就没有长久的销售。所谓热情，是指一种精神状态，一种对工作、对事业、对客户的炽热情感。

作为一名专业的汽车销售顾问，应该把热情变成一种习惯，而不只是一时的热情。一时的热情容易做到，养成习惯却需要训练和时间。

(3) 站在客户的立场思考　站在客户的立场进行思考，简单地说就是换位思考。在解决客户问题的时候，要设身处地地为客户着想，问一问自己，如果是我，我会怎样？换位思考就是要求汽车销售顾问最大限度地理解客户的需求和想法。换位思考要求汽车销售顾问在客户需要帮助的时候，一方面理解客户的心情；另一方面需要理解客户的要求。而理解客户的要求就需要销售人员在解决客户具体问题时，充分考虑客户的需求，维护客户的利益，这样才会得到客户的认同和赞赏,从而大大提高客户满意度。

(4) **耐心和恒心并存** 汽车销售顾问很辛苦,每天既要拜访很多的客户,又要写很多的报表,有人说,销售工作的一半是用脚跑出来的,一半是动脑子想出来的,要不断地去拜访客户,去协调客户,去跟踪维系客户。销售工作不可能一蹴而就,会遇到很多困难,有些客户可能要跟踪1年甚至2年才能成交,因此,要求我们汽车销售顾问不能急功近利,要有解决问题的耐心,要有百折不挠的精神,要有坚强的意志力。

(5) **谦虚诚实,信守承诺** 在客户面前,作为一名汽车销售顾问,一定要谦虚、客观地评价自己的产品,这样才能赢得客户的信任。

诚实是汽车销售顾问的基本美德,汽车销售顾问在介绍商品的过程中必须做到客观,不夸大其词,不去恶意地贬低竞争对手,不能为了促成交易而欺骗客户,近几年汽车消费投诉直线上升,除了产品质量的投诉之外,服务投诉也日益增多,其中很多投诉都是由于销售人员不诚实造成的。汽车销售顾问的不诚实,直接造成客户对经销商的不信任,进而对品牌的不信任,从而影响企业的长期发展。

信誉是指信用和声誉,它是在长时间的销售过程中,积累形成的一种信赖关系。信誉是成功的保证,世界上的成功者都是信守承诺的人。言必行,行必果,是一个人基本的处事原则,也是基本的销售准则。守信就是要求汽车销售顾问在销售活动中讲究信用。在当今市场竞争日益激烈的条件下,信誉已成为竞争的一种重要手段。

【亮点展示】

汽车销售顾问的信守承诺、一丝不苟的工匠精神

客户宋小姐买了一辆伊兰特,有一次晚上在路上行驶时,突然车动不了了,于是她就给销售顾问小张打电话,小张接到电话后,详细了解了宋小姐车辆使用的情况,耐心地询问车辆的发动机、前照灯使用情况等状况后,小张初步判断故障的原因是将变速杆的档位挂错了,宋小姐检查后惊喜地告诉小张,的确是在行车过程中不小心,将变速杆由D位碰到N位。问题解决了,宋小姐很高兴,对小张处理问题的态度非常赞赏。

亮点展示中汽车销售顾问小张面对客户遇到的难题信守承诺,采取积极的态度,帮助客户排忧解难,表现出了小张对工作严谨认真、一丝不苟、信守承诺的工作态度和精益求精的工匠精神,由此也赢得了客户的信赖。

(6) **勤于思考,善于总结** 销售是一项实践性很强的工作,同时在工作中还需要丰富的知识和技巧,汽车销售顾问需要掌握丰富的知识。汽车销售顾问要想在最短的时间里掌握如此丰富的业务知识,要想最大限度地扩大客户群,要想提高成交率,要想做好所有客户的跟踪和维系工作,就必须勤奋工作,勤于思考,善于总结,要做到脑勤、手勤、眼勤、嘴勤、腿勤。

> **小贴士**
>
> 脑勤就是要求汽车销售顾问要善于学习,勤于思考,经常总结和反思工作中的得失;手勤就是要将工作中的体会和经验进行文字总结,将学习到的知识运用到工作当中去,亲

自去体验和感受;眼勤就是要善于观察,了解客户的真实需求,观察优秀汽车销售顾问的工作方法,通过细致的观察来提高自己的工作能力,同时也提高自己销售的敏锐感;嘴勤就是指汽车销售顾问要练习语言表达能力,通过长时间的练习做到清晰表达自己的观点和思想,同时也使自己的表达更具有感染力和鼓动力;腿勤就是指汽车销售顾问要不断地开拓新的业务,要走出展厅去寻找更多的销售机会,将在展厅的"坐商"变为主动出击的"走商"。

3. 汽车销售顾问的能力结构

(1) 学习能力

1) 学习国家的方针政策、相关的经济法规、国家的宏观与微观经济政策,从战略的高度武装自己。

2) 汽车销售顾问还应该了解行业环境、市场形势、未来趋势、商品知识等。除此之外,汽车销售顾问针对自身还应该以空杯归零的心态系统地学习经营管理学、营销学、心理学、公关学等知识,通过不断完善自己的知识结构,达到从专才、通才向复合型人才的转变,从而适应日益复杂的市场形势变化的需要。

(2) 总结分析能力 总结分析能力也就是对销售工作中经验积累的能力,一名汽车销售顾问如果在工作中不去分析成功、失败的原因,不去寻找自身存在的差距,不对每一天工作的得失进行总结,不把经验整理记录下来,不把教训总结出来并找到防止再犯的对策,那么汽车销售顾问就无法得到提高,也就放弃了从经验和实践中学习的机会。因此,作为一名汽车销售顾问,要善于总结,能把不同的客户资料进行综合分析和总结,接近客户一定不可千篇一律,必须事先做充分的准备,针对各类型的客户,采取最适合的接近方式及开场白。同时,汽车销售顾问也要不断发现自己在销售过程中的缺陷,不断地进行改进。综上所述,汽车销售顾问一定要有自我总结的能力,不断地完善自我,让自己的工作更出色。

(3) 与人沟通的能力 销售的过程实际上就是一个与人沟通的过程,从跟客户接触开始,销售人员就通过各种方式与客户进行沟通。汽车销售顾问的沟通能力是最重要的能力,沟通能力直接影响到销售过程中客户对产品和服务的了解,很多人认为汽车销售顾问只要能说会道就行了,其实不然,汽车销售顾问的沟通能力除了语言表达能力之外,还包括倾听、文字表达、电话交谈、投诉应对等内容。沟通与平时的交谈是有本质区别的,与客户沟通不仅仅是聊天,其沟通的特点是:有明确的目的性,注重沟通的效果。

(4) 计划和执行能力 "凡事预则立,不预则废",说的就是工作要有计划性。竞争日益激烈,如何应对?唯一的办法就是比别人更有效率地工作。要想提高工作效率就必须提高工作的计划性,汽车销售顾问每天要接触很多新客户,又要维系老客户,还要进行工作的总结和填写各种报表,每月还要对销售业绩进行分析,对客户进行分类管理等,日常工作非常繁杂。如果缺乏计划性,销售人员在客户维系方面就容易出现漏洞,从而降低客户的满意度,因此,计划性决定了汽车销售顾问的工作效率。

要想成功,必须采取行动。汽车销售顾问每天的工作目标和工作计划必须不折不扣地执行,才能一步一步迈向成功。

(5) 随机应变能力 应变能力是在有压力的情境下,思考、解决问题时能够迅速而灵活地转移角度，随机应变，触类旁通，做出正确的判断和处理。汽车销售顾问每天要和不同的人交往，每天会遇到不同的事情，而对同一件事情每个人都会有不同的想法和看法，对同一辆车每个人也会有不同的见解。汽车销售顾问应该知道怎样去应变，怎样才能抓住客户。应变能力因人而异，不同的人有不同的应变能力，作为汽车销售顾问应该具有应对市场变化及突发事件的能力，从而增强其销售竞争力。

（6）自我激励与自我管理的能力　自我激励能力，是汽车销售顾问必须具有的一种内在的驱使力。当然，从心理学的角度来讲，一般人工作是为了赚取报酬和晋升的机会，现实中也是这样。汽车销售顾问也不例外，但是如果一个汽车销售顾问缺乏内在的驱使力，那么当他的工作达到某一个水准时，他的销售业绩就会基本停滞不前了，只能维持这个水准，甚至开始逐渐下滑。他们最大的缺点就是缺少干劲，原因也就在于缺乏自我激励的能力。因此，汽车销售顾问必须具备自我激励能力。

一名专业的汽车销售顾问的成长往往需要长期经验的累积，需要掌握多学科的知识，因此，对于一名刚从事汽车销售工作的新人来说，制订合理的事业规划和人生规划就显得尤为重要。一方面要找到自身存在的差距；另一方面要明确发展目标，在心目中树立理想的榜样。销售工作是完全体现自身工作意愿的一项工作，因此，自我管理实际上就是自我约束、自我调整、自我激励。这也是汽车销售顾问快速成长的关键因素。

（7）团队协作能力　销售工作虽然体现的是个人能力，但是也离不开集体的配合和支持。在汽车销售的过程中汽车销售顾问会与企业的各个部门和各个岗位的同事进行工作的衔接和配合。作为汽车销售顾问在整个销售业务流程中要主动协调与各个部门和各个岗位的关系，如前台接待、财务部、售后服务部、客户服务部、行政部、市场部、保险部、精品部、零件部等。如果没有这些部门的配合和协作，就会影响销售业务的开展，也会影响客户的满意度，从而使客户对汽车销售顾问丧失信心，因此，汽车销售顾问的团队协作能力也是非常重要的。

（8）建立人脉资源的能力　斯坦福研究中心曾经发表一份调查报告，结论指出：一个人赚的钱，12.5%来自知识，87.5%来自关系，这个数据令人震惊。汽车销售顾问应该清楚这一点，并应具备建立人脉资源的能力，他所做的不是去讨客户的欢喜，而是应该真正去关心客户的利益，关心客户的业务发展方向，关心怎样才能帮上客户的忙，从而提升自己人脉竞争力。

> **小贴士**
>
> 提升人脉竞争力的守则是：①建立守信用的形象。②增加自己被利用的价值。③乐于与别人分享。④把握每一个帮助别人的机会。

4. 汽车销售顾问应具备的工作意识

良好的工作意识是取得销售成功的重要基础，汽车销售顾问在工作中应注意以下几种工作意识的养成，如图0-1所示。

（1）目的意识　对行动目的的认知，就是目的意识。为保证工作的顺利进行，仅凭工作方法的科学性是不够的，是否具有目的意识是评判工作方法是否有成效的标准，杜绝无目的性的工作。

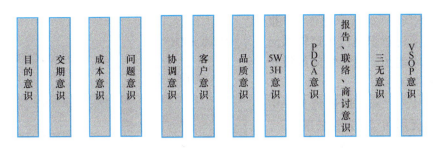

图 0-1　汽车销售顾问应具备的工作意识

(2) **交期意识**　我们把对任务完成和时间的要求交织在一起称为"交期意识"。交期意识要求我们在工作时要制订好工作日程,保证工作在规定期限内完成。

(3) **成本意识**　成本意识是指做任何事情,都要进行适当的投入、付出必要的代价,但投入与产出、代价与收获之间应保持合理、恰当的比例。缺乏成本意识,过分强调事情的结果,不计成本,不论代价,就会造成得不偿失、欲速不达的结果。

(4) **问题意识**　问题意识即风险意识,其核心在于对现阶段工作可能出现的问题具有心理准备,并对可能出现的问题制订相应的防范措施。因此,要善于发现问题,具有问题意识并预测它的严重性,以便及时修正计划。

(5) **协调意识**　协调意识是指汽车销售顾问在工作中与其他顾问相互配合、协调发展的意识。

> **小贴士**
>
> 　　协调意识包括以下要素:有共同的目标,以便形成统一的意见;有领导核心,能够发现团队的优缺点,形成合力;有公平、公正的原则,能够正确评价每个人的作用,使其付出与收获成正比;有灵活的态度,根据每个人的能力及面临的不同问题,随机调整团队组成。

(6) **客户意识**　客户意识是指工作中要从公司客户的角度来考虑,争取让终端客户满意。

(7) **品质意识**　品质不仅是指物品的质量,同时也包含工作的质量。即从事的工作没有很好的成果,工作也就徒劳无功。因此,必须具备强有力的品质意识。

(8) **5W3H 意识**　5W 是指:What(做什么)、Where(在哪里)、When(什么时候,到什么时候为止)、Who(谁)、Why(为什么)。

　　3H 是指:How to(怎么做)、How much(多少钱)、How many(多少个)。

　　汽车销售顾问要经常以 5W3H 提醒自己,使自己的工作变得更完美。

(9) **PDCA 意识**　PDCA 意识是指在工作中首先有计划(即 P):确定目标,积极准备资料、收集信息等;然后执行(即 D):根据目标,按照计划去推进工作并衡量效率;同时检查(即 C):检查进展情况,及时汇报、联络团队顾问,对有问题的及时进行修改;最后行动(即 A):对总结检查的结果进行处理,成功的经验加以肯定并适当推广、标准化,对失败的教训加以总结,以免重现,未解决的问题放到下一个 PDCA 循环。在实施中,一个循环完了,解决了一部分问题,可能还有其他问题尚未解决或者又出现了新的问题,应进行下一次循环,争取完美的结果。

（10）报告、联络、商讨意识 报告、联络、商讨意识是汽车销售顾问所具备的基本能力。销售顾问的报告程序如图 0-2 所示。

（11）三无意识 即避免工作中做无理性、无用功、无定性的事情。

（12）VSOP 意识 VSOP 意识是指销售顾问要 Vitality（充满活力）、Specialty（有专业性）、Originality（有独创性）、Personality（有个性）。

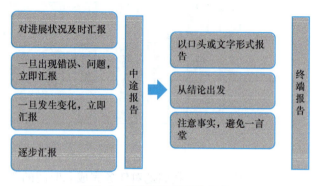

图 0-2 销售顾问的报告程序

5. 汽车销售顾问的岗位职责

（1）树立形象 在客户面前，汽车销售顾问就是"企业"，客户是通过汽车销售顾问来了解、认识企业的。汽车销售顾问需要做一系列符合规范的标准化服务，来为企业树立一个良好的品牌形象。

（2）收集信息 汽车销售顾问是企业、经销商与客户之间最重要的信息桥梁之一，收集并交互三者之间的信息资料是汽车销售顾问开展销售工作的起点，主要包括客户个人信息、汽车市场动态、竞争产品状况以及客户的意见等重要信息，销售顾问通过收集信息，整理信息资料，预测客户需求，找到企业产品和客户利益之间的契合点，以提供能够满足客户需求的产品和服务。

（3）沟通关系 沟通客户与企业之间的关系是销售顾问的核心工作之一，将商品销售出去，不是工作的结束，还要求汽车销售顾问运用各种管理手段和人际交往手段，建立、维持和发展与主要潜在客户、老客户之间的业务关系和人际关系，以便获得更多的销售机会，扩大企业产品的市场份额。

（4）提供服务 汽车产品的销售服务泛指汽车在售前、售中、售后服务的全过程，包括汽车经销企业为客户提供所有的产品销售服务工作及技术型服务的前期沟通工作。

> **小贴士**
>
> 1) 售前服务。售前服务是指汽车销售顾问在客户决定购车前的前期咨询工作。主要职责包括：①寻找和发现潜在客户，并进行售前跟进。②有选择性地走访老客户，拜访新的潜在客户，并针对重点客户要定期拜访。③认真了解客户的真实需求，并听取客户对产品和服务质量的意见。④积极为客户出谋划策，向客户介绍新产品、新车型和新的销售政策。
>
> 2) 售中服务。售中服务是指汽车销售顾问在客户购买过程中提供的全方位服务。主要职责包括：①要热情接待每一位来访的客户，对产品的技术特点、使用性能、价格构成、一条龙服务、售前售后服务项目以及质量担保和索赔等情况进行介绍。②为不方便上门的客户提供电话咨询服务。③协助客户办理交车付款、汽车保险、汽车上户等服务。④根据客户的需求协助客户完成试乘试驾服务。⑤在交车前要协调 PDI 检查人员完成汽车的售前检查（PDI）。⑥交车后汽车销售顾问要帮助、提醒客户填写客户档案卡。⑦汽

车销售顾问要及时向客户介绍售后服务的范围和优惠条件,并提供售后服务的联系电话。

3) 售后服务。售后服务是指汽车销售顾问在购买行为完成后所做的服务工作。主要职责包括:①汽车销售顾问在购车后的第三天和一周内对客户进行售后服务跟踪,了解客户的车辆使用情况。②汽车销售顾问要定期与客户保持联系,提醒客户对车辆进行必要的维护和保养。③为客户提供代办手续、代办保险、索赔等多项服务。

6. 汽车销售顾问应遵守的职业道德规范

(1) **爱岗敬业** 汽车销售顾问要热爱自己的工作岗位和职业,乐业、勤业、敬业,以恭敬、负责的态度对待工作,兢兢业业、专心致志。

(2) **诚实守信** 汽车销售顾问要真心诚意、实事求是、不虚假、不欺诈,在经营上要讲究信守合同、诚信无欺、质量为重。

(3) **遵纪守法** 遵纪守法是汽车销售顾问正常进行销售活动的重要保证。汽车销售顾问必须遵守职业纪律和相关的法律、法规和政策。

(4) **团结互助** 团结互助是作为处理汽车销售顾问之间和集体之间的重要道德规范。它要求从业人员顾全大局,互相配合;以诚相待,互相尊重;互相学习;加强协作,互相帮助。

(5) **办事公道** 汽车销售顾问要公平、正义,尽可能做到不偏不倚,不徇私情,对所有工作对象一视同仁、不偏袒、不歧视。

(6) **服务客户** 汽车销售顾问要全心全意为人民服务。

(7) **奉献社会** 汽车销售顾问要培养社会责任感和无私精神,将公众利益、社会利益摆在第一位,处理好"义"和"利"的关系,处理好社会效益和经济效益的关系,处理好个人利益和社会利益的关系,把奉献社会的职业道德落到实处,充分实现自我价值。

(8) **保守秘密** 保守秘密是每一个企业或组织的从业者都必须遵守的道德规范。对公司认定为"绝密""机密""秘密"的文件或事项要严格按公司要求保密。

7. 汽车销售顾问工作技能模型

汽车销售顾问应具备4种工作技能,如图0-3所示。

(1) **拥有驾驶证** 作为汽车销售顾问,需要陪同客户试乘试驾,因此必须有驾驶证。汽车销售顾问会驾驶汽车,还可以在为客户介绍的过程中更加具体地为客户推介。

(2) **会进行客户关系管理** 客户关系管理是汽车销售顾问的重要工作,其中主要包括客户信息收集、电话跟进、客户关爱、客户分级管理等。

(3) **掌握汽车保险/金融产品推荐技巧** 汽车保险/金融产品包括汽车消费信贷、分期付款、汽车保险等内容,其购买模式具有明显的汽车金融产品消费特征。汽车销售

图0-3 工作技能模型

顾问通过了解金融产品知识,并掌握汽车保险办理和理赔服务的流程,从而能够利用技巧帮助客户顺利完成保险/金融产品的服务提供。

(4) **掌握销售谈判技巧** 汽车销售顾问要了解客户需求,最终实现产品的销售,必须掌握和运用销售技术和谈判技巧,主要包括客户搜集/筛选技巧、产品展示技巧、异议处理技巧、交易达成技巧等。

项目一

客户开发与售前准备

任务一 客户开发

 任务目标

1. 能够准确地选择开发客户的渠道。
2. 能够运用个人观察法确定准客户。
3. 能够准确地选择客户开发的方法。
4. 能够准确地进行客户信息筛选。
5. 能够准确地进行客户信息确认。

 建议学时

4学时。

 相关知识

一、明确客户开发的目标

通常汽车销售顾问的客户信息中，真正有购买意向的客户可能只占到30%，而这30%中真正成交的可能只占到40%。比如说汽车销售顾问有100个意向客户信息，真正有意向并能再次商谈的客户可能只有30个，最后能成交的，可能只有12个，也就是成交率为12%。当然上面所提到的比例数只是一个假设，可能会因汽车销售顾问经验的不同而有所不同，但是每个汽车销售顾问都要对自己的商谈率和成交率进行分析，并且根据自己的销售目标和成交率来制订客户开发的目标。

 小贴士

例如，汽车销售顾问小张8月份的销售目标设定为10辆车，目前手中已有的客户数为30个，其近期的成交率为10%，则小张8月份的客户开发目标为：10÷10% - 30 = 70（个）。

二、确定客户开发渠道

1. 通过媒介渠道开发客户

(1) 网络渠道 利用网络渠道开发客户有以下三种形式：

1) 公司网站。公司网站就是一个公司的窗户，包括一家公司的历史、产品、订购方式、付款方式、联系方式等方面的信息，必然能够吸引一些对公司及其产品感兴趣的人，通过对网络浏览器的统计查询就可能发现准客户。

2) 合作建立的网站。4S店与汽车相关网站合作建立的网站，随时与网络客户进行交流沟通。

3) 其他网站。在其他网站能查阅到本店汽车的车型信息。由于网络之便，很多客户在计划买车时都会先在网上查看感兴趣的品牌与车型的信息，进行对比筛选，再决定去4S店看实车。

对于网络客户的开发，公司需要定期更换最新的车型信息与当前的价格活动等网络信息。对4S店来说，要及时查看门户平台上客户的交流信息，解答客户的疑虑，收集客户信息。销售顾问负责跟进这些客户，对这些客户进一步开发，以吸引客户来店看车。

(2) 广告渠道 广告宣传也是客户开发常用的方法，虽然是短短几秒播放时间，但经过重复的播放也能给人留下印象，从而引起客户的注意，引发客户的兴趣。汽车销售顾问通过查阅公司的各种广告反馈记录，可以了解到可能的客户。广告反馈信息应加工分类，分别传送到汽车销售顾问手中，成为发掘客户的线索。

(3) 报纸渠道 报纸渠道也是开发客户的一种常用方法。虽然目前网络盛行，但报纸依然占有一席之地，报纸这类传统媒介依旧广受大众喜爱。有些4S店会将近期的促销活动、政策动态等信息在报纸上公布，会吸引众多的客户关注这些信息，汽车销售顾问可利用这一机会开发客户。

2. 在4S店外部开发客户

(1) 在现有客户中寻找潜在客户 在以往的销售工作中，企业如能以优质的产品、周到的服务取信于客户，满足客户的需求，那么客户就会对企业及其生产的产品产生信赖和亲近感。在这个前提下开展新一轮的销售活动，汽车销售顾问就可以请求现有客户向未来的新客户推荐介绍，以身示范，使老客户成为企业的宣传员和"业余销售员"。如直销的成功，很多就是靠客户介绍客户。

汽车销售顾问还可以采用其他形式和手法来获得老客户的启示与帮助，如请老客户写一封推荐信，将厂商、品牌、价格及服务情况，简略地介绍给潜在的新客户，并将汽车销售顾问推荐给新的客户，然后由汽车销售顾问持介绍信前往走访销售，上门服务。

(2) 从市场调查走访中开发客户 较之上述的工作思路，从市场调查走访中开发客户是在更大的范围和更广的视野内寻找销售对象的思路。通过文献调查、问卷调查、入户调查、电话调查和街头拦截访问等方法，都可以开发大量的潜在客户。

(3) 在认识的人中开发客户 通过汽车销售顾问自己的朋友圈的互相介绍、推荐，建立一个无限扩展的"链条式"的客户网来开发客户。

(4) 从商业联系中开发客户 商业联系比社会联系容易得多。借助于各种社交活动，汽车销售顾问可以更快地进行商业联系。

（5）**善用各种统计资料寻找准客户**　国家相关部门的统计报告，行业、研究机构和咨询机构在报纸或期刊等刊登有关的调查资料，从中可以开发客户。

（6）**利用各种名录类资料开发客户**　汽车销售顾问经常利用的资料有：客户名录、同学名录、会员名录、协会名录、职员名录、名人录、电话黄页、公司年鉴、企业年鉴、报纸、杂志和有关的专业出版物等，这是一条最有效地开发客户的途径。

需要注意的是资料的时效性和可靠性。此外，平时还应注意积累资料（行业的或者客户的），以便能有效地开展工作。

（7）**各种贸易展销会**　展销会是指由一个或若干个单位举办，具有相应资格的若干经营者参加，在固定场所和一定期限内，用展销的形式，以现货或者订货的方式销售商品的集中交易活动。我国有很多规模不等的商品贸易展销会，如上海汽车展销会等。

3. 在4S店内部开发客户

（1）**财务部门**　4S店的财务部门是汽车销售顾问开拓客户的信息来源。凡是规模较大、实力较强的企业或公司一般内部分工缜密，有关业务分别由各个不同的职能部门承担，客户联系也由不同人员分头负责，汽车销售顾问可以从各个职能部门或科室机构寻找客户的线索。

（2）**服务部门**　4S店的服务部门（如售后服务部门、公关部、市场部）对开拓客户也是十分有益的。汽车销售顾问应当设法与服务部门、服务人员保持稳定的联系，经常与他们交换意见，从那里获得有关客户的信息资料，如亮点展示所示。因为汽车需要定期保养或用户在产品损耗到一定程度需要更新维修时，其购买意向和购买态度常受服务人员左右，服务人员提供的信息往往是影响他们做出购买决定的重要因素。

（3）**公司销售记录**　汽车销售顾问首先应检查公司的原始记录，列出在汽车销售5年以上的客户清单，分析这些客户是否需要更换产品，还是已经流失了，并分析其原因。

（4）**客户来电记录**　客户服务电话除接受现有客户对公司产品的使用查询、申请服务以及投诉外，也对其他的非客户公布，还可作为公司的咨询电话，从而成为开发客户的一种信息来源。

【亮点展示】

汽车销售大王的认真负责和敬业精神

汽车销售大王乔·吉拉德在汽车卖给客户数周后，就从客户登记卡中找出对方的电话号码，开始着手与对方联系："以前买的车子情况如何？"白天打电话，接听的多半是购买者的太太，她大多会回答："车子情况很好。"乔·吉拉德接着说："假使车子振动厉害或有什么问题的话，请送回我这儿来修理。"并且请她提醒她的丈夫，在保修期内送来检修是免费的。

同时，乔·吉拉德也会问对方，是否知道有谁要买汽车。若是对方说有位亲戚或朋友想将旧车换新的话，他便请对方告知这位亲戚或朋友的电话号码和姓名，并请对方打个电话替他稍微介绍一下，且告诉对方如果介绍的生意能够成功，可得到25美元的酬劳。最后，乔·吉拉德没有忘记对对方的帮助表示感谢。

乔·吉拉德认为，即使是质量上乘的产品，在装配过程中也可能发生一些小差错，虽经出厂检验也难免有疏漏,这些小故障在维修部修起来并不难,但对客户来说就增添了许多麻烦。把汽车卖给客户后,对新车是否有故障的处理态度和做法如何,将会成为客户向别人描述的重点。他可能会说:"我买了一辆雪佛兰新车,刚买回来就出故障!"但如果你主动问询对方对汽车的评价,客户就会对别人说:"乔·吉拉德这个人服务挺周到,时时为我的利益着想,出了点小故障,他一发现就马上给我免费修好了。"

> **小贴士**
>
> 在亮点展示中,汽车销售大王乔·吉拉德在汽车卖给客户数周后,开始着手与客户联系。一是为客户提供满意的服务;二是可以体现他的敬业精神;三是又能在现有客户中可以寻找潜在客户,特别是汽车销售顾问的认真负责和敬业精神,将成为客户向别人描述的重点。

三、选择客户开发的方法

1. 个人观察法

(1) **含义** 个人观察法也称现场观察法,是指汽车销售顾问根据个人的知识、经验,通过对周围环境的直接观察和判断,寻找准客户的方法。个人观察法主要是依据销售人员个人的职业素质和观察能力,通过察言观色,运用逻辑判断和推理来确定准客户,是一种古老而基本的方法。

对汽车销售顾问来说,个人观察法是寻找客户的一种简便、易行、可靠的方法。汽车销售顾问花费较少的时间、精力,就能迅速地找到自己的客户,因而可以节省销售费用。如果一个汽车销售顾问不具备敏锐的观察力和洞悉事物的能力,那么,采用这种方法寻找客户不能取得理想的结果。

(2) **特点** 个人观察法的优点主要有以下五方面:

1) 直接性。与事物直接接触,不需要其他中间环节,观察到的结果、所获得的信息资料真实可靠,是第一手资料。

2) 情境性。观察一般是在自然状态下实施的,对被观察者不产生作用和影响,即无外来人为因素的干扰,不会产生反应性副作用,能获得生动朴素的资料,具有一定的客观性。

3) 及时性。观察及时,能捕捉到正在发生的现象,因此所获信息资料及时、新鲜。

4) 纵贯性。对被观察对象可以做较长时间的反复观察与跟踪观察,对被观察对象的行为动态演变可进行分析。

5) 普遍性。观察适用范围较为普遍,不少方法如调查法、实验法等也与观察法有密切关系。

个人观察法的局限性主要有以下四方面:

1) 受观察对象的限制。个人观察法适宜于对外部现象及事物的外部联系的研究,而不适宜于对内部核心问题及事物内部联系的研究。另外,对有些较为隐蔽的事物也不适合用个人观察法。

2）受观察者本人的限制。人的感官都有一定的生理限度，超出这个限度，很难直接观察，所以观察往往难以精确化；人的观察受主观意识的影响，不同的人有不同的意识背景与理论框架，因此，对同一事物的观察，往往带有各自的主观性，难以做到客观化。

3）受观察范围的限制。由于观察对象具有有限性，特别是在同一时期内观察的对象是不多的，这种小样本，不适用于大面积研究。

4）受无关变量的干扰，缺乏控制。自然状态下的观察由于缺乏控制，因变量混杂在无关变量之中，没有纯化和凸显，从而使观察结果缺乏科学性。

在销售实践活动中，应将个人观察法与其他方法配合使用，扬长避短，相辅相成，充分发挥其作用。

2. 普遍寻找法

（1）含义 普遍寻找法也称逐户寻找法或者地毯式寻找法，是指汽车销售顾问在不太熟悉或完全不熟悉销售对象的情况下，直接访问某一特定地区或某一特定职业的所有个人或组织，从中寻找客户的方法。这一方法的理论根据是平均法则，也就是假定在被访问的所有人中，一定有汽车销售顾问要寻找的客户，并且这些客户的数量与访问人数成正比。根据这个平均法则销售人员所要寻找的客户平均地分布在某一地区的所有人中。其方法的要点是，在特定的市场区域范围内，汽车销售顾问针对特定的群体，用上门、信件或者电话、电子邮件等方式对该范围内的组织、家庭或者个人无遗漏地进行寻找与确认。

这种看似笨拙的方法，被认为是所有寻找客户的方法中最有成效的方法。

（2）特点 普遍寻找法既有优点，又有缺点。因此，如果活动可能会对客户的工作、生活造成不良的干扰，一定要谨慎进行。普遍寻找法可以采用汽车销售顾问亲自上门、发送邮件、电话以及与其他促销活动结合进行的方式展开。

> **小贴士**
>
> 普遍寻找法的优点主要有以下四方面：
>
> 1）普遍性。地毯式铺开不会遗漏任何有价值的客户。
>
> 2）信息量大。汽车销售顾问寻找过程中接触面广、信息量大，各种意见和需求以及客户的反应都可收集到，是分析市场的一个途径。
>
> 3）广泛性。由于是逐户寻找，能够让更多的人了解自己的企业。
>
> 4）获得客观、全面的信息。汽车销售顾问可以借机进行市场调查，并能比较客观和全面地反映客户需求状况。
>
> 普遍寻找法缺点主要有以下三方面：
>
> 1）具有盲目性。由于是在不太了解对方的情况下访问，尽管汽车销售顾问做了一些必要的准备工作，但仍然难免带有盲目性。
>
> 2）成本高、费时费力。由于在特定的市场区域范围内，汽车销售顾问针对特定的群体，用上门、信件或者电话、电子邮件等方式对该范围内的组织、家庭或者个人无遗漏地进行寻找与确认，因此，成本高、费时费力。
>
> 3）容易导致客户的抵触情绪。在很多情况下，人们不大欢迎不速之客。客户的拒绝接见既给销售工作带来了阻力，也给汽车销售顾问造成了精神负担。

小资料

广义的普遍寻找法还应包括个别偶遇的机会。

在电梯里、在公共汽车上、在餐厅里,你有没有尝试和你身边的人交谈。无论是做什么生意,你都会发现和走近你的人进行交谈是一件非常有趣的事情。如何结识你周围的陌生人,这是专业汽车销售顾问必须掌握的技巧。

如何有意识地处理与别人的偶遇呢?首先,我们承认并不是每次机会都会带来销售业绩,即使如此,我们有什么理由不去尝试而让这个机会溜走呢?

当你碰到一个人,他走进了你的五步范围内,你应该友好而热情地自我介绍,并询问他们的工作以及为什么在这个地方出现。善意的对话会使对方做出积极地回应。当他们问及你的工作时,你的任务是将名片递给他们。几乎没有人会拒绝你的热情和名片。接下来你会发现对方开始问你的工作和你的产品等一系列问题了。你微笑着告诉对方:"我猜想,可能某一天有为您或者是您的朋友服务的机会,为此事先致谢。"

准确地将这些话语和你当时的气氛配合起来,会产生良好的效果。例如:"我猜想",听起来一切都是自发的、自然而然的;"事先致谢",说明你为人礼貌;"有可能"显示一种谦逊的态度;"某一天",使得你的产品或服务不至于被搪塞到遥远的将来;"为您服务",把潜在的客户置于重要的位置,很可能采取行动帮助你。

通常出现下面三种情况时,其中任何一种都对你有利:

1)客户同意打电话与你进一步讨论。

2)同意让你打电话给他们,进一步讨论。

3)客户不感兴趣,但将帮助你向感兴趣的人推荐。

现在你得到了什么?认识了一个你几乎没有可能认识的人,得到一名潜在的客户并被推荐给别的潜在客户。

采用普遍寻找法时要减少盲目性,所以汽车销售顾问在上门拜访前,应根据自己的产品特性等,进行必要的可行性研究,从而确定一个比较可行的对象范围和地区范围。

要在总结以前经验的基础上,多做几种访问谈话的方案与策略。尤其是要斟酌好第一句话的说法和第一个动作的表现方式,以减少被拒之门外的可能性。

3. 连锁介绍法

(1)含义 所谓连锁介绍法,是指销售人员依靠他人,特别是现有客户,来推荐和介绍有可能购买产品的潜在客户的一种方法。这种方法要求汽车销售顾问设法从自己的每一次销售谈话中寻找到更多的潜在客户,为下一次销售访问做好准备。这一方法的客观依据和理论基础是事物的普遍联系,无论自然界还是人类社会都存在着内在联系。一份调查报告显示:在寻找新客户的各种途径中,由现有客户推荐而取得成功的占38%,而其他方法均在22%以下。

连锁介绍法在西方被称为最有效的寻找客户的方法之一。之所以如此,主要有以下几个原因:

1)在这个世界上,每个人都有一张关系网,每个企业都有一张联络图。曾经销售过13000多辆汽车,创吉尼斯世界纪录的美国汽车销售大王乔·吉拉德有一句名言:"买过我汽车的客户都会帮我推销。"他的60%的业绩就来自老客户及老客户所推荐的客户。他提出了一个"250定律",就是在每个客户的背后都有"250人",这些人是他们的亲戚、朋友、邻居、同事,如果你能发挥自己的才能,利用一个客户,就等于得到250个关系,其中,就可能有要购买你产品的客户。

2）每个客户都有自己的信息来源,他可能了解其他客户的需求情况,而这些信息是汽车销售顾问较难掌握的。研究表明,日常交往是耐用品消费者信息的主要来源,有50%以上的消费者是通过朋友的推荐而购买产品的,有62%的购买者是通过其他消费者得到新产品信息的。

3）连锁介绍法能够增加销售成功的可能性。一般来说,客户对汽车销售顾问是存有戒心的,如果是客户所熟悉的人推荐来的,就增加了可信度。研究表明：朋友、专家及其他关系亲密的人向别人推荐产品,影响力高达80%,向有客户推荐的客户销售比向没有人推荐的客户销售,成交率要高3~5倍。

有些汽车销售顾问认为,汽车作为一件大宗消费品,普通老百姓在短时间内通常只能消费一次,不会重复购买,因此对那些已经购买了汽车的客户就不再加以重视。其实,随着居民收入和消费水平的不断提高,很多客户都有能力更换新车甚至是购买第二辆车。并且,即使这些客户没有能力购买新车或第二辆车,他们也能通过另外一种方式为汽车销售顾问增加客户来源,即可以帮助介绍客户使销售人员获得更多的客户。

（2）**特点** 连锁介绍法的优点包括：可以减少销售过程中的盲目性,而且由于经人介绍,易取得信任感,因而成功率较高。连锁介绍法的不足之处包括：由于潜在客户要靠现有客户引荐,事先难以制订完整的销售访问计划;由于寻找潜在客户受到现有客户的制约,可能使整个销售工作处于被动的地位。

该方法一般适用于寻找具有相同消费特点的客户或在销售群体性较强的商品时采用。连锁介绍法在寻找无形商品（如投资、金融、保险）的买主时尤其适用,因为在服务领域,信誉与友谊显得特别重要。对于汽车产品在客户购买后,需要许多相关的服务,因此连锁介绍法也常常用在汽车产品和相关服务的销售中。

但是,采用连锁介绍法时要取信于现有客户。因为汽车销售顾问只有通过诚恳的销售态度与热情的服务精神,才能赢得现有客户的信服、敬重与工作上的配合,从而获得现有客户的介绍与帮助;对现有客户介绍的未来客户,汽车销售顾问也应进行可行性研究与必要的准备工作;汽车销售顾问应尽可能多地从现有客户处了解关于新客户的情况;在销售人员访问过介绍的客户后,应及时向现有客户（介绍人）汇报情况。这样做一方面是对现有客户的介绍表示感谢,另一方面是可以继续争取现有客户的合作与支持。

4. 中心开花法

（1）**含义** 中心开花法也称"名人介绍法""中心辐射法""权威介绍法"等,是指汽车销售顾问在一定的销售范围内发展一些具有较大影响力的中心人物或组织来消费自己的产品,然后再通过他们的影响力把该范围内的其他个人或组织变为自己的准客户。该方法遵循的是"光辉效应法则",即中心人物的购买与消费行为,就可能在他的崇拜者心目中形成示范作用和先导效应,从而引发购买与消费行为。

一般说来,中心人物包括某些行业里具有一定影响力的声誉良好的权威人士,对行业的技术和市场具有深刻认识的专业人士,行业里具有广泛人际关系的信息灵通人士。

（2）**特点**　中心开花法的关键在于中心人物。因为中心人物往往是在某方面有所成就，因而是被人尊重甚至崇拜的人物。中心人物具有相当的说服力，对广大消费者具有示范效应，因而容易取得他们的信任。但完全将成交的希望寄托在某一个人身上，风险比较大，而且选择恰当的人选是非常重要的。

> 💡 **小贴士**
>
> 中心开花法的优点主要有以下三方面：
> 1）节约时间和精力。汽车销售顾问可以集中精力向少数中心人物做细致的说服工作，避免汽车销售顾问重复单调地向每一位客户进行宣传和销售，节约了时间和精力。
> 2）扩大商品的影响力。汽车销售顾问能通过与中心人物的联系，了解一大批客户，还可以借助中心人物的社会地位扩大商品的影响力。
> 3）提高知名度和美誉度。由于汽车销售顾问联系到的都是行业中的权威人士、专业人士及信息灵通人士，因此，可以提高汽车销售顾问的知名度和美誉度。
>
> 中心开花法的缺点主要有以下两方面：
> 1）中心人物比较难接近和说服。许多中心人物事务繁忙，难以接近。每个汽车销售顾问认识的中心人物有限，若完全依赖此法，容易限制准客户数量的发展。
> 2）中心人物难以确定。一定领域的中心人物是谁，有时难以确定。如果汽车销售顾问选错了客户心目中的"中心"人物，就有可能弄巧成拙，既耗时间又耗精力，最后往往贻误销售时机。

应用中心开花法时，应注意寻找中心人物是决定这种方法使用效果的关键。这就要求汽车销售顾问进行详细准确的市场细分，确定每个子市场范围、大小及需求特点，从中选择具有较多准客户的市场作为目标市场，在目标市场范围内寻找有影响力的中心人物。

汽车销售顾问要努力争取中心人物的信任与合作。在较详细地了解中心人物后，汽车销售顾问应首先以良好的产品和优质的服务充分满足其需求；在现行政策允许的条件下，千方百计地开展销售活动，与中心人物建立良好的人际关系。

5. 资料调查法

（1）**含义**　资料调查法也称资料查询法，是指通过查阅各种有关的情报资料来寻找客户的方法。

（2）**特点**　汽车销售顾问通过查阅资料寻找客户时，首先要对资料的来源及提供者的可信度进行分析，如果这些资料的来源或提供者的可信度较低，则会阻碍销售工作。同时，还应注意所收集资料的时间问题，应设法去获取那些最新的有价值的资料。

采用资料调查法，可以较快地了解大致的市场容量和准客户的情况，成本较低，但是时效性比较差。

> **小贴士**
>
> 可查阅的资料主要有：
> 工商企业名录、企业领导人名片集、产品目录书、电话号码簿及其插页、各省、市、

县的统计资料（尤其是城市调查资料，往往是采用固定样本格式追踪调查的，故资料齐全、及时、可信度高、适用性强）、各种大众传播媒介公布的财经消息、年鉴及定期公布的经济资料、各种专业性团体的成员名册、商标公告、专利公告、银行账号及其提供的信息资料、政府及各主管部门可供查阅的资料。

采用资料调查法时要对资料的来源及提供者进行信用分析，以确认资料与信息的可靠性；对收集到的有关资料还要注意资料的时效性及因为时间关系而出现错漏等问题。

6. 广告"轰炸"法

广告"轰炸"法是指利用广告宣传攻势，向广大的消费者告知有关产品的信息，刺激或诱导消费者的购买动机，然后，汽车销售顾问再向被广告宣传所吸引的客户进行一系列的销售活动。

根据传播方式不同，广告可分为开放式广告和封闭式广告两类。开放式广告又称被动式广告，如电视广告、电台广告、报纸杂志广告、招贴广告、路牌广告等，当潜在客户接触或注意其传播媒体时，它能被看到或听到；封闭式广告又称主动式广告，它直接传至特定的目标对象。与开放式广告相比，具有一定的主动性，如邮寄广告、电话广告等。一般来说，对使用面广泛的产品，适宜运用开放式广告寻找潜在客户；而对使用面窄的产品（如一些特殊设备、仪器）或潜在客户范围比较小的产品，则适宜采用封闭式广告来寻找潜在客户。

汽车销售顾问可利用物品广告来招来客户。物品广告是指印刷在各种日用物品上的广告，常用的物品有手提袋、购物袋、衣服、雨披、雨伞、手表等，这些物品广告都能使企业的产品信息在目标客户心中留下印象，从而招来客户。因此，物品广告也是汽车销售顾问寻找目标客户的一种方法和途径。

7. "猎犬法"

"猎犬法"又称委托助手法，就是汽车销售顾问雇用他人寻找客户的一种方法。在西方国家，这种方法运用十分普遍。一些汽车销售顾问常雇用有关人士来寻找准客户，自己则集中精力从事具体的销售访问工作。这些受雇人员一旦发现准客户，便立即通知汽车销售顾问，安排销售访问。

当然，这种方法也有不足之处：一是销售助手的人选难以确定；二是汽车销售顾问会处于被动地位，其销售绩效要依赖销售助手的合作。

8. 网络搜寻法

网络搜寻法就是借助互联网寻找潜在客户的方法。它是信息时代的一种非常重要的寻找客户的方法。近些年来，随着互联网技术的不断发展与完善，各种形式的电子商务和网络销售也开始盛行起来，市场交易双方都在利用互联网搜寻客户。互联网的普及使得在网上搜索潜在客户变得十分方便，汽车销售顾问借助互联网的强大搜索引擎，如 Google、Baidu、Yahoo 等，可以搜寻到大量的准客户。对新手汽车销售顾问来说，网上寻找客户是最好的选择。

> **小贴士**
>
> 网络寻找法的优点主要有以下五方面：
> （1）效率高　汽车销售顾问可以在相关网站，通过各种关键词，快速寻找目标准客

户，从而节约时间，避免盲目的市场扫荡，提高效率。

(2) 方便供需双方互动　利用互联网搜索，汽车销售顾问与目标准客户可以双方互动，相互交流，汽车销售顾问能够准确地了解客户的需求。

(3) 可以降低销售成本和市场风险　由于互联网的普及使得汽车销售顾问利用网上搜索潜在客户变得十分方便、快捷，大大降低了销售成本和市场风险。

(4) 可以在更大范围内寻找客户　汽车销售顾问利用互联网搜索客户，由于突破了地域和时间的限制，因此，可以在更大范围内寻找客户。

(5) 产品说明"声情并茂"　汽车销售顾问可以将产品的图片、说明发到相关的网站上，让产品说明"声情并茂"，由此吸引客户的注意力。

网络寻找法的局限性主要有以三方面：

1) 难以保证客户资料的准确性。

2) 难以获得重要的资料。

3) 难以保证资料的真实性和可靠性。

小资料

汽车销售顾问通过互联网可以获得以下信息：

(1) 准客户的基本联系方式　不过汽车销售顾问往往不知道部门负责人的联系方式，这需要电话销售配合。

(2) 准客户公司的介绍　可以了解公司目前的规模和实力。

(3) 准客户公司的产品　可以了解产品的技术参数、应用指南等。

(4) 一些行业的专业网站会提供该行业的企业名录　一般会按照区域进行划分，也会提供一些比较详细的信息，如慧聪、阿里巴巴这些网站往往会进行行业的分析研究而提供比较多的信息。

9. 交易会寻找法

交易会寻找法是指利用各种交易会寻找准客户的方法。每年都有不少交易会，如车展，每年在北京、上海、广州、深圳等地大大小小的车展都有几百个。一般来说，众多的汽车厂商和经销商都会有针对性地派人去参加车展。

交易会不仅能实现交易，更重要的是寻找客户、联络感情并沟通了解，这是一种很好的获得准客户的方法。参加交易会往往会让汽车销售顾问在短时间内接触到大量的潜在客户，而且可以获得相关的关键信息，对重点意向的客户也可以做重点说明，约好拜访的时间。

去过车展的人都知道，展会现场汽车品牌、型号众多，客户通常是无暇顾及每一个展位的，这就需要我们掌握一定的技巧，并保持热情的态度，以给客户留下一个良好的印象，对于每一位来自己展位咨询的客户，都应认真对待，不可以貌取人或敷衍了事，并尽可能地取得与他们的联系方式，以便日后跟踪联系。对于那些购买意向特别强或你的汽车特别感兴趣的客户，你要尽可能地邀请他们去门店参观，做进一步的洽谈。

汽车销售顾问应该在每年的年末将未来一年行业的展会进行罗列，通过互联网使尽可能多的朋友都可以得到这些信息，然后贴在工作间的醒目处并在日程表上加以标注，届时提醒自己要抽时间去参观。

> **小贴士**
>
> 　　交易会寻找法的优点是效率高。这种方法能在最短时间接触到最多的准客户。因为参加交易会的人本来就对该行业有兴趣，对这样的客户，汽车销售顾问可以充分展示。它的缺点是费用较高，参加交易会要给主办单位交一定的展位费。
>
> 　　利用交易会寻找法时，需要得到潜在客户相关人员的名片；尽可能确定拥有决策权的潜在客户；在展会结束后，尽快取得联系，以免记忆失效而增加后期接触难度；将客户的资料拿回来仔细分析，寻找机会。

　　10. 企业各类活动寻找法

　　企业通过公共关系活动、市场调研活动、促销活动、技术支持和售后服务活动等，一般都会直接接触客户，这个过程中对客户的观察、了解以及相互沟通都非常深入，因而这也是一个寻找客户的好方法。

　　11. 人际关系寻找法

　　不可否认，即便是一个社交活动很少的人也有一群朋友，还有他的家人和亲戚，这些都是汽车销售顾问的资源。一个朋友带一圈，这是汽车销售顾问结交人最快速的办法。汽车销售顾问的日常活动不会在隔绝的状态下展开，这批人有可能成为销售汽车或服务的潜在客户。汽车销售顾问要告诉身边的人你在干什么，你的目标是什么，从而获得他们的理解和支持。

　　以上介绍了多种寻找客户的方法与技巧，它们均具有很强的适用性，但是在具体使用时又因产品、客户、汽车销售顾问的不同而有所差异。汽车销售顾问要根据实际情况选择具体的方法，并根据市场变化而随时调整。

四、客户开发的技巧

　　1）开发客户时巧用寒暄。寒暄可以让他们放松心情，带来舒适的感受，让双方的关系立即变得友好融洽。

　　2）寻机自然接近潜在客户。汽车销售顾问应该寻机自然的接近客户。这就需要汽车销售顾问在接待客户的过程中注意察言观色，寻找合适的切入点自然而然的接近客户，当他们出现需要服务的信号时及时上前为其服务。

　　3）善用赞美开发客户。赞美就是利用满足客户的虚荣心理与客户建立融洽关系的好办法。但是，赞美客户要适当，否则会引起反感，要注意选择适当的赞美目标，避免冒犯客户；针对不同的客户，选择不同的赞美方式；要真诚赞美客户，避免虚情假意。

　　4）开发客户时要激发客户的谈话兴趣。在接待客户时要多和客户聊天，想办法让客户多说话，客户说得越多，他透露的信息资料就越多。有经验的汽车销售顾问往往会绕开汽车产品的介绍，和客户聊别的话题，让客户感到轻松，建立起客户对汽车销售顾问的信任，这时客户也就比较愿意和你交流了。而且，在聊天中不知不觉地收集到了客户的职业、家庭、喜好、对比品牌车型、朋友车型等信息，为接下来的洽谈找到很多切入点。

　　5）开发客户时，要争取留下客户的基本信息和资料。

五、进行客户资格审查

1. 遵循开发潜在客户的原则

在开发潜在客户的过程中,可以参考以下"MAN"原则,包括以下三方面。

潜在客户判定原则

（1）购买能力 M（Money） Money 代表购买能力,所选择的对象必须有一定的购买能力。即,M（有）；m（无）。

（2）决定权 A（Authority） Authority 代表购买"决定权"。该对象对购买行为有决定、建议或反对的权力。即,A（有）；a（无）。

（3）需求 N（Need） Need 代表"需求"。该对象有这方面（产品、服务）的需求。即,N（大）；n（无）。

在开发潜在客户时,潜在客户应该具备以上特征,但在实际操作中,会碰到以下状况,应根据具体状况采取具体对策。

1）M + A + N：有希望的客户,理想的销售对象。
2）M + A + n：可以接触,配上熟练的销售技术,有成功的希望。
3）M + a + N：可以接触,并设法找到具有 A 人（有决定权的人）。
4）m + A + N：可以接触,需调查其业务状况、信用条件等。
5）m + a + N：可以接触,应长期观察、培养,使之具备另一个条件。
6）m + A + n：可以接触,应长期观察、培养,使之具备另一个条件。
7）M + a + n：可以接触,应长期观察、培养,使之具备另一个条件。
8）m + a + n：非客户,停止接触。

由此可见,潜在客户有时欠缺了某一条件（如购买能力、需求或决定权）的情况下,仍然可以开发,只要应用适当的策略,便能使其成为企业的新客户。

2. 进行客户信息筛选

汽车销售顾问获取信息资料后,可以采用销售漏斗的方式进行资料筛选。简单地说销售漏斗也叫作销售管道,是对销售过程进行控制的重要工具,通过对销售阶段的分析,掌握销售进度情况,是量化的对销售过程进行管理的方法。

对所获取的销售信息进行筛选的要素包括电话是否真实有效、是否包含客户需求信息、是否包含客户个性爱好特征信息三个方面。

客户信息可以通过销售漏斗进行筛选,筛选步骤如图 1-1 所示。

3. 进行客户资格审查

按照以上原则和客户筛选保留下来的客户,除了需要长期观察、培养的客户以外,其余的客户还需要进行客户资格审查。所谓客户资格审查,就是指汽车销售顾问对初步拟出的准客户名单,按照一定的标准进行评审,以确定适当的目标客户的行动过程。

客户的资格审查一般从四个方面进行,即客户需求评价、客户购买能力评价、客户购买权力评价和客户购买信用评价。

（1）客户需求评价 客户需求评价的目的在于确定客户名单上的具体对象是否真正需要汽车销售顾问所销售的商品。因此,需求评价是进行客户资格审查的首要内容,此项如果不能成立,其他方面的评价就没必要进行了。

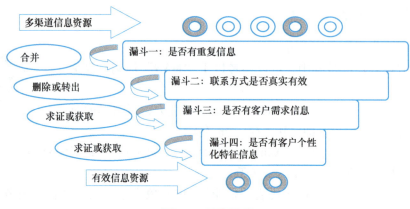

图 1-1 销售漏斗

1）估计客户需求的可能性。客户确实没有需求，对这样的客户自然应该从准客户名单中划掉；客户尚未认识到他对汽车产品有需求。如果汽车销售顾问认为只是客户尚未认识到他对汽车产品有需求，则不要轻易将其划掉；客户因某种原因暂时不需要。如客户刚刚买了其他的耐用消费品，对汽车产品消费还未列入计划之内，或目前购买能力确实存在问题等，这种情况只是暂时的，自然应该在名单中予以保留其准客户资格；客户因传统习惯的影响对本产品存在一些偏见表示不需要。如客户表示只接受某品牌的产品等，对这样的客户不仅不能将其从名单中划掉，而且要作为重点客户来对待。

2）估计客户的需求时间。在确定了客户有需求之后，还要对其需求时间做出评价，根据客户购买时间的不同，便于安排拜访计划。

(2) 客户购买能力评价　客户购买能力评价的目的，在于选择具有销售价值的目标客户，对客户现有购买能力的评价，一是，通过了解客户买车的预算，了解其购买能力；二是，如果客户通过汽车消费担保贷款，还要了解客户现有收入水平及有无抵押物等来估计和判断客户有无偿还贷款的能力，根据客户所选汽车消费担保贷款的种类，由汽车销售顾问帮助客户递交相关的证件、收入证明、房产证等，然后由汽车金融公司完成对购买者的资质调查、担保、审批工作，向购买者提供分期付款。分期付款在信贷契约中的三个重要内容包括首期支付款、契约期限、利息与费用。分期偿还汽车消费贷款的期限通常在2~5年。

(3) 客户购买权力评价　无论准客户是一个人还是一个单位，最终与汽车销售顾问洽谈购买的必定是一个具体的人，这个人必须拥有购买决定权。对客户购买权力评价的目的就在于缩小销售对象的范围，避免盲目性，进一步提高销售的效率。

客户购买权力因个人消费与大客户消费有所不同，评价时应区别对待。对于一个家庭来说，究竟谁是购买的决定者，一般来说是夫妻共商；有时是妻子做主；有时是丈夫做主；有时是丈夫出面谈判，妻子幕后指挥。所以要准确判断谁是购买决策的核心人物也不是一件容易的事。因此，在面对家庭客户销售时，应对所有家庭人员都客气礼貌，礼节周全终归有利于最终成交，这一做法对于大客户也同样适用。

(4) 客户购买信用评价　信用评价主要是通过对支付能力的分析来进行判断，确保货款的安全。对客户信用评价不仅要调查了解新客户的信用状况，而且也要注意老客户信用状况的变化。

4. 客户信息确认

将筛选出来的客户和符合要求的客户信息制成表。

客户信息表包括客户基本信息、需求信息、个人特征、信息途径和目前状况五方面内容。

（1）客户基本信息　记录客户的姓名、联系方式和目前使用的车型。

（2）需求信息　记录客户的购车需求，包括记录客户购车的主要用途、关注车辆的重点、预算情况、中意车型、购车决策者、预计购车时间、用车经历及计划的付款方式等。

（3）个人特征　记录客户性格特点以及个人爱好。

（4）信息途径　记录客户获取本店信息通过的渠道途径。

汽车销售顾问根据表备注的获取信息途径选择序号填入表中，对于"其他渠道"的客户，可用文字备注记录。

（5）目前状况　记录汽车销售顾问目前跟进客户的情况，记录内容包括转入时间、上次联系达成的结果、此前是否有人跟进和汽车销售顾问购车意向级别。

小资料

购车意向级别分为弱、中、强三个级别。它们的判断依据为：
1）若客户交流的重点是车型话题，则购车意向为"弱"。
2）若客户交流重点是活动优惠等，则购车意向为"中"。
3）若客户交流重点是某款车型的价格，则购车意向为"强"。

任务二　售前准备

任务目标

1. 能够准确地查询整车库存情况。
2. 能够准确地查询车辆信息。
3. 能够做好客户的跟进工作。
4. 能够准确地邀约客户到店。

建议学时

2学时。

相关知识

一、进行整车库存确认

汽车销售顾问可以通过管理软件了解库存状况，查询车辆在库状况，整车库存确认流程如图1-2所示。

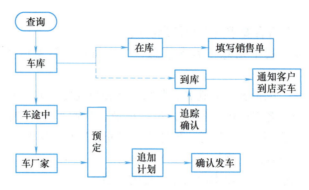

图1-2 整车库存确认流程

1. 车辆查询

车辆"状态"包括：采购中、在途、在库。采购中是指订单提交到厂家，厂家发出订货前的状态。当厂家已经发货，车辆的状态也相应地调整为在途状态。车辆抵达，被检查完毕无问题后，状态为在库。

库存车辆查询是对车辆的库存情况进行组合查询。选择菜单【汽贸管理→整车库存管理→库存车辆查询】，系统弹出【库存车辆查询】窗体，可以根据各种查询条件进行组合查询或选择其中一个条件进行查询。库存车辆查询界面如图1-3所示。

在途车辆查询是对已经采购但还没有入库的车辆（在途车辆）的情况进行组合查询。选择菜单【汽贸管理→整车库存管理→在途车辆查询】，系统弹出【在途车辆查询】窗体。单击供应商号旁边【查】进行"供应商选择"，输入部分或全部查询条件后，单击【查询】，系统查询符合条件的记录便显示在数据列表中。在途车辆查询界面如图1-4所示。

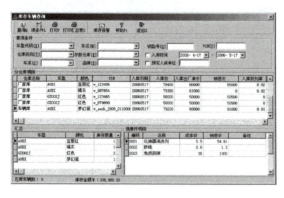

图1-3 库存车辆查询界面

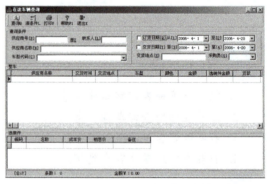

图1-4 在途车辆查询界面

2. 制订销售订单

当汽车销售顾问发现仓库中没有客户要购买的车辆，或者仓库中的车辆已被预订的时候，汽车销售顾问可以查看该车是否在公司的采购计划中，那么汽车销售顾问可以建议客户订购车辆，并为计划在本店购买车辆的客户进行售前登记，需要记录的信息包括客户信息、订单合同号、订购车型、颜色、数量、单价、选装件信息、车辆订金、交货日期和地点等，如图1-5所示。当然，如果该车没有列入采购计划，那么就不能在系统上进行订货销售。

3. 填写销售单

1）如果客户准备直接购车又没有事先订货，此时如果车库有现货，就可以跳过订单流程进行销售。在销售前，需要填写整车销售单，如图1-6所示。

2）如果车辆未到货，汽车销售顾问需确认车辆到货时间并告知客户，并且对车辆到货情况进行跟踪，当所订车辆到货了，合同也到了交车时间，就是真正的售车时间了，需要填写销售交车单，如图1-7所示。

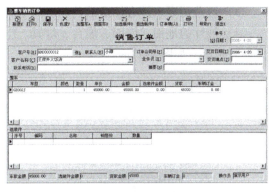

图1-5 销售订单

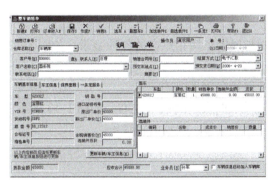

图1-6 销售单

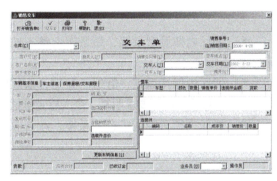

图1-7 销售交车单

二、展厅与展车整理

1. 整理展厅

对展厅内车辆进行具有高超艺术性的陈列设计，可以增强视觉效果，从而有效地刺激客户的消费欲望。一般而言，展厅整理需要注意以下七方面。

扫一扫

展厅展车整理

（1）展厅整体布置

1）展厅内外墙面、玻璃墙等保持干净整洁，应定期（每半年1次）清洁，展厅外观整理如图1-8所示。

2）展厅内部相关标识的使用应符合公司有关CI（Corporate Identity，企业标志）、VI（Visual Identity，企业视觉设计）要求，如图1-9所示。

图1-8 展厅外观

图1-9 展厅内部相关标识

3）按公司要求挂有标准的营业时间看牌，如图1-10所示。

4）展厅的地面、墙面、展台、灯具、空调、视听设备等保持干净整洁，墙面无乱贴的广告海报等，如图1-11所示。

图1-10 营业时间看牌

图1-11 干净整洁的展厅

5）展厅内摆设型录架，型录架上整齐地放满与展示车辆相对应的各种型录，如图1-12所示。

6）展厅内保持适宜、舒适的温度，依照标准保持在25℃左右。

7）展厅内的照明要求明亮、令人感觉舒适，依照标准照度在800lx左右，如图1-13所示。

8）展厅内须有隐蔽式音响系统，在营业期间播放舒缓、优雅的轻音乐。

图1-12 展厅内摆设的型录架

图1-13 展厅内照明

（2）车辆展示区准备

1）每辆展车附近的规定位置（位于展车驾驶位的右前方）设有一个规格架，规格架上摆放有与该展车一致的规格表，一辆展车的展示区如图1-14所示。

2）展车间相对的空间位置和距离、展示面积等参照厂家的相关规定，一般车与车之间的间隔距离为1~2m，如图1-15所示。

图1-14 一辆展车的展示区

图1-15 多辆展车的展示区

(3) 客户休息区准备

1) 客户休息区应保持整齐清洁，沙发、茶几等摆放整齐并保持清洁，如图 1-16 所示。

2) 客户休息区设有杂志架、报纸架，各备有 5 种以上的杂志、报纸，其中含有汽车杂志、报纸，报纸应每天更新，杂志超过一个月以上需更换新版，如图 1-17 所示。

图 1-16　客户休息区

图 1-17　杂志架、报纸架

3) 客户休息区设有饮水机，并配备杯托和纸杯，如图 1-18 所示。

4) 客户休息区需摆放绿色植物盆栽，以保持生机盎然的氛围。

5) 客户休息区配备有大屏幕彩色电视机等视听设备，在营业时间内可播放相关品牌汽车广告宣传片和专题片，如图 1-19 所示。

图 1-18　饮水机及杯托和纸杯

图 1-19　盆栽及电视机

(4) 业务洽谈区的准备工作

1) 业务洽谈区的环境布置。如图 1-20 和图 1-21 所示，业务洽谈区的桌椅摆放整齐有序，保持洁净，可布置一些装饰品如鲜花等，保持室内空气清新；准备好饮水机、饮品、杯子、糖果、雨伞等；桌面上备有烟灰缸，烟灰缸内若有 3 个（含 3 个）以上烟蒂，应立即清理；每次在客人走后立即把用过的烟灰缸清理干净。

2) 业务洽谈区的工作准备。汽车销售顾问在业务洽谈区要准备好洽谈记录本、笔等；浏览当月工作计划与分析表等；查看商品车库存（品种、颜色、数量、优惠标准等）情况及即将到货情况。

3) 汽车销售顾问工具包的准备。每个汽车销售顾问都必须配备而且随身携带。工具包内的物品类别及内容见表 1-1。

图1-20　业务洽谈区1　　　　　　　　图1-21　业务洽谈区2

表1-1　工具包内的物品类别

序号	类别	内容
1	办公用品	计算器、笔、记录本、名片（夹）、面巾纸、打火机等
2	资料	公司介绍材料、荣誉介绍、产品介绍、竞争对手产品比较表、媒体报道剪辑、用户档案资料等
3	销售表	产品价目表、新车协议单、一条龙服务流程单、试驾协议单、保险文件、按揭文件、新车预订单等

（5）客户接待台准备　接待台保持干净，台面上不可放有任何物品，各种文件、名片、资料等整齐有序地摆放在台面下，不许放置与工作无关的报纸、杂志等杂物，如图1-22和图1-23所示。接待台处的电话、电脑等设备应保持良好的使用状态。

图1-22　客户接待前台1　　　　　　　图1-23　客户接待前台2

（6）洗手间的整理

1）洗手间应有明确、标准的标识牌指引，男女标识易于明确区分。客户和员工分离，客户在一楼，员工在二楼，由专人负责卫生打扫与清洁，并由专人负责检查与记录。

2）洗手间的地面、墙面、洗手台、设备用具等各部分保持清洁，台面地面不许有积水，大小便池不许有黄垢等脏物，如图1-24所示。

3）洗手间内无异味，应采用自动喷洒香水的喷洒

图1-24　洗手间环境

器来消除异味。

4）洗手间内相应位置应备有充足的卫生纸，各隔间内设有衣帽钩，小便池所在的墙面上应悬挂有赏心悦目的图画。

5）适度布置一些绿色植物或鲜花予以点缀。

6）洗手间洗手处须有洗手液、烘干机、擦手纸、绿色的盆栽等，洗手台上不可有积水或其他杂物。

7）在营业期间播放舒缓、优雅的背景音乐。

(7) 儿童游戏区的布置

1）儿童活动区应设在展厅的里端，位置应相对独立，有专人负责儿童活动时的看护工作（建议为女性），不宜离楼梯、展车、电视、型录架、规格架等距离太近，但能使展厅内的客户看到儿童的活动情况。

2）儿童游戏区要能够保证儿童的安全，所用的儿童玩具应符合国家有关的安全标准，应由相对柔软的材料制作而成，不许采用坚硬锐利的物品作为儿童玩具。

3）儿童游戏区的玩具具有一定的新意，色调丰富，保证玩具对儿童有一定的吸引力，如图 1-25 所示。

图 1-25　儿童游戏区

2. 整理展车

展车整理分为展车外观整理和展车内部整理两个方面。

(1) 展车外观整理

1）展车不得上锁，方便来店客户进入车内观看、动手体验；钥匙一律取下集中于展厅经理处统一保管，4S 店汽车钥匙智能管理柜如图 1-26 所示。

2）展车车窗前排全开、后排关闭，有天窗的则将遮阳内饰板打开。

3）展车外表光洁明亮，展车前后牌照框处粘贴统一的车型标牌。

4）轮胎上品牌标志摆正，车轮下放置轮胎垫。

5）轮毂内侧、保险杠下方、铰链、刮水器及发动机舱内可见、可触及部位应清洗、擦拭干净。

6）展车应定期更换，提升客户购买信心。

(2) 展车内部整理

1）转向盘调整至最高位置，如图 1-27 所示。

图 1-26　4S 店汽车钥匙智能管理柜

图 1-27　展车转向盘的位置

2）展车内座椅、内饰板塑料保护膜全部拆除。

3）座椅头枕调整至最低位置，前座椅背维持在105°。前排座椅的位置和椅背角度必须对齐一致。

4）采用展车专用脚踏垫，每台两套，每日营业前清理，每周六或过于脏污时应更换清洗。

5）展车时钟与音响频道预先设定，设定时选择常用且信号清晰的电台，并准备三种不同风格的音乐光盘备用。

6）行李舱干净、整洁，无杂物。

7）展车电量充足，不允许在营业时间充电。

三、进行集客活动

集客活动是汽车销售顾问进行销售之前最重要的工作之一，集客活动的好与坏直接影响汽车销售顾问的销售业绩。将前面所开发的客户进一步的信息确认和信息跟进工作。

1. 跟进客户

记录汽车销售顾问目前跟进客户的情况，记录内容包括转入时间、上次联系达成的结果、此前是否有人跟进和购车意向级别。

2. 邀约客户

汽车销售顾问根据信息确认情况以及客户购车意向强烈程度制订客户邀约计划：

1）针对强意向购车客户，汽车销售顾问可以利用厂家近期举办的优惠活动为由邀约客户到店购车。

2）对于中意向购车客户，汽车销售顾问可以以店内近期开展的一些互动促销活动为由吸引客户，强化购车意向，并设法邀约客户到店购车。

3）面对弱意向购车客户，汽车销售顾问可以为客户提供购车的咨询服务，同时设法寻找适当的时机邀约客户到店进行试乘试驾，强化客户的购车意向。

项目二

客户接待

任务一　展厅客户接待

任务目标

1）能够运用看车客户接待工作流程完成接待工作。
2）能够运用其他来意客户接待流程完成接待工作。
3）能够准确地分析客户接待工作流程中的主要环节及工作。

建议学时

4 学时。

相关知识

一、客户接待工作流程

1. 看车客户接待工作流程

对于到店看车客户，其接待工作流程如图 2-1 所示。

2. 其他来意客户接待

如果客户到店不是看车，另有其他来意，如客户求助、售后客户参观和客户投诉等情况，这时的接待工作流程如图 2-2 所示。

展厅接待流程

二、客户接待工作流程主要环节及工作要点

1. 接待的准备

1）汽车销售顾问应穿着经销店指定的制服，保持整洁，佩戴工作牌。
2）每日早会汽车销售顾问应互检仪容仪表和着装规范。
3）汽车销售顾问从办公室进入展厅前应在穿衣镜前自检仪容仪表和着装。
4）每位汽车销售顾问都应配备自己的销售工具夹，并把常用的销售工具放于工具夹内，与客户商谈时随身携带。
5）每日早会汽车销售顾问应自行检查销售工具夹内的资料，及时更新。

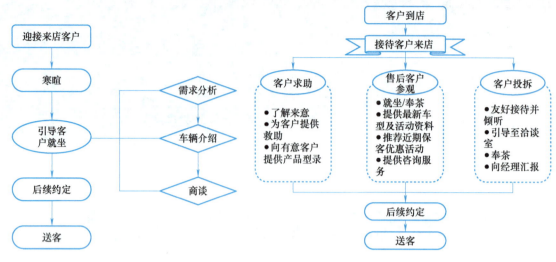

图 2-1 看车客户接待工作流程　　图 2-2 其他客户接待工作流程

6）接待人员在接待台站立接待，值班汽车销售顾问在展厅等候来店客户。

2. 等待客户到来

当准备工作就绪后，汽车销售顾问就应以饱满的工作热情等待客户到店了。值得注意的是等待客户到来并不是只等待客户上门，而是当客户到店前，销售人员就已经有充分的准备，这样才能使客户得到满意的接待与服务。

为了确保客户到来时能享受热情的接待和服务，汽车销售顾问在等待客户到来的间隙，应注意开展展厅的清洁维护与展示车辆的整理，同时注意相关资料的整理和相关人员的服装及礼仪。汽车销售顾问在等候期间还要时刻留意来店客户的到达，等候时要四处张望，即使坐在值班柜台，或位于展厅的入口、屋外及停车场，也要四处张望，这样可以快速获取客户信息，客户喜欢的车型以及其他一些话题。

3. 客户来店时

1）在展厅大门内热情迎接客户，询问客户的来访目的。

2）及时递上名片，简短自我介绍并请教客户尊姓。

3）与客户同行人员一一招呼。

4. 客户想独自参观车辆时

1）按客户意愿进行，请客户随意参观。

2）明确说明自己的服务意愿和所处的位置，"如有需要，请随时召唤，我就在这边"。

3）在客户所及范围内关注客户需求，保持一定距离，避免给客户有压力的感觉。

4）当客户有疑问时，汽车销售顾问应主动上前询问。

5. 客户希望与汽车销售顾问商谈时

1）先从礼貌寒暄开始，扩大谈话面，给客户机会，引导对话方向。

2）先回应客户提出的话题，倾听、不打断客户谈话。

3）第一时间奉上免费饮料（矿泉水、茶水、速溶咖啡等）。

4）介绍本店与本人的背景与经历，增加客户信心。

5）争取适当时机，请客户留下客户信息。

6. 客户离开时

1）放下手中其他事务，送客户到展厅门外。

2）感谢客户光临，并诚恳邀请再次惠顾。

3）目送客户离开，直至客户走出视线范围，挥手告别。

7. 客户离去后

（1）**整理、纪录客户有关信息** 填写到店客户登记表，见表2-1。

表2-1 到店客户登记表

编号	客户姓名	电话号码	联络地址	来店人数	来店方式	来店时间	离店时间	拟购车型	有望程度	客户特性跟踪	接待人员
										□初次来店 □已受邀约者 □产品资料 □希望 □再次联络时间	
										□初次来店 □已受邀约者 □产品资料 □希望 □再次联络时间	
										□初次来店 □已受邀约者 □产品资料 □希望 □再次联络时间	
										□初次来店 □已受邀约者 □产品资料 □希望 □再次联络时间	

（2）**进行客户信息的系统登记** 打开操作系统客户接洽界面，将来访时间、客户信息、购车意向信息、经办人信息录入到系统中，如图2-3所示。

其中客户信息包括客户编码、客户名称、性别、年龄段、籍贯、出生日期、联系人、证件类型、证件号码、固定电话、手机、传真、地址、邮编、行业类型、职位、年收入、电子邮件、学历、喜好/兴趣、驾龄、准驾车型。

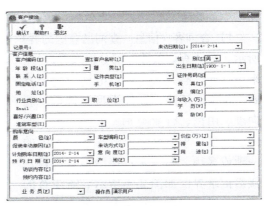

图2-3 客户接洽界面

购车意向信息包括颜色、车型编号、价位、促使来访原因、来访方式、排量、计划购车日期、意向度、用途、预约日期、产地、访谈内容、预约内容。

(3) 进行潜在客户分级　汽车销售顾问要会准确地判断客户意向及级别，从而采用不同的跟踪方式，具体见表2-2。

表2-2　不同级别客户跟踪方式

级别	判别基准	购买周期	客户跟踪频率/次
O级（订单级客户）	1）购买合同已签 2）全款已交但未提车 3）已收订金	预收订金	周
H级（准成交客户）	1）车型、颜色已选定 2）已提供付款方式及交车日期 3）分期手续进行中 4）二手车置换进行处理中	7日内成交	两日
A级（意向成交客户）	1）车型、颜色已选定 2）商谈付款方式及交车日期 3）商谈分期付款手续 4）要求协助处理旧车	7~15日以内成交	四日
B级（意向客户）	1）已谈判购车条件 2）购车时间已确定 3）选定下次商谈日期 4）再次来看展示车辆 5）要求协助处理旧车	15日~1个月内成交	周
C级（模糊客户）	1）购车时间模糊 2）要求协助处理旧车	1个月以上时间成交	半月

注：客户跟踪频率时间以与客户约定的访问时间为第一优先，以经销商店销售活动的时间为参考，可适当调整。

(4) 制订潜在客户跟进计划　跟进计划的制订与汽车销售顾问对客户购买意向与交际风格有关。根据客户分级情况，购买意愿越迫切的客户，需要跟进的次数也就越紧密。

1）对于H级客户。汽车销售顾问对于H级客户跟进频次为24h、3天。

2）对于A级客户。汽车销售顾问对于A级客户跟进频次为24h、7天、15天。

3）对于B级客户。汽车销售顾问对于B级客户跟进频次为24h、7天、25天。

(5) 根据跟进计划，进行客户跟进，邀请客户再次来店

1）查询客户信息。查询已登记的客户信息，打开操作系统客户接洽记录界面，如图2-3所示。在"查询条件"部分输入客户号、来访日期、联系人、客户电话、来访方式、价位、年龄、证件类型、排量、意向度、用途、行业类别、工资收入、产地、颜色、车型编码等筛选条件其中的一项或多项，筛选客户接洽信息，客户接洽记录界面如图2-4所示。需注意的是，一般采用客户号和客户名称筛选条

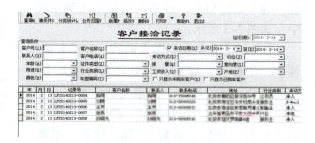

图2-4　客户接洽记录界面

件，进行查询。

2）进行客户跟进，填写客户跟进表，见表2-3。

表2-3 客户跟进表

客户姓名		公司名称		
电话		职务		
手机		传真		
详细地址			邮编	
客户推荐记录				
来访方式	□电话 □来店	信息获取渠道	□电视广告 □报纸广告 □朋友介绍 □车展 □其他	
来店目的	□了解产品 □随意参观 □索取宣传资料 □其他			
车辆要求		颜色		
型号		付款方式		
选装件要求		预购数量		
预购时间		预计交货时间		
预计第一次接洽时间		实际第一次洽谈时间		
有关产品建议				
客户跟进记录				
第一次跟进日期		跟进结果		
预计第二次接洽日期		实际第二次接洽日期		
后续措施				
第二次跟进日期		跟进结果		
预计第三次接洽日期		实际第三次接洽日期		
后续措施				
第三次跟进日期		跟进结果		
预计第四次接洽日期		实际第四次接洽日期		
后续措施				

跟进结果：

□成交——购车　　□战败——购买其他品牌产品_____　　□购车计划取消

销售顾问：　　　　　　　　　　　　　　销售经理：

（6）若暂时无汽车销售顾问可服务客户时　如果正在接待其他客户暂时无法立刻接待，应于第一时间点头招呼、请客户稍等，再尽快接待。

三、客户接待工作流程基本动作

客户接待的基本环节有打招呼、请坐、倒水、寒暄、递名片，也可称为接待的五件套。客户到店的基本动机有索取车型型录、看车、找人等，不论是哪种情况，汽车销售顾问都要热情招呼并确认客户的来意，并尽力的为客户提供帮助，同时规范语言。经销店接待过程中常用语有"欢迎光临、是、知道了、请您稍后、让您久等了、真不好意思、实在对不起、非常感谢"等。

1. 打招呼

(1) 问候的次序　　在正式场合,问候要讲究一定的次序。常见的有以下两种情形:

1) 两人见面。两个人之间的问候,通常是位低者先问候,即身份较低者或年轻者首先问候身份较高者或年长者;男性先向女性问候;未婚者先向已婚者问候;主人先向客人问候。

2) 与多人见面问候。这时候既可以笼统地加以问候,比如说"大家好";也可以逐个加以问候。当一个人逐一问候许多人时,既可以由"尊"而"卑"、由长而幼地依次进行,也可以由近而远依次进行。

(2) 问候的内容　　问候的内容有两种形式,各有不同的适用范围。

1) 直接式。直接式问候就是直截了当地以问好作为问候的主要内容。它适用于正式的公务交往,尤其是宾主双方初次相见。

2) 间接式。间接式问候就是以某些约定俗成的问候语,或者在当时条件下可以引起的话题,主要适用于非正式、熟人之间的交往。比如"忙什么呢""您去哪里"等来替代直接式问候。

> **小资料**
>
> 交谈者可根据不同的场合、环境、对象进行不同的问候,常见的问候语有:
>
> ① 表现礼貌的问候语。如"您好!""早上好!""节日好!""新年好!"之类。根据问候对象的不同,如从年龄上考虑,对少年儿童要问:"几岁了?"或者问:"上几年级了?"对成年人问:"工作忙吗?"从职业上考虑,对老师可以问:"今天有课吗?"。
>
> ② 表现思念之情的问候语。如"好久不见,您近来怎样?"等。
>
> ③ 表现对对方关心的问候语。如"最近身体好吗?""来这里多长时间了,还住得惯吗?""最近工作进展如何,还顺利吗?"。
>
> ④ 表现友好态度的问候语。如"生意好吗?""在忙什么呢?"等这些貌似提问的话语,并不表明真想知道对方的起居行为,往往只表达说话人的友好态度,听话人则把它当成交谈的起始语予以回答,或把它当作招呼语不必详细作答,只不过是一种交际的媒介。

(3) 问候的态度　　问候是敬意的一种表现,态度上需要注意以下四方面:

1) 要主动。问候别人,要积极、主动。当别人首先问候自己之后,要立即予以回应。

2) 要热情。问候别人的时候,通常要表现得热情、友好,不能毫无表情或者表情冷漠。

3) 要自然。问候别人的时候,应当以主动、热情的态度,表现自然大方。

4) 要专注。问候的时候,要面含笑意,以双目注视对方的两眼,以示口到、眼到、意到,专心致志。

(4) 问候的方式　　问候的方式有语言问候和动作问候两种。

1) 语言问候。一般熟人相见,使用频率最高的问候语是"你好"或"您好",另加"好久没见,近来可好(怎么样)?"等。问候语应根据不同场合、不同对象而灵活机动,总的原则是，越简单越好。

2）动作问候。动作问候有点头、微笑、握手、拥抱、吻礼、鞠躬等。

 小贴士

与外国人见面时，视对象场合的不同，礼节也不同。对日本人等多数东方国家来说，鞠躬是最常见的。欧洲人则更喜欢拥抱的礼节。

2. 请坐

要求汽车销售顾问五指并拢，手掌、胳膊自然伸直，从身体侧面抬起直到肩的位置。在展厅中为客户指引；当汽车销售顾问带领客户到会客区请客户入座时，右手摆向座位的地方，要求将右手从身体的一侧抬起到腰部，使大小臂成一条斜线，指尖指向椅子的具体位置，手指伸直并拢，手、手腕和小臂成一条直线，掌心略为倾斜，然后说"您请坐"。

3. 倒水

汽车销售顾问主动为客户提供饮品，一般要报出2种以上的饮品并让客户选择。为客户倒水时要做到用两只手一起端，并把杯托上的把手朝向客户，放在容易且方便拿的地方，再附上几句热情待客的话。

倒水时要注意不要太满，以杯的七八分满为宜。端放茶杯动作不要过高，更不要从客户肩部和头上越过。续水时不要把壶提得过高，以免开水溅出。不要不端茶杯直接倒水或把杯盖扣放桌上。一般在和客户交流15~20min后进行续杯。

 小贴士

需要注意的是汽车销售顾问在倒、续完水后要把杯盖盖上。切不可把杯盖扣放在桌面或茶几上，这样既不卫生，也不礼貌。

4. 寒暄

寒暄是汽车销售顾问与客户正式交谈之前的暖场和铺垫。常见的有如"您好""请进""请坐"等。正式沟通之前，找一些彼此都可以聊的话题，诸如天气、社会、行业情况等容易参与的话题，以融洽氛围、沟通情感。因此，寒暄，选择什么样的内容是核心。基本原则就是选择大家都会认同、方便共同发表意见的话题或客户感兴趣的话题。

小贴士

大家都会认同、方便共同发表意见的话题包括：

（1）天气话题　天气很好，不妨同声赞美；天气太热，也不妨交换彼此的苦恼；如果有什么台风、暴雨或是季节性流行病的消息，更值得拿出来谈，因为那是人人都关心的话题。

（2）能让对方引以为傲的事或个人兴趣　如谈谈个人爱好、运动、美食、品茶或酒，健康的娱乐活动等；谈判桌上有盆景时，夸夸盆景的艺术构思和养护情况；墙上有书法作品又是对方感兴趣或特长的，也可以作为寒暄的内容。

(3) 关心对方　这类寒暄只是以这个为话题表达自己的关心，借以作为下面交谈的开场白。

(4) 社会话题　轰动一时的社会新闻也是谈资，但不可讨论八卦新闻、国内敏感事件。

(5) 令人振奋的消息　与对方相关的令人振奋的消息是特别受欢迎的话题。这些话题往往能立即提高对方的兴奋度。

(6) 对方所在行业的探讨　这就要求汽车销售顾问真的有所了解，如果能适时地给出一些你知道的信息，很快就能拉近双方距离。

(7) 自己的事情　可以聊一些自己闹过的有些无伤大雅的笑话。这一类的笑话，多数都爱听。

(8) 其他话题　这样的寒暄话题，除了全世界都通用的"今天天气真不错"这类公共话题外，还有"这家饭店不错"及旅游、交通、环境、趣事等。

5. 递名片

(1) 递名片的方法　递名片讲究"奉"，即奉送之意，表现谦恭、恭敬。应面带微笑，注视对方。

> 💡 **小贴士**
> 递名片方法：①手指并拢，将名片放在手掌上，用大拇指夹住名片的左端，恭敬地送到客户胸前。名片的名字对向客户，使客户接到名片时就可以正读，不必翻转过来。②食指弯曲与大拇指夹住名片递上，同样名字对向客户。③双手食指和大拇指分别夹住名片左右两端奉上。

(2) 接名片的方法　接名片讲究"恭"，即恭恭敬敬。汽车销售顾问在工作中常常要接受名片，接受方式是否恰当，将会影响你给客户的第一印象。

> 💡 **小贴士**
> 接名片方法：①空手的时候必须以双手接受。试想如果别人以此种方式接受你的名片，你一定很高兴。②接受后要马上过目，不可随便瞟一眼或有急慢的表示。初次见面，一次同时接受几张名片，要记住哪张名片是哪位先生或女士的。

四、展厅接待的技巧

1. 热情、友善地对待你的客户

无论客户看起来是腰缠万贯，还是工薪阶层；无论客户的态度是温和友好，还是拒人千里。汽车销售顾问都要热情友善地接待客户，多一点微笑，多一些礼貌用语，让客户有"宾至如归"的亲切感。

2. 细心地观察你的客户

从客户走近展厅开始，汽车销售顾问就应该细心地关注对方的神情举动，分析、揣摩对方的想法，进而提供能让客户感到放松、舒适的服务。

项目二 客户接待

> 【亮点展示】
>
> ### 细心周到的服务
>
> 一位安徽客户要买一辆车。经过货比三家,他到这里购买了这辆车。当时这位客户说:"我想听听这辆车的音响效果怎么样?"汽车销售顾问小张就问他:"您喜欢听哪方面的音乐?"这位客户笑起来了:"怎么?我想听的音乐你有吗?"小张说:"您说说看。"这位客户是安徽人,他说:"我想听黄梅戏。"
>
> 大家想想看,汽车4S店里面有黄梅戏的CD吗?可能99%的回答是没有。但是小张立刻到总台把黄梅戏碟调出来,放进去给他听。这个客户看到那个CD上写的是黄梅戏,非常感动,当时就说:"不用试了,我们下面就办手续吧。"通过这件小事情,他说:"你们店能把事情考虑得这么细,买车以后,我还有什么不能相信你们的地方呢?"
>
> 在亮点展示中,某汽车4S店的汽车销售顾问小张在接待客户的过程中,站在客户的角度考虑问题,随时关注客户的细节,并提供能让客户感到放松、舒适的服务。充分体现了小张对客户的态度,这种态度体现了承认和重视他人的人格感情爱好、习惯、社会价值以及应享有的权力。由此,赢得了客户的信赖。

3. **勤勉地对待你的客户**

汽车销售顾问每天都要接待很多客户,难免会疲乏、劳累。如果在汽车销售顾问休息、吃饭时恰好有客户走进展厅,优秀的汽车销售顾问仍然"咬牙"坚持,微笑着接待客户,表现出汽车销售顾问对本店汽车品牌的信心与热情。

4. **主动地迎接你的客户**

主动是汽车销售顾问必备的一种素质。如果汽车销售顾问主动一点,做到真诚的语言表达,就可以使原本只打算来展厅看看的客户改变先前的想法,认真考虑买车;可以使原本打算下个月购车的客户在今天就签约购买;可以使老客户介绍好友来买车。主动有可能创造销售奇迹。

任务二 邀约客户接待

任务目标

1. 能够运用呼入电话流程接听客户电话。
2. 能够运用呼出电话流程给客户打电话。
3. 能够准确地运用电话邀约技巧。
4. 能够准确地运用电话礼仪邀约客户。

建议学时

4学时。

 相关知识

一、电话邀约礼仪准备

汽车销售顾问进行电话邀约时要做好以下六方面的礼仪准备。

（1）彬彬有礼　当我们使用电话交谈时，要将对方看作正在交谈的具体人，尤其是对商务人员来讲，我们面对的都是外部的公众，每次接打电话都是向公众展示企业的形象。因此，礼貌的语言、柔和的声调往往会给对方留下亲切之感。要熟练运用"您好""请""谢谢""对不起""再见"等礼貌用语。

（2）控制语速　通话时应语调温和、语速适中，这种有节奏、有魅力的声音容易使对方产生愉悦感，从而保证双方在心情舒畅的情况下完成信息传递。

（3）应对简洁　电话用语要言简意赅，将自己所要讲的事情用最简洁明了的语言表达出来。一般在打电话前，应想清楚要说什么、怎么说。要做到思路清晰，要点明确。如果谈话内容较多，怕内容遗漏可以事前将通话的内容要点归纳在便条上。不管在什么情况下，电话接通后应先打招呼问候，然后直言主题。

（4）行为文明　接打电话时，要面带笑容，坐姿端正，口齿清晰，发出的声音柔和，充满活力。打电话过程中绝对不能吸烟、喝茶、吃零食等。

（5）相关准备　电话旁边要准备好笔记本、笔、公司内部联络表等。将这些东西放在伸手可得的地方，对客户问到的问题，如公司的地址、到公司的路线等随口说出。即使有记不起来的时候，马上翻阅身边的资料。

（6）把握通话时间　电话属于远程交流方式，通常时间宜短不宜长。电话交谈形式根据不同情况有多种方式，有些需要花时间；有些则三言两语即可解决问题。如果打电话的目的是为了达成交易，则花费的时间要比安排会面的电话多。每次通话时间可以根据对方的情况决定，最好事先征得对方同意。如果意识到客户不愉快时，应当主动提出是否自己打扰了客户，并尽快结束谈话。

二、电话邀约流程

1. 呼入电话流程

呼入电话就是客户打来的电话。客户电话接待流程如图2-5所示。

（1）接听

1）最晚在3次铃响前微笑着接电话。

2）通报公司名称、本人姓名与职务"您好！××汽车4S店，销售顾问×××为您服务。"

3）来电时若正与客户交谈，应优先接听电话，并事先向交谈客户致歉。

（2）确认

1）确认对方的公司、部门、姓名。

2）"请问您怎么称呼?""先生，您好！"

扫一扫

接听客户电话

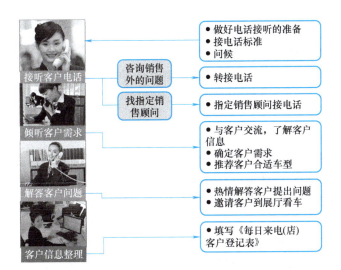

图 2-5 客户电话接待流程

（3）电话转接

1）需要电话转接时，请对方简单地说明来电原因。

2）请客户稍等。

3）转接电话要在 20s 内顺利转接，并关注是否已转接到位。

（4）倾听、记录、回答

1）认真倾听，热情回应，交流中礼貌地称呼对方："很高兴为您服务""是""好的"。

2）获取客户的姓名，并随手做好记录，见表 2-4。

3）需要咨询的客户，应积极引导客户择日来展厅交流，并确定时间。

4）询问用已显示的电话号码是否可以联系到对方。

表 2-4 客户来电登记表

序 号	类 别	信 息
1	来电时间	
2	姓名	
3	性别	○男　　　　○女
4	年龄	
5	联系方式	
6	居住区域	
7	购车目的	
8	购车需求	○品牌　○价格　○款式　○其他
9	认识途径	
10	询问内容	
11	预约时间	
12	接待人	

(5) 结束

1) 谈话结束时,感谢客户打来电话。

2) 等客户先挂断电话后,再挂断电话。

3) 挂断电话后整理话题,注意在通话结束时必须有主题,有结果。

2. 呼出电话流程

(1) 准备工作

1) 查阅潜在客户信息档案。

2) 谈话要点准备(围绕要达到的目的及这个电话对客户的价值所在)。

3) 客户可能搪塞或拒绝的理由有哪些,准备好相应的解释或化解方法。

4) 准备记录用的笔、本,准备相关材料及产品资料。

(2) 电话呼出

1) 确定电话号码,正确拨号。

2) 确认对方的公司及姓名,说明自己的公司、部门、姓名,如"您好!打扰了,请问是×××先生吗?我是×××公司的销售顾问×××。"

(3) 客户确认

1) 确认对方是否为要找的人,若不是委托转接希望通话的通话人。

2) 询问对方是否有时间与你交谈。

(4) 陈述事情

1) 简洁、清晰地说明打电话的目的。

2) 礼貌用语是赢得客户的关键,微笑是不可缺少的催化剂。

3) 电话里不宜具体地谈论车的具体性能特点,应争取获得面谈或试驾等机会。

4) 在需要对方转告时请对方做记录,重要事情要重复要点。

(5) 再次确认

1) 对于客户谈及的主要内容,应随时记录。

2) 在谈话结束前进行总结确认,确认对方是否完全听明白你要传达的信息。

3) "请您再重复一遍。""那么明天再××,9点钟见!""请问还有其他问题吗?"

(6) 结束通话

1) 感谢客户接听电话,如"谢谢""再见"。

2) 等客户先挂断电话后,再挂断电话。

三、电话邀约技巧

扫一扫

呼出电话邀约

1. 电话邀约时间选择

(1) 电话该不该打 通常来讲,需要通报信息、祝贺、问候、联系约见、表示感谢时,都有必要利用电话。毫无意义的"没话找话"式电话,最好不要打。

(2) 何时拨打电话 按照惯例,通话的最佳时间有两个:一是双方预先约定的时间;二是对方方便的时间。一般情况下,尽量在受话人上班10min以后或下班10min以前拨打;这时对方可以比较从容地应答,不会有匆忙之感。尽量避开对方的通话高峰时间、业务繁忙时间和生理厌倦时间。如:每天上午7点之前、晚上10点之后以及午休时间;用餐时间;

双休日等。

(3) 通话时间多久　在一般情况下，基本要求是：以短为佳，宁短勿长。在打电话时，发话人应当自觉地、有意识地将每次通话时间限定在3min之内。

2. 电话邀约内容选择

(1) 事先准备　在每次通话之前，发话人理应做好充分准备。把受话人的姓名、电话号码、通话要点等内容列出一张清单。这样就不会出现缺乏条理、丢三落四的情况，也容易使通话对象感到发话人办事情有板有眼、训练有素，从而对发话人产生一定的好感。

(2) 简明扼要　在通话时，发话人讲话务必务真务实，不求虚假客套。问候完毕，即直入主题、少讲空话、不说废话。切不可啰唆不止、节外生枝、无话找话、短话长说。

(3) 适可而止　作为发话人，应自觉控制通话时间。所需表达的内容说完了，应立刻终止通话。

3. 电话邀约话术技巧

(1) 引起洽谈兴趣　电话营销时首先要引起客户和你洽谈的兴趣，这样才有沟通的基础。

> **小贴士**
> 电话中引起客户洽谈兴趣的要点如下：
> 1) 善于制造悬念，而不是说明问题。
> 2) 尽量保持与客户相同的语速语调。
> 3) 可以适当地回忆上次与客户交流的愉快经历。

(2) 突破障碍　不少客户往往对陌生电话比较避讳，汽车销售顾问的电话，经常被直接拒绝掉。

> **小贴士**
> 突破障碍的技巧主要有：
> 1) 无论接电话的是谁，都要尊重对方并引发其好感，以便为你成功销售增加砝码。
> 2) 适当的幽默，可以拉近你和接听者的距离。
> 3) 以完全相信对方的角度，来获取对方的帮助。
> 4) 在给客户打电话之前，要找到合适的理由，如提前给客户发个短信、微信或微博等，然后再给客户打电话。
> 5) 如果客户有疑问，不能在电话里全部解答，最多解答1~2个疑问，其他的作为邀约客户到店的理由。

(3) 再次沟通　通常第一次的电话，客户如果没有直接的意向，但没有拒绝，就有再次沟通的可能。再次沟通需要掌握2个要点：

1) 每次电话一定要留一个下次继续联系的借口。成熟的汽车销售顾问大多不会说"我等您电话"，更多的是说"我明天给您打电话"，这里应注意的是，一定要有时间的限定。如果说"到时候我给您打电话"，就是不恰当的做法。

2) 掌握电话间隔的时间，这是很多汽车销售顾问很容易犯的错误，第二个电话和第一个电话间隔时间太长,给客户第二次打电话时,客户已经忘记这件事了,结果是汽车销售顾问又要继续重复第一次的电话内容。

小资料

人类对记忆力的研究发现,一个人真正能保证对一件事情的记忆约为3天。7天以后,大多数人会记不起对自己不太重要的事情,所以第二次电话沟通的时间在3天之内为宜。

(4) 客户邀约　不要急于在电话中成交,这样只会吓走客户,其实电话在营销中起到的最大作用是预约。很多客户都是经过多次电话预约才有一次拜访,所以在完成拜访之前,汽车销售顾问不能气馁,否则有可能失去客户。

小贴士

汽车销售顾问邀约客户的技巧有:
1) 对前期达成的共识进行确认。
2) 可以采用二选一的方法为客户提供时间选择。
3) 为客户到店找到充足的理由。
4) 如果客户明确表示拒绝,汽车销售顾问也要对客户表示感谢,并为下次邀约做好铺垫。

4. 电话邀约注意事项

1) 即使是熟悉的声音,也应进行确认,避免出错。
2) 接电话过程中,若有客户进店,汽车销售顾问应起立、微笑、点头致意。
3) 打错电话时要有礼貌地回答,并与客户重新确认对方电话号码。
4) 对自己不了解且不能解决的问题,要做好详细的电话记录,然后转交给相关人员处理。
5) 电话中应避免使用对方不能理解的专业术语或简略语。

任务三　进行客户沟通

任务目标

1. 能够运用恰当地寒暄话题接近客户。
2. 能够运用恰当的提问方式进行提问。
3. 能够运用倾听的技巧进行倾听。
4. 能够准确地运用说话的技巧。

建议学时

4学时。

相关知识

一、进行寒暄

汽车销售顾问在客户入座之后,不要忙着向客户介绍汽车的相关情况,而是要接近客户。

寒暄不一定适用于每一个客户,如果有的客户一进门就询问汽车的相关信息,汽车销售顾问就要满足其需求。

汽车销售顾问在寒暄时一定要注意寒暄的语气,因为会直接影响整个销售过程。在寒暄时要注意的事项,如图2-6所示。

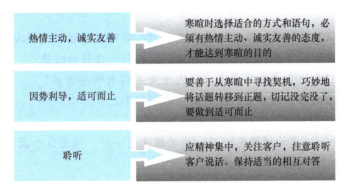

图2-6 寒暄注意事项

二、进行提问

1. 选择不同的提问方式

(1) 开放式提问 开放式提问没有限制的答案,给予客户很大的空间,有利于汽车销售顾问获取广泛的信息。常用的词语有:如何、为什么、哪里、什么、何时、谁等,如图2-7所示。开放式提问的特点见表2-5。

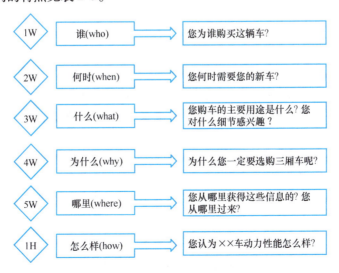

图2-7 5W1H 图

表2-5　开放式提问的特点

提问方式	优点	缺点	适用场合	适用客户	常用语
开放式提问	没有限制，容易获得更多的信息	由于没有引导，客户容易回避和偏离	寻求突破点、赢得时间或更深入的互动中	驾驭型、分析型的客户	如何、为什么、哪里、什么、何时、谁

> **小贴士**
>
> 开放式提问的主要作用是：
> 1）取得信息。
> ① 了解目前状况及问题：目前您的车况如何？有哪些问题想要解决？
> ② 了解客户期望的目标：您希望新的隔声能达到什么样的效果？
> ③ 了解客户对其他竞争者的看法：您认为A品牌有哪些优点？
> ④ 了解客户的需求：您希望拥有怎么样的一部车？
> 2）表达看法、想法。
> 您的意思是……、您的问题是……、您的想法是……、您看这个款式如何？、您对汽车安全保障方面还有哪些需要再考虑的？

（2）封闭式提问　封闭式提问给予客户回答的空间较小，要求客户在选定的范围内回答。常用词语有：是否、行不行、可不可以等。封闭式提问的特点见表2-6。

表2-6　封闭式提问的特点

提问方式	优点	缺点	常用语
封闭式提问	不易偏离主题	不利于获得更多的信息	是否、行不行、可不可以、A或B、您认同吗？

> **小贴士**
>
> 封闭式提问一般用来确认和暗示，其主要作用是：
> 1）获取客户的确认。
> 2）在客户确认点上发挥自己的优点。如：陈先生希望汽车一定要安全舒适，本公司推出的这款车不但装有ABS系统，同时安装了双安全气囊，安全系数大大提高，是吧！
> 3）引导客户进入您要谈的主题。如：油价不断上涨，我想陈先生在考虑选择时也会将汽车是否省油，作为考虑的重点吧！
> 4）缩小主题的范围。如：您的预算是否在10万元左右？您要的是经济型车还是豪华型车？
> 5）确定优先次序。如：您选择的汽车是为您上班方便，还是外出旅游方便？
> 6）对对方的重要问题重复确认。如：你的意思是……，我理解得对吗？

7）采取二选一的方式提问，提问的两个选择都是你需要的，将判断题改为选择题，让选择在你的范围内。如：汽车销售顾问问："您是准备选择 A 型车还是 B 型车？"

8）利用惯性思维。如：汽车销售顾问通过反复的提问，让对方回答"是的""是的""是的""是的""签约？""是的"（惯性思维）。

2. 常用的提问句式与技巧

（1）求索式问句　这种问句旨在了解客户的态度，确认他的需求。如"您的看法呢？""您是怎么想的？""您为什么这样想呢？"，通过向客户提问，可以很快探明客户是否有购买意思以及他对产品所持的态度。

（2）证明式问句　有时候，客户可能会不假思索地采取拒绝的态度。汽车销售顾问应事先考虑到这种情况并相应提出某些问题，促使客户做出相反的回答。比如"您日常的行车路线路况不太好吧？""您经常长途远行吧？"等，客户对这些问题做出的回答等于承认他有某种需求，而这种需求亟待汽车销售顾问来帮助解决。

（3）选择式问句　为了提醒、督促客户购买，汽车销售顾问的销售建议最好采用选择问句。这种问句旨在规定客户在一定范围内选择回答，比如"您准备选择 A 套餐还是 B 套餐"，这种问句显然比直接问"您的车需要装潢吗？"的效果要好。

（4）引导式问句　这种问句旨在引导客户的回答符合汽车销售顾问预期的目的，争取客户同意的一种提问方法。该法通过提出一系列问题，让客户不断给予肯定的回答，从而诱导客户做出决定。

三、主动倾听

1. 倾听的五个层次

汽车销售顾问在与客户接触的时候，不仅要学会问，还要学会听。倾听是一种情感活动，在沟通中占据了重要的地位。优秀的汽车销售顾问通常花 60%～70% 的时间在倾听上，做一个好的听众才能了解客户的想法，才能让客户感受到尊重。

倾听不仅是耳朵听到相应的声音，还需要面部表情、肢体语言、适当的语言来回应。

由低到高，倾听包括五个层次，如图 2-8 所示。

（1）听而不闻　是指汽车销售顾问在与客户的沟通中，对客户所陈述的内容不感兴趣，表面上再听，实际上心不在焉的一种倾听状态，这种方法通常容易引起客户不满，沟通效果比较差。

（2）假装倾听，思路游离　是指汽车销售顾问在与客户沟通过程中，表面上再听，实际上在考虑别的事情，倾听只是做给客户看的表面文章，这种方法沟通效果同样不佳，容易遗漏掉客户所表达的关键信息，无法实现有效沟通。

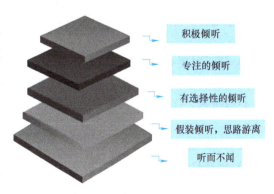

图 2-8　倾听的五个层次

(3) 有选择性的倾听 是指汽车销售顾问在与客户沟通过程中,带有主观意愿,对客户的陈述内容选择性倾听,可能会导致沟通无法客观的理解客户的意见,从而导致沟通效果欠佳,无法实现有效沟通。

(4) 专注的倾听 是指汽车销售顾问在与客户的沟通过程中,专注的听客户所表达的每一句话,并对关键内容做好记录,发现问题及时沟通的一种沟通方式。这种沟通方式由于对客户表达的内容能够全神贯注,所以有较好的沟通效果。

(5) 积极倾听 是指汽车销售顾问在与客户沟通过程中,能够换位思考,设身处地的从客户角度考虑沟通内容,并积极回应客户所表达的内容,主动与客户进行交流互动的一种沟通方式。这种沟通方式由于能够从客户的角度来积极思考问题进行交流,所以沟通效果最佳。

> **小资料**
>
> 听而不闻;假装倾听,思路游离;有选择性的倾听这三种层次的听,都不是真正意义上的倾听。只有专注的倾听、积极倾听才是用心在听,才能理解客户,赢得客户。

2. 倾听的技巧及注意事项

(1) 倾听的技巧

1) 专心致志的倾听。精力集中、专心致志的听,是倾听艺术最重要、最基本的方面。心理学家的统计证明,一般人说话的速度为180~200字/min,而听话及思维的速度,大约要比说话快4倍。所以对方的话还没说完,听话者大都理解了。这样一来,听者常常由于精力富余而开"小差"。此时如果客户提出了问题或者传递了一个至关重要的信息,汽车销售顾问就可能由于心不在焉,没有及时反应而错失销售良机。

2) 有鉴别的倾听。有鉴别的听,必须建立在专心倾听的基础上。例如"太贵了",这几乎是每一个客户的口头禅,言外之意是"我不想出这个价",而不是"我没有那么多钱"。汽车销售顾问如果不能辨别真伪,就会把客户的理由当作反对意见加以反驳,就可能会激怒客户,使客户感到有义务为他自己的理由进行辩护,无形中增加了销售的阻力。

3) 不因反驳而结束倾听。当已经明确客户的意思时,也要坚持听完对方的叙述,不要因为急于纠正客户的观点而打断客户的谈话。即使是根本不同意客户的观点,也要耐心地听完他的意见。听得越多,就越容易发现客户的真正动机和主要的反对意见,从而及早采取应对措施。

4) 倾听时要有积极的回应。要使自己的倾听获得良好的效果,不仅要潜心的听,还必须有反馈的表示,比如点头、欠身、双眼注视客户,或重复一些重要的句子,或提出几个客户关心的问题。这样,多数客户会因为汽车销售顾问的关注而愿意更多、更深地暴露自己的观点。

(2) 倾听的注意事项

1) 创造良好的倾听环境,没有干扰,应空气清新、光线充足。

2) 眼睛接触,精力集中,表情专注,身体略微前倾,认真记录。

3) 用肢体语言积极回应,如点头、眼神交流等和感叹词。

4) 忘掉自己的立场和见解,站在对方的角度去理解对方、了解对方。

5）适度地提问，明确含糊之处。
6）让客户把话说完，不要急于下结论或打断他。
7）将客户的见解进行复述或总结，确认理解正确与否。

四、与客户进行交流

1. 汽车销售顾问说话基本要求

汽车销售顾问说话时发送出两个信息：第一个是说话的内容；第二个是说话的方式。作为汽车销售顾问，目的就是让客户接受并认可自己，这就必须运用语言艺术打动客户的心。汽车销售顾问说话基本要求见表2-7，基本表情和用语见表2-8。

表2-7 汽车销售顾问说话基本要求

基本要求	具体操作
语调要明朗低沉	明朗、低沉和愉快的语调最吸引人，所以语调偏高的人，应设法练习变为低调，才能说出迷人的感性声音
发音清晰，层次分明	发音要标准，字句之间要层次分明。改正咬字不准的缺点，最好的方法就是大声地朗诵，久而久之就会有效果
音量的大小要适中	音量太大，会造成太大的压迫感，使人反感，音量太小，则显得你信心不足，说服力不强
说话的语速要时快时慢，恰如其分	遇到感性的场面，语速可以加快，如果是理性的场面，要放慢语速
懂得在何时停顿	语句不要太长，也不要太短，停顿有时会引起对方的好奇和催促对方早下决定

表2-8 汽车销售顾问说话基本表情和用语

基本要求	具体操作和基本用语
配合表情	1）神情：表情自然、典雅、庄重，眼睑与眉毛要保持自然的舒展 2）微笑：微笑可以表现出温馨、亲切的表情，能有效地缩短双方的距离，给对方留下美好的心理感受，从而形成融洽的交往氛围，微笑一般露出3～4颗牙齿，要发自内心，不要假装 3）视线：与客户交谈时，两眼视线落在对方的鼻间，偶尔也可以注视对方的双眼。恳请对方时，注视对方的双眼。为表示对客户的尊重和重视，忌表情紧张、左顾右盼、眼神不定
措辞得体	[基本用语] 1）初次见面或当天第一次见面时使用。可使用"早上好""您早"等（清晨10点以前），其他时间使用"您好"或"你好" 2）前台接待人员见到客户来访时使用"欢迎光临"或"您好" 3）想客户等候时使用"对不起，请问能请您稍等一会儿吗？……"，态度要温和且有礼貌 4）无论客户等候时间长短，均应向客户表示歉意"让您久等了" 5）请客人登记或办理其他手续时，应使用"麻烦您，请您……" 6）需要打断客户或其他人谈话时，使用"不好意思，打扰一下……"。要注意语气和缓，音量要轻 7）对其他人所提供的帮助和支持，均应表示感谢，使用"谢谢"或"非常感谢" 8）客户告辞或平安离开时，使用"再见"或"欢迎下次再来"

2. 汽车销售顾问说话技巧

（1）汽车销售顾问回应的技巧　汽车销售顾问不仅要学会倾听和提问，更要在这两个活动中和客户有效、合理地互动，并且积极回应客户。积极回应可以保证交谈不会偏离方向，集中在汽车销售顾问的观念上，避免客户片面理解。一般来说，汽车销售顾问要遵循的行为标准见表2-9。

表2-9　汽车销售顾问行为标准

客户互动	汽车销售顾问回应
客户提问时	1）用心倾听客户的问题，以保证正确理解 2）耐心解答，提供客户所需的信息 3）询问客户是否明白、满意自己的解答 4）对自己的回复进行补充完善
提问客户时	1）对客户的回答积极回应、总结 2）征求客户同意，在"咨询笔记本"内记录客户需求
客户有疑虑时	1）耐心倾听，并总结客户的疑虑点 2）耐心解答，给客户信任感

（2）汽车销售顾问答辩的技巧　讲解过程中的答辩主要是消除客户的疑虑，纠正客户的错误看法，用劝导的方式，说明、解释并引导客户对问题的认识。

1）答辩要简明扼要，意在澄清事实。要根据客户是否能理解谈话的主旨以及对谈话中重要情况理解的程度，来调整说话速度。在向客户介绍一些主要的销售要点和重要问题时，说话的速度要适当放慢，使客户易于领会。要随时注意客户的反应，根据客户的理解程度来调整谈话速度，避免长篇大论。

2）避免与客户正面争论。在讲解过程中，最忌讳与客户争论。争论会打消客户的购买兴趣。避免正面冲突就在于：答辩中必然涉及客户的反对意见，尤其是在价格问题上。如果讨价还价很激烈并且持续不停，就要寻找一下隐藏在客户心底的真正动机，有针对性地逐一加以解释说明。

3）讲究否定艺术。在任何情况下，都不要直截了当地反驳客户，提出自己的观点，客户就比较容易接受你的看法。

4）保持沉着冷静。任何时候都要冷静地回答客户，即使是在客户完全错误的情况下也应沉住气。沉着冷静的言谈举止不仅会强化客户的信心，而且在一定程度上会使讲解的气氛朝着有利于销售的方向发展。

（3）汽车销售顾问说服的技巧　在交流过程中能否说服客户接受自己的观点，是汽车销售顾问能否成功的又一个关键因素。说服就是综合运用听、问、答等各项技巧影响客户，刺激客户的购买欲望，促使他做出购买决定。

 小贴士

说服技巧的六大原则：

1）寻找共同点。要想说服客户，首先要赢得他的信任，消除其对抗情绪，用双方共同感兴趣的问题为跳板，因势利导地提出建议。因此，成熟的汽车销售顾问总是避免讨论一些容易产生分歧的问题，而先强调彼此的共同利益。当业务洽谈即将结束时，才把这些问题拿出来讨论，这样双方就能够比较容易地取得一致意见。

2）耐心细致。说服必须耐心细致，不厌其烦，动之以情、晓之以理，要把产品的优点以及客户购买产品后所享受到的好处讲深、讲透，直到客户能够听取你的意见为止。有时，客户不能马上做出购买决定，这时就应耐心等待；在等待的时候，可适当运用幽默以缓解紧张气氛。

3）开具"保票"。人们都有趋利避害的心理。在销售过程中，客户最关心的问题是：购买能否为自己或公司带来利益以及能带来多大的利益这些问题。如果说服工作不能解除客户的这种疑虑，便是失败。所以说服中必须能够给客户一张"保票"，让客户相信购买便能获利，能够解决他的难题。

4）把握时机。成功地说服在于把握时机。这包含两方面的含义：一是汽车销售顾问要把握对说服工作的有利时机，趁热打铁，重点突破；二是要向客户说明，这是购买的最佳时期。

5）循序渐进。说服应遵照由浅入深、从易到难的方法。开始时，避免重题、难题，先进行那些容易说服的问题，打开缺口，逐步扩展。一时难以解决的问题可以暂时抛开，等待适当时机。

6）严禁压服。不可用胁迫或欺诈的方法。在销售中一条重要的商业道德原则是：对客户无益的交易也必然有损于销售人员。优秀的汽车销售顾问应具有远见卓识，不为某些诱惑人的交易机会所动，而应始终把客户的需求放在第一位。

3. 汽车销售顾问不该说的话

（1）**不说批评性话语**　汽车销售顾问从事销售工作，每天都与客户打交道，赞美性话语应多说，但也要注意适量，否则，让人有种虚伪造作、缺乏真诚之感。与客户交谈中的赞美性用语，要出自你的内心，不能不着边际地赞美，要知道不卑不亢、自然表达，更能获取人心，让人信服。

（2）**杜绝主观性的议题**　有些汽车销售顾问由于经验不足，在与客户的交往中，难免缺少主控客户话题的能力，往往跟随客户一起去议论一些主观性的议题，最后产生分歧，有的尽管在某些问题上取得了优势，但争论后，一笔业务由此失败。想想对这种主观性的议题争论，有何意义？然而，有经验的汽车销售顾问，在处理这类主观性的议题时，起先会随着客户的观点，一起展开一些议论，但争论中适时将话题引向销售的车辆上来。

（3）**少用专业性术语**　多数客户缺乏汽车专业知识，对汽车方面的专业术语不甚了解。如果在销售过程中，过多地使用专业性术语，就会无形地在与客户沟通过程中设置了障碍。

（4）**不说夸大不实之词**　不能因为要达到一时的销售业绩，就夸大车辆的功能和价值，这势必会埋下一颗"定时炸弹"，一旦产生纠纷，后果将不堪设想。任何一款汽车，都存在着好的一面以及不足的一面，汽车销售顾问理应站在客观的角度，清晰地为客户分析车辆的优势，帮助客户"货比三家"。唯有知己知彼，熟知市场状况，才能让客户心服口服地接受你的车辆。

（5）**禁用攻击性话语**　经常看到这样的场面，同行业的汽车销售顾问用带有攻击性色彩的话语，攻击竞争对手，甚至有的人把对方说得一文不值，以致降低整个行业的形象。多数汽车销售顾问在说出这些攻击性话题时，缺乏理性思考。无论是对人、对事、对物的攻击词句，都会造成客户的反感，对销售工作有害无益。

(6) **避谈隐私问题**　　与客户打交道，主要是要把握对方的需求，而不是谈隐私问题。

(7) **少问质疑性话题**　　汽车销售顾问不能用质疑性话题来交谈，如"你懂吗？""你知道吗？""你明白我的意思吗？""这么简单的问题，你了解吗？"，这种以一种长者或老师的口吻质疑这些让人反感的话题。从销售心理学来讲，一直质疑客户的理解力，客户容易产生反感，这种方式往往让客户感觉得不到起码的尊重，逆反心理也会随之产生，可以说是销售中的一大忌。如果担心客户有可能不太明白，汽车销售顾问可以用试探的口吻了解对方，"有没有需要我再详细说明的地方？"，这样会比较让人接受。

(8) **变通枯燥性话题**　　在销售中有些枯燥性的话题，也许汽车销售顾问不得不去讲解给客户。建议将这类话语，讲得简单一些，可用概括语一带而过。这样，客户听了才不会产生倦意，让销售工作更有效。如果有些重要的话语，非要跟客户讲清楚，建议汽车销售顾问在讲解的过程中举例说明。

(9) **回避不雅之言**　　每个人都希望与有涵养、有层次的人在一起，在销售中，不雅之言将给销售汽车带来负面影响。例如，讲解安全配置时，最好回避"死亡""没命""完蛋"诸如此类的词语。

项目三 需求分析

任务一 客户交际风格判断

任务目标

1. 能够准确地判断不同客户的交际风格。
2. 能够准确地判断不同客户交际风格的方式。
3. 能够准确地运用不同交际风格的沟通方式。
4. 能够针对不同客户类型选择应对策略。

建议学时

4 学时。

相关知识

一、判断客户的不同交际风格

1. 分析不同交际风格的特点

（1）**交际风格的类型** 交际风格的不同表现在对自己的自制能力和对他人支配能力的强弱不同，因此，心理学家依据自制力和支配力的强弱变化将消费者划分为四种不同的交际风格，分别为驾驭型、分析型、亲切型和表现型，如图 3-1 所示。

（2）**不同交际风格的特点** 上述四种交际风格的分析见表 3-1。

2. 辨别客户不同交际风格的方式

（1）**通过消费者的表现特征辨别** 针对不同交际风格的消费者采取不同的销售策略，能大幅提高汽车销售顾问对消费者购买行为的准确判断。为了帮助汽车销售

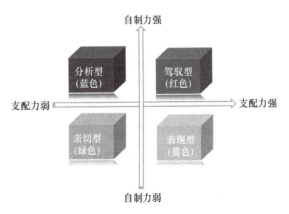

图 3-1 不同交际风格类型象限图

55

顾问更快、更简便地判断影响客户交易过程的交际风格类型，表3-2 给出了不同交际风格的主要交际行为表现特征。

表3-1 不同交际风格特点分析

交际风格类型	交际风格分析
驾驭型（权威型：红色，Ⅰ象限）	特征：自我约束力强，高度自信，果断；目的性强，注重效率与结果；不太重视人际关系；对工作高度专注，喜欢告知别人如何去做，很少关注别人的感受；有冒险精神和强烈的领导欲望，权力崇拜者 弱点：没有耐心，较难沟通、接近；缺乏亲和感；顽固、易独断 基本需求：权力、成就 沟通要领：坦白、正式、准时；较全面的准备工作；讨论目标；提供资料；直截了当；让对方做决定；避免直接对立；注意会谈的时限、方式 表象：快速有力，重点强调，工作负责
分析型（思考型：蓝色，Ⅱ象限）	特征：爱提问，注重事实和资料；讲求秩序，有敏锐的观察力；遇事慎重，关注工作细节；忽略说服技巧，完美主义者。一般不愿与别人分享信息，接受新事物能力较差，销售时间较长 弱点：封闭，寡言少语，不易接近 基本需求：秩序、安全 沟通要领：可靠；列出详细的资料与分析；公事公办；避免谈太多闲话；有计划步骤、语言准确、注意细节 表象：语速慢，动作少，工作是谈话重点
亲切型（合作型：绿色，Ⅲ象限）	特征：随意，合群，有耐心，待人客气，喜欢聊天，容易沟通；关注融洽的合作关系 弱点：无时间观念，原则性较差；反复不定，优柔寡断，不愿承担风险 基本需求：合作、安全 沟通要领：容纳；经常性沟通，注重私人关系的培养；以安全为主要目标，提供特定的方案和最低的风险；理解其对时间的拖延，不诋毁竞争对手；以轻松的方式谈生意，提供帮助，带领其达至目标 表象：表情温和，寻求接纳，放松，谈话重点是人的沟通
表现型（外向型：黄色，Ⅳ象限）	特征：交际风格外向乐观，注重人际关系，情绪化；精力充沛，具有冒险精神，幽默合群，容易沟通，擅言词；关注过程表现，冒险主义者 弱点：逻辑性差，没有时间观念，随意性大，易冲动，情绪化，因此经常后悔；反复无常 基本需求：认同、成就 沟通要领：沟通；投其所好，争取好感；先附和，再切入；注意互动，交换意见；经常联络并邀请其参加活动；多谈目标，少谈细节；培养私人感情 表象：表情丰富，衣着随意，谈话重点是人的沟通和感觉

表3-2 每种交际风格的表现特征

交际风格	权威型	思考型	合作型	外向型
1. 脸部表情	少变化	少变化	温和有笑容	很多表情
2. 眼神接触	直接，凝聚	不慈祥，但想答案	注视寻求接纳	多方注视
3. 说话速度	快速有力	从容不迫	慢，有时停下	快速
4. 声音	控制声音	适中	柔软温和	大声
5. 音调	单调，重点强调	单调	流畅	忽高忽低
6. 姿势	正式，强硬	僵硬	放松	充满活力
7. 身体活动	有些快速，有力	少姿势	慢和圆滑	多变化
8. 说话重点	工作	工作	人	人，感觉

（2）通过消费者支配力的强弱辨别　这种方法简单、实用，但应避免生搬硬套。汽车销售顾问可以通过表3-1进行初步的交际风格判断，但最终还需要通过支配力和自制力，对客户的交际风格进行深入、全面的判断。如果消费者的行为和语言表现出符合竞争性、冒险、快速等特征或倾向，这说明该客户属于交际风格中支配力强的类型；反之则属于支配力较弱的类型，如图3-2所示。

（3）通过消费者自制力的强弱辨别　只判断消费者交际过程的支配力的强弱并不能判断出消费者的交际风格类型，还需要判断消费者的自制力的强弱。自制力弱的消费者，往往热情、随和、容易沟通，而自制力强的消费者，往往有冷漠、理性、讲究精确等特征或倾向，给人以距离感，如图3-3所示。

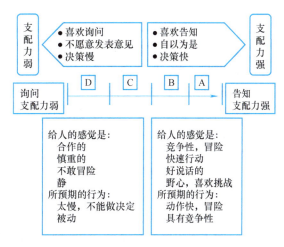

图3-2　消费者支配力强弱变化趋势

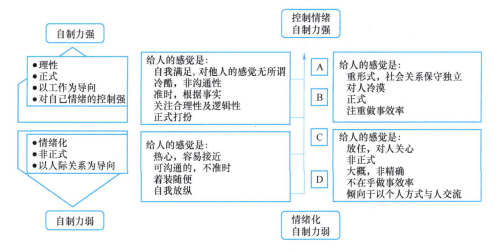

图3-3　消费者自制力强弱变化趋势

确定了消费者的交际风格和自制力与控制力的强弱，就可以判断出消费者属于哪一类型的交际风格。为了帮助记忆，心理学家将四种基本的交际风格对应了四种不同的颜色：

1）权威型（驾驭型）——红色。
2）思考型（分析型）——蓝色。
3）合作型（亲切型）——绿色。
4）外向型（表现型）——黄色。

消费者的交际风格往往不是单纯的一种，而是表现为以一种风格为主色调，并辅以另一种风格为副色调。但红色与绿色、蓝色与黄色一般不会共存。由于具体工作环境和岗位职责的要求，人们在交际中还会表现出一些与其内在风格不相一致的行为倾向。因此，对客户交际风格的判断一定要从自制力和支配力着手，而且要避免仅通过一次接触或少量语言就轻易做出判断，基础观察和全面分析非常重要。

二、选择不同交际风格的沟通方式

1. 针对驾驭型交际风格的消费者的沟通方式

1）避免个人化和浪费时间，注重事实。
2）直截了当，保持快节奏，注意客户的想法与目的。
3）避开细节、谈论要点。
4）强调产品解决客户问题的能力。
5）提出建议，由对方来做决定。

2. 针对分析型交际风格的消费者的沟通方式

1）避免个人化和明显施压。
2）做好充分的产品知识准备，树立专家形象。
3）正规的交流场合，完整详尽的信息，系统性的交流方式。
4）对工作程序要有耐心，注意细节，向客户提供具体行动步骤与相关文本。
5）慎重报价。

3. 针对亲切型交际风格的消费者的沟通方式

1）注意礼节和创造好的交流氛围，以个人身份与其打交道。
2）提供步骤明确的流程表和计划书。
3）不要过分施压，采用让步式报价方案。
4）耐心解答，建议其征求他人意见。
5）保持经常性接触，多听少说。

4. 针对表现型交际风格的消费者的沟通方式

1）友好、非正式的会谈。
2）引导其谈论解决方案，对其想法表现出热情。
3）多听少说，保持快节奏。
4）尽量以书面形式表达其想法，并获得书面承诺，但注意不可太烦琐。
5）多谈产品实现的利益，帮助其处理细节。
6）订单签订后，要注意私人关系的建立。

三、不同客户的沟通方式

1. 客户类型分类

汽车销售顾问了解自己的商品固然重要，但更重要的是要了解客户，真正懂得客户。常见的客户类型有四类10种形式。

1）表现型：虚情假意型。
2）权威型：情感冲动型、先入为主型、固执己见型。
3）合作型：内向含蓄型、犹豫不决型。
4）分析型：思想保守型、精明理智型、生性多疑型、沉默寡言型。

2. 不同客户类型应对策略分析

（1）表现型　即虚情假意型。特点：此类客户表面上非常友善、比较合作、有问必答，实际上他们对购买缺少诚意和兴趣。一旦汽车销售顾问请求购买产品或服务，则闪烁其词、装聋作哑。

应对策略：识别此类客户的真面目，以免花费大量时间、精力与其交往，最后却愿望落空。鉴别这类客户需要汽车销售顾问的经验和功力。

(2) 权威型

1) 情感冲动型。特点：此类客户生性冲动，容易受外界环境影响，只要稍受外界刺激，便畅所欲言，毫不顾忌后果。如常打断汽车销售顾问的话，借题发挥，妄下断言等。对于自己原有的主张或承诺，也会一时兴起，全部推翻或不愿负责。

应对策略："快刀斩乱麻"是应对此类客户的原则。汽车销售顾问先要让对方接受自己，然后说明产品或服务能给他带来的好处，能做演示的尽量做演示。

2) 先入为主型。特点：此类客户作风干脆，在与汽车销售顾问接触之前，他已经准备好问什么、答什么。因此，在这种心理准备下，此类客户能与你自由交谈。在刚与汽车销售顾问见面时，他便会先发制人地说："只看看，不想买"。

应对策略：此类客户较易成为交易对象。虽然他一开始就持否定态度，但对于交易而言，这种心理抗拒是最微弱的。对于此类客户一开始的抵抗言语，汽车销售顾问可以先不予理会，再以热诚的态度亲近他，成交便很易达成。

3) 固执己见型。特点：此类客户一旦决定的事，就不可更改。即便后来知道是错的，也会一错到底，甚至会出言不逊；汽车销售顾问的以礼相待，也难以被接纳。

应对策略：持之以恒、真诚相待、适时加以恭维，时间长了，或许能博得好感，让客户转变态度。从心理学上讲，性格顽固的人心底往往是脆弱和寂寞的，比一般人更渴望理解和安慰。

(3) 合作型

1) 内向含蓄型。特点：此类客户较为神经质，深知自己极易被说服，故总是害怕与汽车销售顾问有所接触；这类客户在交谈时，会显得困惑不已，坐立不安，喜欢东张西望，不专注于同一方向。

应对策略：汽车销售顾问必须谨慎而稳重，细心地观察客户，坦率地称赞他的优点，与他建立值得信赖的友人关系

2) 犹豫不决型。特点：这类客户性格可能是优柔寡断，虽然其外表平和、态度从容、比较容易接近，但长期接触后，便可发现其不善于决定的个性与倾向。

应对策略：汽车销售顾问首先要有自信，并把自信传达给对方，同时鼓励对方多思考问题，尽可能地使谈话围绕营销核心与重点，不设定太多、太复杂的问题。

(4) 分析型

1) 思想保守型。特点：思想保守、固执，不易受外界干扰或受他人的劝导而改变消费行为或态度。此类客户对现状常持满意态度，即便有不满，也能容忍，不显露人前。

应对策略：汽车销售顾问必须发现客户对现状不满的地方和原因，然后详细分析自己的营销建议中的实惠和价值，请客户尝试接受自己的产品或服务。

2) 精明理智型。特点：此类客户是用理智支配、控制购买行为的，不会轻信广告宣传和汽车销售顾问的一面之词，会根据自己的学识和经验对商品进行分析和比较再做出购买决定。

应对策略：汽车销售顾问很难打"情感牌"，必须从熟知商品或服务的特征入手，多方

比较、分析、论证，用产品或服务将给客户带来的好处来说服客户。

3）生性多疑型。特点：此类客户不管是对汽车销售顾问所说的话，还是对产品或服务本身，都持怀疑的态度。如果这类人心中有个人烦恼，还会把一股怨气撒在汽车销售顾问身上。

应对策略：以亲切友善的态度和其交谈，绝不与其争辩，同时尽量避免对其施加压力。进行商品或服务说明时，态度要沉着，言辞要恳切；如果观察到客户的忧虑，则以一种友好的口吻询问："我能帮你吗？"，待其平和时，再用一般方式洽谈。

4）沉默寡言型。特点：此类客户是比较理性的客户，沉着冷静，汽车销售顾问的谈话虽注意倾听，但反应冷淡。汽车销售顾问很难知道其内心感受。

应对策略：先用"询问"的技巧探求客户内心活动，并且着重以理服人，同时用自己的言谈话语让客户接受自己，提高自己在客户心中的地位。

任务二　辨别影响客户购买行为的因素

任务目标

1. 能够准确地分析影响客户购买行为的因素。
2. 能够准确地分析不同阶层消费者的消费特征。
3. 能够准确地判断营销因素对购买行为的影响。

建议学时

4学时。

相关知识

一、政治因素对购买行为的影响

1. 政治制度

政治制度对消费者的消费方式、内容、行为具有很大影响，如为了保护环境，许多国家对汽车的排放量都做出了详细的规定，不符合环保规定的汽车既不允许生产，也不允许销售。所以，政治制度对市场购买活动的影响是客观存在的，对消费者的购买行为有不可忽视和不可抗拒的影响。

2. 国家政策

国家政策规范了国家事务的处理方式、方法、程序、要求、规定等内容，这些政策也会对消费者的购买行为产生极大的影响。

二、经济因素对购买行为的影响

1. 社会生产力水平对购买行为的影响

购买行为对象（商品）的提供，归根到底要受到社会生产力发展水平的影响。它决定着一个社会所能提供的商品的种类、数量和质量，同时也影响人们的消费观念。

小资料

例如，在卡尔·本茨发明汽车以前，无论多么富裕的组织和个人都不可能产生购买汽车的想法和购买到汽车这样的商品。

2. 消费者的经济收入对购买行为的影响

据经济学家研究，轿车的私人购买与人均 GDP 之间有着必然的联系。人们用 R 值来表示这两者之间的关系：R = 轿车的价格/人均 GDP，一般来说，当 R 值在 2~3 时，私人最倾向于购买轿车。消费者的收入是有差异的，同时又不断变化着。因此，消费者收入会影响消费的数量、质量结构以及消费方式，从而影响市场购买行为。

（1）消费者绝对收入的变化影响购买行为　引起消费者绝对收入变化的主要因素是：消费者工资收入变化、财产价值意识变化等。同时，政府的税收政策变化、企业经营状况的变化也会导致消费者绝对收入的变化。同样是在购买汽车的问题上，当该消费者收入较低时，第一关注的往往是汽车的价格和耗油量，而一旦收入提高，可能就会对汽车的安全性能和外观提出要求，对汽车售后维修、零部件的供给更为关注。

（2）消费者预期收入的变化影响购买行为　消费者在购买贵重商品时，往往要对以后的收入情况做出一定的预期估计，尤其是打算采用贷款或者分期付款的方式时，这种行为的影响会更明显。现今，对于大多数中国消费者来说，汽车仍然属于一种奢侈品，因此，汽车生产企业必须考虑到消费者对未来收入的预期可能对其购买行为产生比较大的影响。除了消费者自身的工作环境和自身的能力，总体经济环境和社会的稳定程度以及社会保障体制的健全与否都会影响到消费者对未来收入的预期。

三、文化因素对购买行为的影响

1. 消费者文化背景的影响

文化对于购买行为的影响通常是间接的，不同文化背景下的消费者会出现不同的偏好，即使在同一个国家或地区，由于年龄、民族等因素的影响，也会使消费者的行为有差异。

2. 消费者文化水平的影响

社会教育文化的发展程度、消费者受教育程度、消费者掌握的知识结构等，都反映消费者的文化水平。一般来说，消费者受教育程度越高，对精神生活方面的消费需求就越多，同时，其购买行为也会显得越理智。受教育程度高的消费者在购买汽车时可能会更重视该汽车的功能、安全性能以及外观设计和时尚程度，而不是单纯关心其价格。

3. 社会习俗对消费者购买行为的影响

（1）节假日的消费习俗　这是指人们在节假日期间实施购买行为。例如，端午节购买粽子，中秋购买月饼等。同时，在节日里，其他消费也会相应增大。根据统计，这几年来，每当除夕夜至年初三，上海的出租车租用率会明显上升。同时，春节、五一国际劳动节、国庆节等国家假日，北京、上海等大城市的轿车租赁业务骤然火爆。因此，节假日消费已经成为各厂家重视的内容。

（2）纪念性的消费习俗　这是指人们为了表示对重大历史事件或者重要人物的纪念而形成的消费习惯。

(3) 信仰性的消费习俗　由于某种信仰而引起的消费习俗，对于汽车销售来说，这种习俗的影响并不明显。

四、群体对购买行为的影响

生活在不同自然和社会环境的人，在不同的文化和生活环境下显然有不同的需求。因此，人们因所处的自然和社会环境相同或不同形成一个一个的群体，产生不同的购买特色和评定标准，从而成为影响消费者购买行为的参照群体。参照群体对消费者的影响表现为以下方式：参照群体为消费者展示出新的生活方式和行为模式，影响群体内成员的购买行为；由于消费者效仿参照群体的行为倾向，因而消费者对某些事物的看法和对某些产品的态度也会受到参照群体的影响；参照群体促使人们的行为趋于某种"一致化"，从而影响消费者对某些产品和品牌的选择；参照群体的影响力取决于产品、品牌以及产品生命周期。

依据对消费者影响程度的不同，参照群体又可分为以下几类。

1. 紧密群体

紧密群体是指对消费者行为影响最经常、最直接、最重要的群体。包括父母、兄弟姐妹、亲戚朋友、同学同事、老师、邻居等。

家庭购买决策大致可分为三种类型：一人独自做主；全家参与意见，一人做主；全家共同决定。这里的"全家"虽然包括子女，但主要还是夫妻两人。夫妻两人购买决策权的大小取决于多种因素，如各地的生活习惯、就业状况、双方工资及教育水平、家庭内部的劳动分工以及产品本身属性等。汽车消费者各阶段的消费特征如图3-4所示。

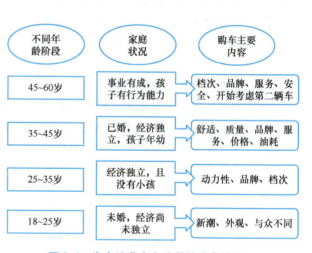

图3-4　汽车消费者各阶段的消费特征

2. 归属群体

消费者在社会生活中从事的职业、职务、收入不同，每个人都从属于一定的群体和社会组织，拥有一定的身份地位。这种共同的行为往往并非硬性规定，而是一种相互影响、约定俗成的倾向。汽车营销顾问通常可以通过了解消费者的职业，来大体推断消费者的归属群体，比如我们可以把汽车消费者群体大致划分为社会名流、企业高层管理者、民营企业主、专家学者、白领雇员、公务员、教师、个体商户、蓝领雇员等。

具有不同身份和地位的消费者经济状况、价值观念、兴趣爱好、生活方式、消费特点、闲暇活动、接受信息的情况各不相同。所有这些因素都会直接影响消费者的购买行为，这在汽车这类高档耐用生活品的购买上显得尤其明显。例如，具有一定实力的民营企业家，大多选购高档豪华轿车；年轻夫妇组成的家庭更多会选择时尚个性、但价格比较实惠的汽车，如图3-5所示。

3. 比照群体

比照群体是指那些与消费者没有直接接触，但对消费者的行为起示范作用的群体。

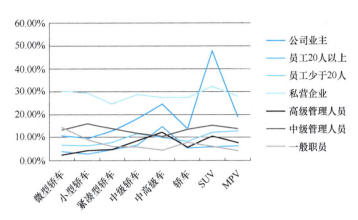

图 3-5　我国汽车用户职业分布情况

五、营销要素对购买行为的影响

营销要素是整个营销活动中最活跃的单元之一。通常是指企业为了能够实现销售，而采取一些相应的营销策略，如产品策略、价格策略、分销策略、促销策略等，这些因素对企业而言均是可控的，它们会对消费者的购买行为产生直接且具体的影响。营销因素包括产品因素、价格因素、分销因素和促销因素等。

任务三　需求分析流程

任务目标

1. 能够准确地分析消费者的购买动机。
2. 能够准确地进行客户需求心理分析。
3. 能够准确地把握客户消费心理发展过程各阶段的特点。
4. 能够针对不同性格的客户采取相应的对策。
5. 能够运用需求分析的方法与技巧进行需求分析。

建议学时

6 学时。

相关知识

扫一扫

需求分析

一、分析消费者购买动机

消费者动机是一种基于需求而由各种刺激引起的心理冲动，动机是引发和维持消费行为并导向一定目标的心理动力。消费者购买动机是指消费者为了满足自己一定的需求而引起购买行为的愿望或意念，它是能够引起消费者购买某一商品和劳务的内在动力。

影响消费者购买行为是多种动机复合推动的，而不是单一动机的作用。汽车销售顾问的主要工作就是要在消费者复杂多变的动机系统中寻找主要影响其行为的动机。

根据动机的表现形式将动机分为显性动机和隐性动机。有许多消费者自己也不清楚要买车的真正原因，作为汽车销售顾问充分了解消费者的购买动机是一个非常重要的销售环节。购买汽车时显性动机一般有自己用的商业动机；为了提高工作效率；赠送他人的动机；给孩子买礼物的动机；使生活充满活力的动机；为了与身份相匹配的动机等。隐性动机有要显示自己取得了事业或生活的成功；提升自己社会地位的动机等。表现出来的动机一般体现为以下几种方式：

（1）求实购买动机　以追求汽车的实用价值为主要目的，注重"实惠"和"实际"原则，强调汽车的效用和质量，讲求朴实大方、经久耐用、使用便利，而不过分关心商品的外形、品牌。

（2）求新购买动机　以追求车型外观、配置的时尚和新颖为主要目的，注重汽车的"现代气息"和"新奇"，讲求车型的款式和社会流行趋势。

（3）求美购买动机　以追求汽车外观的欣赏价值和艺术价值为主要目的，注重车型的颜色、款式、流线设计及线条装饰等外观因素，讲求车型的风格和个性化特征的美化所带来的美感享受。

（4）求利购买动机　以追求汽车价格低廉为主要目的，注重汽车的价格变动，而对车型的款式、品牌等不十分挑剔。

（5）求名购买动机　以追求车型的品牌、高档为主要目的，借以显示或提高身份地位，注重车型的社会声誉和象征意义，讲求车型与其生活水平、社会地位和个性特征的关联性。

（6）好奇购买动机　为满足自己的好奇心而产生的购买动机。好奇心是每个人都有的一种心理现象。当人们对面前的事物不是很理解、觉得新鲜有趣或者感到奇怪时，人们就会产生想要了解它、尝试它的愿望，并进一步产生购买行为。

（7）从众购买动机　为保持与别人步调一致或水平相当或地位相近而产生购买汽车的动机，这种情况通常是在相关群体和社会风气的影响下产生的，有一定的盲目性和不成熟性。

（8）癖好购买动机　为满足个人特殊爱好而形成的动机。对特定事物偏爱的形成，往往与消费者的业余爱好、专业特长和日常生活情趣密切相关，并且伴有浓厚的感情色彩。

（9）习惯性购买动机　消费者对于所选择的汽车服务单位有充分的了解，并报以特殊的信任，一般不会轻易改变所选品牌。

【亮点展示】

汽车销售顾问尊重他人的工作态度

汽车销售顾问：李先生，您想看哪种款式的汽车？

客户：我还不确定，但是我买车主要是为了家用，一家三口可以出去旅游放松一下。

汽车销售顾问：请问李先生有没有一个具体的购车预算？

客户：我想购买总价在10万~15万元之间的汽车，主要追求汽车舒适性，我自己有

10年的驾车经验了。

汽车销售顾问：您的驾驶经验很丰富啊，可以算得上是一个专业驾驶人了。

客户：哪里哪里。

汽车销售顾问：要买10万~15万元的汽车，能满足要求的车型就很多了。考虑到您的自身情况，您看10万元左右、相对大一点的车型怎么样？您的驾龄那么长，买个手动档车型比较好，还比较省油。推荐您选择手动舒适型中级车。

客户：你帮我推荐几款车型吧。

汽车销售顾问：比如说伊兰特1.6标准型。它对路面振动的隔离效果相当好，即使您周末开车带家人去旅游，跑一些比较难走的地方也不会感到路面颠簸而难以操控。

汽车销售顾问：或者说是福美来1.6新悦级，起动车辆，怠速很平稳，挂档前行时，在加速过程中进油顺畅，同时平顺性非常好。

客户：但是这里并没有卖福美来吧？

汽车销售顾问：我是从您的角度出发来考虑的。

客户：你能够这么为我着想，说明你的服务是可以让人信赖的，不用担心什么售后服务等问题。其实，我并没有什么品牌偏好，在你这里买车也是一样的。

在亮点展示中，汽车销售顾问站在客户的角度考虑问题，体现了对客户的态度，这种态度要求承认和重视他人的感情、爱好、习惯和职业、社会价值以及应享有的权力和利益，体现了尊重他人的工作态度。

二、了解客户需求信息

这是需求分析流程的第一步，汽车销售顾问通过了解客户需求信息，进行客户需求心理分析。

1. 填写客户信息表

客户需求信息见表3-3。

表3-3 客户需求信息表

项目	信息内容	分析	客户关注的问题及汽车销售顾问主攻的角度
个人信息	姓名、联系方式	—	—
个人信息	职业、职务	品牌、车型	声誉、赞美、感情投资
个人信息	兴趣爱好	品牌、车型	操控性能、动力性
个人信息	家庭成员	—	内部空间、行李舱、感情投资、舒适性
购买愿望	对车辆造型、颜色、装备的要求	品牌、车型	时尚、声誉、舒适、安全
购买愿望	主要用途、年行驶里程	品牌、车型	底盘、发动机、操控性能、安全、舒适、经济
购买愿望	谁是使用者	品牌、车型	女：时尚、操控便利、健康、舒适、安全、经济 男：操控性、动力性、安全、舒适、声誉
购买愿望	对××品牌车的了解程度	品牌倾向	品牌价值、品牌口碑、品牌实力

(续)

项 目	信息内容	分 析	客户关注的问题及汽车销售顾问主攻的角度
使用车经历	选购车时考虑的主要因素	购买动机	时尚、声誉、安全、舒适、经济
	品牌、车型	品牌、车型	同品牌产品升级；不同品牌的品牌价值、品牌口碑、品牌实力、旧车满意之处
	当初选购的理由	—	
	不满意的因素	品牌、车型	
购买时间	—	重要程度	早买早享受、价格已与国际接轨、后续跟踪

了解客户需求信息可以通过开放式的询问和封闭式的询问方式。开放式的询问方式适用于希望获得大信息量时。客户信息了解得越多，就越有利于把握客户的需求。

2. 进行客户需求心理分析

（1）**品牌心理** 品牌心理是消费的一个表现，产品的品牌在一定程度上可以左右人们的消费导向。不同品牌的产品在技术和质量以及服务方面存在较大的差距，而知名品牌在某种程度上是消费者的一种保障，让消费者有一种安全感。除了与消费者自身有关外，品牌也与行业的是否发展成熟有关。同时汽车文化也影响客户的品牌心理。例如，日本品牌汽车重视外观的精美，做工精细，内饰考究，成为一些客户的品牌首选；而欧美等国家的汽车注重安全和舒适性，也拥有相当的客户群。此外，各品牌汽车在中国市场的占有率，以及售后服务网络的发达程度，都会成为客户选择品牌的因素。

（2）**炫耀心理** 在销售过程中汽车销售顾问要充分掌握这一特点，不妨为客户推荐档次高一点的车型，满足他们的心理需求。

（3）**从众心理** 拥有从众心理的客户不希望与别人有太多的不同，朋友圈里买什么车，他也会买相同层次的车，标新立异的事他是不会考虑的。

（4）**价值心理** 具有价值心理的客户，影响他的购车因素主要是产品的性价比，也就是说他会比较理智地去考虑所花的钱买这样一辆车值不值得。对于这类价值回归心理强烈的客户，详细的性能和价格对比分析是汽车销售顾问的工作重点。

三、进行倾听与沟通

客户为什么想买车？有的汽车销售顾问会这样回答：因为客户希望上下班或者日常出行能更舒适、更自由；或者客户希望能提升家庭的生活品质。事实上，这些原因都只是表面上的，从根本上来说，客户的购车行为都是源于对现实的不满意与不满足，正是因为有这种不满，才会有新的需求与追求，才会有改变。因此，优秀的汽车销售顾问要善于从客户随意的一句感慨或者抱怨中挖掘出客户的不满意与不满足，从而挖掘出客户的需求，从而找到突破口。因此，汽车销售顾问需要通过倾听客户话语，发现客户的需求，见表3-4。

四、进行客户观察

对客户的观察有助于汽车销售顾问掌握客户的特点和动机，从而能够在介绍商品的时候做到有的放矢，提高成交的概率。这种观察更多地需要靠目测，主要是根据来访客户的外在形象对客户做一个初步的综合评价。观察的重点主要在七个方面，如图3-6所示。

表3-4 汽车销售顾问通过倾听客户的感慨与抱怨发现的需求

序号	客户的感慨与抱怨	客户的问题与需求	汽车销售顾问的倾听与沟通
1	这夏天一到可太难受了,又闷又热,每天都是一身汗	客户希望夏天开车能凉爽一些,舒适一些	您说得对,夏天实在是酷热难当。您可以上驾驶座上休息一会,我现在打开空调,不出3分钟,整个车内的温度就会立刻降下来。有一款这样的车,以后您夏天开车就不用再怕闷热、怕出汗了。怎么样,是不是要凉快很多,舒适很多呢
2	我现在开的车是老车型,安全配置不高,我老婆怀孕了,为了安全,她再不敢坐我的车了	客户担心妻子孩子的安全,希望再购置一款安全系数高的车	您一定是个非常爱家的好丈夫、好父亲。确实,对一个即将有宝宝的家庭来说,安全比一切都重要。为了安全,哪怕牺牲一点驾驶的刺激和愉悦都是理所应当的。我们有一款车配备了八大全方位的安全保障,而且后排空间非常舒适,很适合准妈妈和未出生的小宝宝,我们一起来看看
3	我很早就想来看这款车了,但一直忙着接待客户,腾不出时间来	客户有商务用车的需求	您这么年轻,就能自己办公司,而且取得这么好的发展,真是让人敬佩。您这样的精英人士应配一款高档车。有这款车陪伴您,我想您的出差旅程会舒适、自由一些,而且,这款车能体现您的实力和品位,相信客户看到您的爱车,也会更放心地与您合作

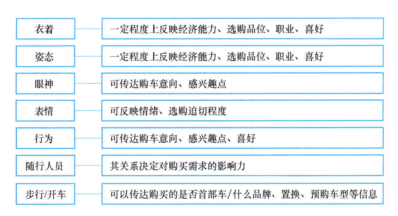

图3-6 观察的重点

五、进行策略调整与提供建议

1. 客户购车的心理模式

汽车销售顾问通过与客户交流,在获得客户大量信息的基础上进行分析,提炼出客户的主要购买动机,并通过询问来得到客户的确认。再结合现有车型的产品定位,进行有针对性的产品推荐。

在这个阶段,了解客户购车的心理模式是很重要的,汽车销售顾问需要了解客户购车的心理变化过程,目的就是为了能够充分了解和把握客户的心理变化,针对不同的心理变化阶段找到不同的应对方式。

客户对汽车产品消费心理的发展过程分为15个阶段,见表3-5。

表 3-5　客户购车的心理模式

阶段	消费心理的发展过程	客户消费心理发展过程各阶段的特点
1	无动于衷阶段	客户对汽车产品还没有需求。表现为不关心与汽车有关的事件和信息
2	心有所动阶段	客户由于受某种因素的影响，如周围人群的意见，交通不便造成对工作和生活的影响，对提升自身形象和地位的要求，生意的因素等，从而感到需要一部汽车。所以，开始注意周围人群买车用车的情况，包括品牌、车型、价格
3	想要购买阶段	客户对汽车的占有欲增强，开始幻想拥有汽车后对工作、生活、事业、地位等方面带来的好处和帮助。表现为特别关注与汽车有关的信息，经常参加车展等活动，愿意听别人谈使用汽车的感受
4	确定初步投资金额范围阶段	客户会根据自己的收入情况和支付能力确定汽车的投资金额范围，但这只是一个参考值。表现为特别关注在设定的投资金额范围内的汽车产品信息
5	收集资料阶段	客户会对投资金额范围内的汽车产品有一个全面地了解。表现为上网查询或到 4S 店了解有关品牌、车型、价格方面的情况，对汽车销售顾问的介绍特别留意，并会认真做好记录
6	分析比较阶段	这是购车决策前的一个很重要的步骤。此时，客户需要对已经了解到的情况有一个明确地判断，缩小选择的范围。表现为主动与他们认可的"行家"或买过某款汽车产品的熟人联系，征求相关的意见。此时听到的意见对他们的最终决策影响很大
7	找出问题阶段	客户通过比较，已经缩小了选择的范围，对汽车产品也有了较多地认识，同时找到了影响购买决策的问题，如产品品质、售后服务、价格等。表现为把问题记在产品说明书上或记在专门的记事本上
8	求证问题阶段	客户通过对问题的求证来验证其判断正确与否，最大限度地降低投资风险，同时确定是否还需要做进一步调查。表现为再次回到 4S 店或打电话与汽车销售顾问联系，了解自己关注的问题
9	再次确定投资目标范围阶段	客户在充分调查评估的基础上，修正原有的投资目标和条件，进一步缩小投资的范围。表现为客户选择的产品目标已经缩小在价格相近、配置相差不大的 3~5 个品牌车型上
10	再次求证阶段	客户希望找出他们比较关注的品牌、车型、销售商与将被排除的品牌、车型、销售商之间的差异。表现为客户所提出的问题已经具有品牌针对性，会较多地把汽车销售顾问介绍的品牌与其他品牌进行比较
11	确定选择标准阶段	客户从最大限度降低投资风险的角度出发，最终会确定一个选择品牌、车型、经销商的标准。表现为此时关注的焦点已经从产品转移到服务上，会特别留意销售商的综合能力
12	讨价还价阶段	客户根据调查分析的结果，最终选定目标产品，设定最终的投资金额和可让步的底线。表现为客户对价格的要求变得具体，但比较客观，会根据产品的供需状况适时做出调整
13	做出决策阶段	客户根据汽车销售顾问的条件和自己的选择标准最终做出取舍。表现为客户与汽车销售顾问签订购车合同，交付定金
14	满足阶段	这是客户最幸福的时刻，占有欲得到了充分满足。表现为喜欢开着车在熟人面前展示，希望得到别人的好评
15	恢复平和心境阶段	经过一段时间的喜悦后，占有欲望得到了完全满足，新鲜感已经退去，心态已经平和，对汽车产品的认识也逐渐开始变得客观。表现为开始对使用中出现的问题表示不满，甚至愤慨，但短时间内不会在其他人面前说这款车性能不好、有质量问题

可见，要赢得一个客户是很不容易的，培养一个忠诚的客户就更难了，但是，毁掉一个客户却是非常容易的事。所以，汽车销售顾问在销售的每一阶段都不能掉以轻心。

2. 汽车销售顾问针对不同性格客户应采取的对策和销售应对

汽车销售顾问在接待客户时，发现客户的性格不同，应采取的对策也不同，一般来讲，客户的性格分为九种。

（1）内向型　内向型的客户生活比较封闭，对外界事物表现冷淡，但对周围事物的变化异常敏感。与陌生人接触，他们一般会保持相当的距离。在与汽车销售顾问的沟通过程中，他们的反应比较迟钝。

> 💡 **小贴士**
>
> 这类客户对车辆比较挑剔，会比较在意汽车销售顾问的态度、言行和举止，一般不喜欢汽车销售顾问过分热情，因为这与他们的性格格格不入。个别人在购车时常表现出一种孤僻的购买心态。例如，在观看车辆时，喜欢一个人看，不愿意别人在旁边插话或干扰；在挑选车辆时，也不愿意别人过多地发表意见。
>
> 对于内向型的客户其销售应对是：给予他们良好的第一印象。对于这一类客户，汽车销售顾问给予他们的第一印象将直接影响着他们的购买决策。另外，对这一类客户如注意投其所好，则容易谈得投机，否则会难以接近。对于内向型客户，应做好必要的辅助工作，给其更多的"自由"，不要太多的语言解释，通过周到细心的服务打动他的心。

（2）随和型　这一类客户性格开朗，容易相处，内心防线较弱，对陌生人的戒备心理不如内向型客户强。他们容易被汽车销售顾问说服，通常不会产生令汽车销售顾问难堪的行为或言语。

> 💡 **小贴士**
>
> 对于随和型的客户其销售应对是：这类客户表面上不喜欢当面拒绝别人，要耐心地和他们沟通。对于性格随和的客户，可以找一些轻松的话题，如幽默、风趣有时会收到意想不到的效果。如果他们赏识你，甚至会反过来主动帮助你去劝说其他客户，帮你销售。应该注意的是，这类人容易受人影响，容易忘记自己的承诺，因此需要及时跟进。

（3）刚强型　这类客户性格坚毅，正直严肃，对待工作认真，决策谨慎，思维缜密。这类客户不容易对付，也最考验汽车销售顾问的实力。

> 💡 **小贴士**
>
> 对于刚强型的客户其销售应对是：刚强型客户不喜欢汽车销售顾问随意走动，因此汽车销售顾问在礼仪、礼节和语言方面不要太过随意，要表现出专业的素质，时间观念要强。在没有充分沟通之前，不要轻易做出推断或下结论，不要给客户产生"销售"的感觉。

（4）敏感型　敏感型性格的客户，他们对周边发生的事情、汽车销售顾问的言语和行为反应敏感。这类客户容易激动,情绪不稳定,而且容易反悔。

> 💡 **小贴士**
> 对于敏感型的客户其销售应对是:耐心是对待这类客户最有效的方法,切忌急躁和激动,避免言语方面对客户的刺激,顺其自然;把握好客户的情绪变动,在恰当的时机提出自己的观点和建议。注意不要在与其商谈的过程中,再与其他人员或客户进行谈话,避免客户产生反感。

(5) 虚荣型　爱表现,喜欢突出自己是这类客户的特征。他们一般不喜欢听别人的建议,总是要表述自己的观点,自我表现的欲望很强,妒忌心较重。

> 💡 **小贴士**
> 对于虚荣型的客户其销售应对是:尝试寻找一个对方感兴趣或对方熟悉的话题,注意倾听对方的建议,并在适当的时候表示赞同或对其进行赞扬,满足其虚荣心;不要随便反驳或打断他的话语;与他进行沟通的时候不要炫耀自己,宜用随和的方式来表述自己的观点,避免刺激对方,以防止其产生心理负担和压力。

(6) 顽固型　顽固型客户以老年人居多,由于生活的阅历和时间的沉淀,他们在消费上有特别的偏好,容易怀念过时的东西,不容易接受新的品牌、新的车型。他们通常具有很丰富的经验,这种经验有时候会使他们过于自信,不轻易相信汽车销售顾问的介绍。

> 💡 **小贴士**
> 对于顽固型的客户其销售应对是:不要试图去改变他们的消费理念或生活观念,用资料和数据来说明问题。避免任何的欺骗行为,哪怕是很轻微的。尽量从正面去进行诱导和进行展示,可以使用先发制人的方式,不要给他表示拒绝的机会,因为对方一旦明确表态就不容易改变了。

(7) 怀疑型　这类客户容易受在生活或工作中遭受的欺骗经历影响,对汽车销售顾问的言语,甚至对产品的相关资料总是持一种怀疑的态度。

> 💡 **小贴士**
> 对于怀疑型的客户其销售应对是:面对怀疑型的客户,不要受其影响,要有自信的心态,相信我们所经销的产品、企业实力和服务水平,适当地借助专家或权威媒体的观点,如展示专业资料数据、专家的评论等。在客户持怀疑态度的时候,滔滔不绝的表述有时候反而会带来负面的影响。端庄严肃的外表与谨慎的态度有助于建立客户对我们的信任,从而顺利达成交易。

(8) 好斗型　这类客户好胜、顽固,对事物的评判比较主观,喜欢把自己的意见强加于人,具有很强的征服欲望,尤其是容易在细节上与他人争论不休。

> **小贴士**
>
> 对于好斗型的客户其销售应对是：对于这类客户，首先要把握好自己的心态，千万不要意气用事，被对方搞乱了阵脚，因为争论常常是无益的。必要的时候在言语上多做些让步，也可能令事情朝好的方向发展。

（9）沉默型　这类客户在整个销售沟通过程中表现得极其消极，甚至一言不发，显得非常冷淡。

> **小贴士**
>
> 对于沉默型的客户其销售应对是：对于这类客户，打破沉默的僵局是首要的。这要求汽车销售顾问采取主动的策略，尝试一些简单轻松的话题，刺激客户的谈话欲望。如果客户携带小孩，小孩的学习、教育和成长等就是很好的话题；如果是时尚的客户，聊聊时装、美容，或许可以缓解沉闷的局面。如果客户对产品的专业知识非常缺乏，一定要注意避免纯技术方面的讨论，应从功能应用的角度进行解说。穿插一些案例或者小故事可以活跃气氛，带动客户。

六、需求分析的方法与技巧

1. 仔细观察客户，有的放矢地采取销售行动

（1）观察谁是决策者　真正的决策者并不一定是看车最仔细或需要买车的人。当客户走近展厅时，汽车销售顾问要及时判断谁是真正决定购买的人。只有让购买者和决策者双方满意，才能达成交易。如果汽车销售顾问能在几个客户刚进入展厅时，观察并判断出谁是决策者，在推荐车辆之前先赞美决策者的衣着品位很不错或其他赞美之词，并让决策者帮购买者推荐车辆，可能后面销售环节的进行就会顺利很多。因此，当客户走近展厅，汽车销售顾问首先需要做的就是判断谁是决策者。

> **小贴士**
>
> 最容易判断谁是决策者的情况是客户独自前来。可是，当客户结伴前来，要弄清谁是决策者就需一定的技巧了。在结伴前来的情况下，判断谁是决策者有以下技巧。
>
> 1）朋友或同事。如果通过汽车销售顾问的观察，汽车销售顾问发现结伴同来的若干客户的关系是朋友或是同事的话，汽车销售顾问可以通过"二看"来判断谁是决策者。
>
> 一看亲密程度，亲密的好友拥有决策权。因此，判断亲密程度很重要。这可以根据两人的距离、说话的亲密程度以及肢体语言进行判断。
>
> 二看中心位置，两人行，左边为尊；三人或三人以上平行，注意中间。如果一时很难判定亲密程度的话，那么可以使用另一种方法，就是观察中心位置。
>
> 根据心理学家的分析，在群体同行时，人们往往会无意识地把圈内有影响力的人放在

固定的位置。两个人行走时，有90%以上的是具有影响力的人走在左边；而三人平行走时，中间则是较为重要的人物；如果三人不平行走，那么走在后面的，一般是中心人物。只要注意了这些细节，就可以很快找到真正的决策者。

2）情侣。作为汽车这种大件耐用消费品，常常以男性为主导；但女性在销售的过程中依然发挥着重要的作用。由于男性的社会地位和所扮演的角色，很多人都会以为男性在购物时拥有决策权，但事实上并非如此。在购车的过程中如果是情侣关系，男性往往会在意女性的感受和意见，如果女性一方对产品某个方面不满意，即使男性一方非常满意，往往也会迁就女性而放弃。因此，在销售的过程中，如果是面对情侣，汽车销售顾问一方面要说服男性客户，但同时要注意观察女性一方的感受，避免出现顾此失彼的情况。

3）家庭。对于家庭购车来说，如果当中有年长者，那么这位年长者会有一定的决策权；如果是一家人带着一个小孩来购车，那么我们首先要注意观察和判断小孩的年龄。为什么呢？很多家庭在购车时往往会受到孩子的影响，特别是孩子在15~20岁时，会根据自己的喜好来决定购买。孩子的影响力有时是很大的，而且孩子的思维有时与成熟客户的思维会有很大的差异，因此，汽车销售顾问在销售的过程中要很好地了解孩子的喜好，多注意观察，尽量以产品本身的新奇特性来吸引孩子，充分满足孩子的好奇心。虽然买车的是父母，但汽车销售顾问不能忽视孩子的影响力。

（2）观察客户的年龄　　年龄是影响汽车消费的一个重要因素，它在一定程度上反映了客户的工作成就、社会经验、经济实力、购买倾向、决策能力等重要问题。

年龄的因素在家庭用车的选择中表现得尤为明显。这是因为年龄与收入、客户的个人事业、经历有密不可分的关系。我们会看到，刚工作不久、尚未成家的年轻人，此时他们最缺的是资金，但对车的占有欲望相当强烈，只是受经济条件所限，没有办法在汽车的品牌及品质上做更高的要求，因而会比较关注新潮时尚、感观享受。如果遇到这类客户，有目的地针对他们追新的要求进行引导，会在产品的推荐中给他们留下深刻的印象。对于已经成家的年轻人，由于对自己未来的经济必须有一个规划，此时在选车时会比较务实，实用成为他们选车的一个重要因素。对于已有稳定的职业和收入的成年人，他们对汽车的要求除了实用外，重要的是结合自己的经济实力来规划购车的目标，此时他们会较多地关注中级车，因为品质、品牌及享受已经成为他们考虑的重点。也就是说，随着年龄的不同，客户在选车时会有不同的考虑和选择。一般而言，年轻人求"异"、年长人求"同"是一个普遍的趋势。当然，对于客户年龄与未来购车投资的倾向这里只是做一个简要的说明。更细致的工作要靠汽车销售顾问在销售实践中总结，积累出符合自己所在地区的客户消费特性，更好地把握客户真实的购买目标。这里，要提醒的是，对于经验不足或经验丰富但不想做出错误判断的汽车销售顾问，当遇到不同年龄的客户来买车时，最佳的办法是通过提问的方法对他们未来的购买行为进行有效的判断。

2. 诱导客户，促成购买

（1）赞美诱导法　　在任何行业的销售技巧中，赞美是一个非常重要的技巧。实际生活中，赞美的内容主要有个人的能力、外貌等。那么，赞美与销售汽车有什么关系呢？表面上看确实没关系。但是一个人一旦得到别人赞美，他的戒心就会降低，就会愿意接纳你。赞美就像一把钥匙，打开了客户的心，你就可清楚地看到他内心的真正需求是什么了。

赞美的方式有很多，如当一位女士正在看某一款车型时，你可以说："小姐，您真有眼光，这是我们公司最新推出的优惠车型。"当一位女士带着孩子进来的时候，你可以先赞美他的孩子，比如说："你的孩子真可爱，又白又胖的，您真会带孩子！"又比如称赞客户："你这件衣服真好看，在哪儿买的？"客户很兴奋地告诉你他购买的地点后，他会很乐意与你继续交谈下去。

在赞美客户的时候，要恰当地选择赞美的内容。不同的客户喜欢被赞美的内容是不一样的，也就是说客户的得意之处并不一样。

另外，在赞美过程中要注意具体明确地赞美客户。所谓具体明确地赞美，就是在赞美客户时，有意识地说出一些具体而明确的事情，而不是空泛、含糊地赞美。比如，与其说"小姐，您长得好漂亮喔"，不如说"小姐，您长得好漂亮，尤其这对眼睛乌黑明亮、大而有神，真令人羡慕"。前者因没有明确而具体的评价缘由，令人觉得不可接受，而后者让人感到真诚，有可信度。

因此，有经验的汽车销售顾问在赞美客户时，总是十分注意细节的描述，并且能够具体地说出"何处，如何，何种程度，为什么"等内容，而不是空发议论。

同时，赞美客户时，如果能适应客户心理，去观察发现他异于别人的不同点来进行赞美，一定会取得出乎意料的效果。这种赞美方法称为"观察异点赞美"。

总之，恰当的赞美会让人心情愉快，但是不恰当的赞美也会让人反感。在运用赞美时，要注意适度，说赞美话时内心和表情都应该是真诚的，切忌肉麻、做作，虚假的赞美只会赶走客户。

（2）**优惠诱导法** 当人发现自己的某项行为将会给自己带来好处时，那么这种好处将会成为其行为的推动力，客户在购买商品时同样抱着这样的心理。如果买了某件商品而获得某项利益，那么他的购买欲望将会大大提高。这种优惠包括了赠品、折扣等。其中尤以价格优惠对客户的吸引力最大，因为在通常情况下，客户在购买商品时首先会考虑商品的价格。例如，他会翻看价格牌，这个时候，如果他所关注的商品打了折，那么这件商品对他的诱惑力就会相应地增加。

（3）**发问诱导法** 当汽车销售顾问认真观察客户的行为时，就会对客户的需求有一个初步地判断，但这时的判断未必是准确的，因此要把这种初步判断向客户提出，以取得其确认。这种方法的好处是直截了当，汽车销售顾问可以因此探寻到客户的意图。比如，一个着装高雅的中年男性在样式前卫、外形时尚的汽车前仔细地看，就可以判断他很有可能不是给他自己买车，而是要为别人购买。这时候汽车销售顾问就可以以"先生，请问您是帮朋友买车吗"这样的话来问对方。

提问可以围绕着客户自身的需求，比如："您喜欢哪种车型呢？"从而得知客户感兴趣的车型；当问："您是自己买还是送人呢？"如果客户表示是送人的，汽车销售顾问就可以进一步去询问受礼者的喜好；当问道："您的朋友会喜欢哪款车型呢？您以前用过我们的产品吗？"如果他表示用过，那么汽车销售顾问就不必再详细向其介绍其他产品，可以直接向其推荐他用过的相关的一些新产品。询问客户的需求，目的就是希望得到他的喜好、购买的用意，从而为后面介绍产品打下基础。

汽车销售顾问在接近客户时，还可以从产品入手诱导客户说话。如可以对客户说："这是我们最新推出的产品""这款型号是我们最受欢迎的产品"，以最新、最受欢迎这些包含产品特色的字眼去引起客户更多的兴趣和关注。

3. 探询客户的需求，锁定销售的焦点问题

探询是商谈过程中的方向灯，指引销售大步向前；探询可以使汽车销售顾问达到理想的商谈局面；探询可以确认需求，帮汽车销售顾问锁定焦点。一个关键性的探询可以让销售工作水到渠成。许多汽车销售顾问抱怨自己的探询非常困难："客户老是答非所问""客户任我怎么说就是不理我"。出现这种情况，主要症结就是汽车销售顾问探询的技巧不够。

（1）探询的三个阶段 汽车销售探询有它的阶段性，可分为第一阶段探询、第二阶段探询和第三阶段探询。

第一阶段探询也就是开始商谈阶段，这个阶段主要是了解客户购买的动机与需求，即了解需求车型、购买用途、价格期望等。

第二阶段探询是商品介绍阶段，即为什么这款车更适合客户，其性能和特征的与众不同之处。注意：切莫主观行事，要根据第一阶段探询的结果有的放矢地介绍。

第三阶段探询是处理异议和成交阶段，这个阶段处理客户最在意什么，为什么拒绝签约、还有什么异议。在成交的过程中，注意处理有关车身颜色、交车时间、付款方式、是否签约等问题。

（2）九类探询客户的方式

1）吸引客户的注意力。汽车销售顾问在探询之初，必须将客户的吸引力牢牢地控制在自己身上，使他聚精会神地倾听，只有这样，汽车销售顾问的说服才有可能打动客户的心。汽车销售顾问针对客户的需要、欲望或客户关心的事提出询问，就可以引起客户的反应，同时，汽车销售顾问如果能站在客户的立场上询问，便更能引起对方的共鸣。以下是一个很好的例子：

汽车销售顾问说："与其他车辆相比，这种车能节省15%的汽油，而且可以节省许多养护费，您觉得合适吗？"这唤起客户的注意力，然后再接着说："我们来看看有关油耗的比较数字好吗？"这么一问，大部分客户都会认可。

显而易见，这位汽车销售顾问把一些单调的话，变成柔和的询问语后，效果获得了显著的改善。汽车销售顾问要做好这种询问，并不能仅凭接待时的灵感，而应当事先多准备几个询问问题。

最有效的询问，就是针对某个特定的客户做适当的询问。任何一位汽车销售顾问，只要认真思考，都能准备一些适合各种环境的询问问题。事先做好准备的询问，并在询问中配合客户的关心点，就一定能打动客户。

2）引起客户的购买欲望。汽车销售顾问采用以上探询方式以后，就应利用销售技巧来打动客户的心，从而让客户产生"购买的欲望"。询问技巧能够帮助汽车销售顾问达到刺激客户购买欲望的目的。

汽车销售顾问说："您好，先生，您真有眼力，这款车的买主多数是成功人士，您肯定也是成功人士。"

这是一个表面看来极普通的询问，但在其中却巧妙地暗示着：产品适合对方身份——成功人士。而这种暗示正好可以点燃客户的"购车欲望"。

如果一位客户从另一个4S店出来，他因为不满意那个4S店汽车销售顾问的态度，向汽车销售顾问倾诉时，汽车销售顾问千万不要攻击对手，这会影响自己的声誉，而且客户也不会对这个汽车销售顾问产生好感。

汽车销售顾问可以这样发问："先生，您讲得很对，这对我们提高服务质量很有帮助，我们如果在服务方面有让您不满意的地方，请您提出来，以便我们加以改进。"

3）诱导客户反询问。汽车销售顾问可以运用反询问这一柔性销售技巧，可以这样向客户探询："我是一个新手，很想请教您，您认为什么品牌的汽车更适合您？"只要你肯去请教对方，就可以消除很多障碍。

4）承诺式探询。这是成交前对客户的一种承诺。例如，汽车销售顾问可以说："我们还给您准备了一些额外的小礼品，不知道您是否喜欢，希望您能给我们提一些建议。"

5）恭维式探询。这是兼顾营造气氛的探询。例如，汽车销售顾问可以说："听说您的高尔夫球打得不错？"

6）反问式探询。这是利用向客户澄清问题的机会发问。例如，汽车销售顾问可以说："您说优惠一万，是不是指一万元的礼品啊？"

7）推测式探询。进一步缩小需求目标的探询。例如，汽车销售顾问可以说："您如此重视家人安全，可以看出来您是一位非常有责任心的人，这款车配备了双安全气囊，您觉得怎么样？"

8）选择式探询。这是迫近成交时的决定性探询。例如，汽车销售顾问可以说："先生，您要的是黑色还是灰色？您是付全款还是分期付款？"

9）摸底式探询。这种询问的目的是了解客户的某些事实状况。汽车销售顾问提出事实状况询问的主题当然是和销售的商品有关。例如："您开了多少年车？上班的路程远吗？"等。

项目四 车型推荐

任务一 车型推荐前准备

任务目标

1. 能够准确地掌握车型参数配置表的参数。
2. 能够根据客户对汽车性能的要求进行性能介绍。

建议学时

6学时。

相关知识

一、车型参数配置表准备

汽车车型参数配置表是汽车厂商为了便于汽车的销售,提供的一张全面反映指定车型的配置以及性能参数的表格。车型参数配置表呈现的汽车配置及参数大致分为基本参数(或性能参数)、安全配置参数、操控配置、外部配置、内部配置、灯光配置、玻璃后视镜配置和空调配置等。

不同的汽车厂家也会根据不同的汽车车型对其自身的配置表做不同的设计,在介绍车型基本配置的同时也会着重对车型的卖点配置等进行重点介绍。图4-1为一汽奔腾X80车型参数配置表。

二、汽车性能介绍准备

汽车性能是指汽车能适应各种使用条件而发挥最大工作效率的能力,主要包括动力性、制动性能、操纵性和稳定性、行驶平顺性、经济性、通过性及其他使用性能等。

1. 动力性

汽车是一种高效率的交通工具,其运输效率的高低在很大程度上取决于汽车的动力性能。汽车的动力性是指汽车在良好路面上行驶时所能达到的平均行驶速度。汽车动力性指标主要由最高车速、加速能力和最大爬坡度来表示,是汽车使用性能中最基本和最重要的性能。在我

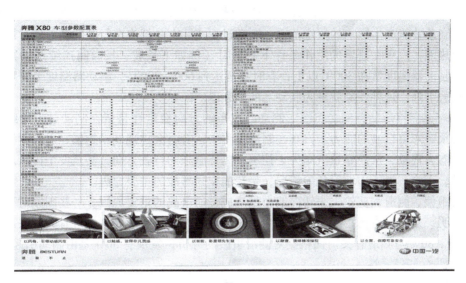

图 4-1 一汽奔腾 X80 车型参数配置表

国,这些指标是汽车制造厂根据国家规定的试验标准,通过样车测试得出来的,见表 4-1。

表 4-1 汽车动力性指标

指标	指标内容
最高车速	无风条件下,在水平、良好的沥青或水平路面上,汽车能达到的最高速度,数值越大,动力性越好
加速能力	汽车在行驶中迅速增加行驶速度的能力,通常用加速时间和加速距离来表示。加速能力包括原地起步加速性和超车加速性。它的表现方式:汽车从车速为0加速跑完1000m(或400m)所需要的时间或车速从0到100km/h所需要的时间。时间越短加速能力越好
爬坡能力	汽车在良好的路面上,以1档行驶所能爬行的最大坡度,一般用百分数表示。载货车的最大爬坡度为30%,即16.5°左右。越野汽车爬坡度一般不小于60%,即30°左右。轿车一般实际爬坡能力在20%左右

2. 汽车的制动性能

汽车的制动性能是指汽车行驶时能在短距离内停车并且维持行驶方向稳定性和在下长坡时能维持一定车速的能力,以及汽车在一定坡道上能长时间停车不动的驻车制动性能。汽车制动性能直接关系到汽车的行车安全,重大交通事故往往与制动距离太长、紧急制动时发生侧滑等情况有关,汽车制动性能是汽车行驶的重要保障。汽车的制动性能主要由制动效能、制动效能的恒定性和制动时汽车的方向稳定性三方面来评价。

(1) 制动效能 制动效能是指汽车迅速降低车速直至停车的能力。汽车制动效能的评价指标是制动距离 S(单位:m)和制动减速度(单位:m/s^2)。

制动距离与汽车的行驶安全有直接的关系,它指的是汽车空档时以一定初速,从驾驶人踩着制动踏板开始到汽车停止为止所驶过的距离。制动距离与制动踏板力以及路面附着条件有关,也与制动器的热工况有关。一般轿车、轻型货车的行驶速度高,所以要求其制动效能也高;而重型货车行驶速度相对较低,对其制动效能的要求也就稍低一些。

(2) 制动效能的恒定性　制动效能的恒定性是指制动装置在进行制动时,由于温度的变化而对制动效能产生影响的恒定范围。制动过程实际上是把汽车行驶的动能通过制动器吸收转化为热能,汽车在繁重的工作条件下制动时(例如下长坡、长时间连续制动)或高速制动时,制动器温度常在300℃以上,有时甚至达到600~700℃,制动器温度上升后,摩擦力矩将显著下降,这种现象就称为制动器的热衰退。

(3) 制动时汽车的方向稳定性　制动时汽车的方向稳定性是指在制动过程中维持直线行驶或按预定弯道行驶的能力。汽车在制动过程中,有时会出现制动跑偏、后轴侧滑或前轮失去转向能力现象,从而导致汽车失去控制,离开原来的行驶方向,甚至发生撞入对方车辆行驶轨道、下沟、滑下山坡等危险情况,是造成交通事故的主要原因。

制动跑偏、侧滑和前轮失去转向能力是造成交通事故的重要原因。一些国家对交通事故的统计表明,发生人身伤亡的交通事故中,在潮湿路面上约有1/3与侧滑有关;在冰雪路面上有70%~80%与侧滑有关。而根据对侧滑事故的分析,发现有50%是由制动引起的。

3. 操纵性和稳定性

操纵性是指汽车对驾驶人转向指令的响应能力,直接影响到行车安全。轮胎的气压和弹性、悬架的刚度以及汽车重心的位置都对该性能有重要影响。汽车的稳定性是汽车在受到外界扰动后恢复原来运动状态的能力以及抵御发生倾覆和侧滑的能力。

对于汽车来说,侧向稳定性尤为重要。当汽车在横向坡道上行驶、转弯以及受其他侧向力时,容易发生侧滑或者侧翻。一般情况下,汽车重心的高度越低,稳定性越好。合适的前轮定位角度使汽车具有自动回正和保持直线行驶的能力,提高了汽车直线行驶的稳定性。如果装载超高、超载,转弯时车速过快,横向坡道角过大以及偏载等,容易造成汽车侧滑及侧翻。

4. 行驶平顺性

行驶平顺性是指汽车在行驶中对路面不平的减振程度。汽车在行驶过程中由于路面不平的冲击,会造成汽车的振动,使乘客感到疲劳和不舒适,使货物损坏。为防止上述现象的发生,不得不降低车速,同时振动还会影响汽车的使用寿命。

汽车行驶平顺性的物理量评价指标,客车和轿车采用"舒适降低界限"车速特性,货车采用"疲劳—降低工效界限"车速特性。当汽车速度超过此界限时,就会降低乘坐舒适性,使人感到疲劳不舒服。该界限值越高,说明平顺性越好。

5. 经济性

汽车的经济性指标主要由耗油量来表示,是汽车使用性能中重要的性能。耗油量参数是指汽车行驶百公里消耗的燃油量,以"升"(L)为计量单位。在我国,这些指标是汽车制造厂根据国家规定的试验标准,通过样车测试得出来的。

(1) 等速百公里耗油量　等速百公里耗油量是指在平坦硬实的路面上,汽车以最高档分别以不同车速(可每隔10km/h的车速取一个点)等速行驶这段路程,往返一次取平均值,记录下耗油量,即可获得不同车速下汽车的百公里耗油量。将每个车速段的耗油量用点连起来,就发现是一条开口向上的抛物线,最凹点就是耗油量最低的车速段,也就是"经济车速"。

(2) 循环耗油量　循环耗油量是指在一段指定的典型路段内汽车以等速、加速和减速三种工况行驶时的耗油量,有时还要计入起动和怠速等工况的耗油量,然后折算成百公里耗油量。一般而言，循环耗油量与等速百公里耗油量（指定车速）加权平均取得综合耗油量，就能比较客观地反映汽车的耗油量。一些汽车技术性能表上将循环耗油量标注为"城市油耗"，而将等速百公里耗油量标注为"等速油耗"。耗油量的表示数值越小，燃油经济性越好。

（3）综合耗油量　一般而言，循环耗油量与等速百公里耗油量（指定车速）加权平均取得综合耗油量，就能比较客观地反映汽车的耗油量。一些汽车技术性能表上将循环油耗标注为"城市油耗"，而将等速百公里油耗标注为"等速油耗"。耗油量的表示数值越小，燃油经济性越好。

6. 通过性

通过性是指汽车在一定的载重量下能以较高的平均速度通过各种坏路及无路地带和克服各种障碍物的能力。各种汽车的通过能力要求是不一样的。轿车和客车由于经常在市内行驶，通过性要求较低。而越野汽车、军用车辆、自卸汽车和载货汽车，就必须有较强的通过性。

7. 其他使用性能

（1）操纵轻便性　操纵轻便性用驾驶汽车时操作的次数、操作时所需要的力、操作时的方便情况以及视野、照明、信号等来评价。汽车具有良好的操纵轻便性，不但可以减轻驾驶人的疲劳强度和紧张程度，也是安全行驶的保证。

（2）机动性　市区内行驶的汽车，经常行驶于狭窄多弯的道路，机动性显得尤为重要。机动性主要用最小转弯半径来评价。转弯半径越小，机动性越好。

（3）装卸方便性　与车厢的高度、可翻到的栏板数目以及车门的数目和尺寸有关。

（4）容量　容量表示汽车能同时运输的货物数量或者乘客人数。货车用载重量和载货容积来表示；客车用载客数来表示。

任务二　选择车型推荐方法

 任务目标

1. 能够运用 FABE 法进行车辆展示。
2. 能够运用构图讲解法进行车辆展示。
3. 能够运用道具演示法进行车辆展示。

 建议学时

6 学时。

 相关知识

一、FABE 法

客户对汽车产品的理解源自于汽车销售顾问对产品的认知，汽车销售顾问单纯地向客户介绍产品的某一特点所达到的效果远远比不上向客户介绍该特点能给客户带来什么样的利益所达到的效果。如果能将汽车产品的每一个特点转化为多个客户利益的话，客户一定会觉得物超所值。

每一款汽车产品，不论其设计思路如何、制造水平如何，总有其相对应的消费群体。但在客户购买并使用之前，他们并不清楚该车型会为他们的购买和使用带来什么样的利益。此时，汽车销售顾问应该结合客户关注的问题，充分展示汽车产品的特点以及该特点可以给客户带来什么样的利益。

FABE法是进行产品展示与说明的最有效的方法之一。FABE（也称四段论介绍法）就是将产品的特征和配置（Feature）表述清楚，并加以解释、说明，从而引出它的优势和好处（Advantage）及可以带给客户的利益（Benefit），并适时地展示足以让客户致信的证据（Evidencc），进而使客户产生购买动机。

1. FABE 法的步骤

FABE 法应用的关键步骤：第一步，介绍产品的特性；第二步，介绍产品的优势；第三步，具体阐述产品能够满足客户的利益需求；第四步，拿出证据证明上述性能的可靠性，如图 4-2 所示，其步骤及内容见表 4-2。

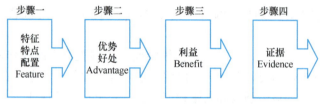

图 4-2　FABE 法示意图

表 4-2　FABE 法展示步骤

序号	步　骤	内　　容
1	特征、特点、配置（Feature）	Feature 是指所销售车辆的独特设计、配置、性能特征；也可以是材料、颜色、规格等用眼睛可以观察到的事实状况。将特征详细地列出来，尤其要针对其属性，按性能、构造、易操作性、机能、耐用性、经济性、设计、价格等写出其具有的优势和特点，将这些特点列表比较
2	好处、优势（Advantage）	Advantage 将商品的特征与因为这些特征带来的好处进行详细说明，必须考虑商品的优势、好处是否能真正带给客户利益。例如，汽车销售顾问可以这样进行介绍："ABS 是利用装在车轮上的轮速感应装置在制动时对车轮进行制动，防止车轮抱死的一套制动系统，它能够大大缩短车辆在湿滑路面上的制动距离，并能够在制动的同时，容易操作转向盘实现对车辆的正常操控，绕开障碍物。"这样就能使客户对 ABS 的优点有更深入地了解，更易于接受，但是优点必须转化为客户愿意接受的利益，客户才会愿意接受汽车销售顾问的推荐，实现购买
3	利益（Benefit）	Benefit 就是指产品的优势和好处能带给客户哪些方面的利益。通过汽车销售顾问的介绍，将客户所关心的利益表达出来，从而引起客户的共鸣。例如，汽车销售顾问可以这样进行介绍："这辆轿车配置了 ABS，能够利用装在车轮上的轮速感应装置在制动时对车轮进行制动，防止车轮抱死。它能够大大缩短车辆在湿滑路面上的制动距离，并能够在制动的同时，容易操作转向盘实现对车辆的正常操控，绕开障碍物。对您而言，能够大大提高您操控这辆车的信心，降低因为制动而带来的乘坐不适，还能减少轮胎的磨损，延长轮胎的使用寿命，降低使用成本"
4	证据（Evidence）	Evidence 也就是要找到能让客户相信的证据。证据可以是证书、照片、报纸、杂志的报道，其他客户的证明、录音、录像等。通过这些方式，使客户更加坚信汽车销售顾问的介绍，从而促成销售

从表 4-2 所知，FABE 产品介绍法就是通过产品特征和性能的介绍，让客户了解这些特征带来的好处和优势，同时引申出对客户而言所能带来的利益，以引起客户的共鸣，接着展示足以让人置信的证据，从而坚定客户购买的决心。这样客户不仅不会产生抵触情绪，而且还会觉得你完全站在他的角度，是为他着想，帮助他解决问题，从而让客户很容易接受、认同。应用 FABE 产品介绍法，帮助汽车销售顾问设计有力的销售台词，可以大大提高汽车销售顾问的销售效率以及销售额。

2. FABE 法运用的两个重点

1）正确运用四段论介绍方法。
2）要求汽车销售顾问对汽车的相关知识有充分的了解。

FABE 法也可以称之为"寓教于售"的销售原则。客户需要在由潜在客户转变为真实车主的过程中不断学习，达到与所选车辆的生产者、汽车销售顾问对车辆认识的统一，而汽车销售顾问在整个介绍过程中，应让客户感到其销售的不仅仅是一辆车，而且还为客户提供了一种崭新的观念、一个成熟的想法、一套合理的方案。

FABE 法还有一种更为巨大的潜能，它可以引导客户的消费方向，也可称之为"使用价值导向"。运用 FABE 法，使客户更加了解车辆给他们带来的好处，从而激发客户的购买欲望。

汽车销售顾问在使用 FABE 法前，需要做好各项准备工作，比如熟悉所销售的各款车型，可以将各款车型的属性、作用、利益等各方面罗列出来，做好产品介绍工作，见表 4-3。

表 4-3　汽车产品 FABE 表

序　号	类　别	属　性	作　用	利　益	证　据
1	性能				
2	构造				
3	作用				
4	方便性				
5	耐久性				
6	经济性				
7	外观特色				
8	价格				
9	售后服务				
10	……				

3. FABE 法应注意的问题

1）在应用 FABE 法时不要将所有的特征通通说明，而是根据客户所关心的利益重点部分的有关特征加以强调。
2）说明商品特征带来的好处时，应多用增加、提高、减少、降低等话语，来有效地表明商品特征带来的好处。
3）在描述客户利益时，一定要具体、生动、准确，用词要有丰富的感情色彩，以客户的感觉为中心，充分调动客户的情感；提出证据时一定要可靠、准确，多用数字化词语，要实事求是，切勿夸大其词。

4. FABE 法的技巧

汽车销售顾问在使用 FABE 法介绍汽车时，需要掌握一定的技巧，具体如图 4-3 所示。

二、构图讲解法

当人们听到或看到某件事情的时候，往往会在潜意识里为这件事构造出一副图画，然后根据这副图画做出判断。

在产品销售过程中，汽车销售顾问也可以利用这种构图的效果，达到有效刺激客户购买欲望的目的。

客户来买车时，其实在心中也有一幅图画，那就是他开上车之后的生活场景。客户在决定购车的时候，会在潜意识里勾画出他拥有汽车之后会是一种什么样的场景，然后根据这一场景和图画来判断。客户会在他的潜意识中，描绘他理想中车辆的颜色、外形、内部装饰、空间等内容。因此，汽车销售顾问要想将车辆销售出去，就必须了解客户心中的这幅图画，并且通过自己的介绍，描绘一幅更美丽的图画，以此来达到有效刺激客户购买欲望的目的。

实事求是	在介绍产品时，要以事实为依据，夸大其辞，攻击其他品牌以突出自己的产品都是不可取的
清晰简洁	在介绍时尽量用简单易懂的词语或是形象地说来代替，解说时要逻辑清晰，语句通顺，让人能明白
主次分明	在介绍产品时，如产品的优势、好处，可以详细阐述；对于产品的缺点，不利的信息可以简单陈述

图 4-3　FABE 法的技巧

1. 采用构图讲解法的好处

1）构图讲解法能给客户留下深刻的印象。
2）能增加客户的参与感，引起客户的共鸣。
3）让客户容易明白。
4）吸引客户注意力，激发客户的购买欲望。

2. 构图讲解法应用的三个时机

应用构图讲解法时，需选择好时机，见表 4-4。

表 4-4　构图讲解法应用的时机

序号	时机	构图讲解的内容
1	叙述功能的时候	汽车销售顾问在介绍 SSC 车载高级音响系统时说："花冠车配备这款音响，不论高音还是低音都能完美呈献，让您有一种亲临音乐会现场的感觉，当您在驾车途中，遇到堵车心烦的时候，打开音响，让轻柔的乐曲在心间流淌，让您的身心沐浴在动人的旋律之中，心中的烦恼瞬间消失……"
2	叙述车辆操作与使用的时候	汽车销售顾问在介绍车载导航系统时，可以这样说："皇冠车配备了 GPS 导航系统，您只需设定目的地，导航系统就能通过语音进行引导，有了它，您再也不用在行车过程中左顾右盼地寻找目的地，再也不用为去陌生的地方而翻看地图了，导航系统就像一个无所不知的贴身助理，您只需轻点屏幕，设定好目的地，导航系统就能带您到任何想去的地方……"
3	突出车辆特性的时候	在突出车辆安全特性时，汽车销售顾问可以说："人的生命只有一次，汽车固然只是一个交通工具，但对于您的家人来说，您开车在外，最重要的就是安全，如果一辆车安全性差，会给您的家人带来多么大的担心啊！皇冠车的安全性达到了世界顶级水准，光安全气囊就有 8 个，所以买皇冠车不但能给您最安全的保障。同时，也能给您的家人带来安心，即使您出差在外，家人也不会担心……"

3. 构图讲解法应用的重点

汽车销售顾问在进行构图讲解法的过程中，首先要把握客户的心理，了解客户心中的那幅图画都有些什么内容，有多美，然后才能根据自己所销售的产品，提炼出有针对性的销售主题，然后构造一个应用情景，最后将这个主题与情景搭配起来，连缀成一个故事或生活场景。通过这种方法，可为客户营造出一幅幸福、美满的图画，让客户觉得这个生活场景比他心中的那幅图画更美更动人，从而激起客户对这幅美丽图画的向往，使客户自愿接受你的产品介绍，最终购买你的产品。图4-4是构图讲解法的示意图。

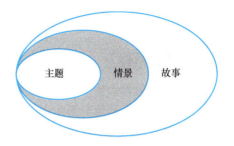

图4-4 构图讲解法示意图

三、道具演示法

道具演示法就是为了让车辆介绍更加逼真、生动，利用一些相关道具边演示边介绍。应用道具演示法应注意三个问题。

1）道具的选择要巧妙，让客户意想不到，最主要的是通过道具吸引客户的注意力，唤起客户的想象力，激发客户的好奇心，给客户留下深刻的印象。

2）在具体实施的过程中，要注意语言、手势动作与道具的应用要协调，表情要自然、逼真，让客户觉得真实可信。

3）道具演示法一般是在客户无法理解产品特性情况下采用的方法，因此，要根据产品的特性，决定是否采用道具演示法和采用什么道具来进行演示。该方法不可滥用。

【亮点展示】

汽车销售顾问的敬业精神

下面通过销售顾问向客户介绍花冠车发动机的一段对话，可以看出什么？

汽车销售顾问："花冠车的发动机，采用了丰田公司最先进的VVT-i技术，不仅功率大，耗油量低，而且非常的安静，您看，用眼睛根本看不出它有振动。"说着，汽车销售顾问拿出一支香烟，立在桌子上。

汽车销售顾问："我们起动发动机，将这支烟立在发动机上，绝对不会倒下，您相信吗？"

客户："不能吧！这样都能行吗？"

汽车销售顾问起动发动机，然后将香烟立在发动机上。

客户惊呆了："真的可以啊！真了不起，从来没见过这么安静的发动机啊！"

在亮点展示中，汽车销售顾问利用一支烟就能让客户对花冠车发动机的性能有深刻的印象，这充分体现了汽车销售顾问恰到好处地运用了道具演示法展示发动机的性能，也充分体现了汽车销售顾问在汽车销售中敬业精神。

任务三　六方位绕车介绍

任务目标

1. 能够准确地选择车前方介绍的内容及要点。
2. 能够准确地选择车侧方介绍的内容及要点。
3. 能够准确地选择车后方介绍的内容及要点。
4. 能够准确地选择车后座介绍的内容及要点。
5. 能够准确地选择驾驶室介绍的内容及要点。
6. 能够准确地选择发动机舱介绍的内容及要点。

建议学时

6学时。

相关知识

一、进行六方位产品展示的前提

汽车销售顾问在向客户介绍汽车产品的过程中，经常遇到客户会离开，如图4-5所示。如何才能让客户更好地了解一辆车呢？作为汽车销售顾问要熟悉在各个不同位置应该阐述的对应的汽车特征带给客户的利益，即展示出汽车独到的设计和领先的技术，也通过展示来验证这些特性满足客户利益的方法和途径。六方位绕车介绍就是一种汽车展示的方法。

六方位汽车介绍法是通过六个方位将汽车的整体性能介绍给消费者的一种方法，是实现汽车销售的重要一环。汽车销售顾问进行六方位产品展示的前提有以下三方面。

1. 掌握全面的产品知识

汽车产品是复合性很强的产品，全面的产品知识主要包括三方面：首先是企业的产品主要包括产品性能、服务项目、保证条款、价格、优惠政策等方面的优缺点以及

图4-5　展车介绍

汽车的整个产品系列情况，如企业声誉、仓储条件、保证条款、质量运作、品牌价值等，见表4-5；其次是竞争对手的汽车产品知识，汽车销售顾问要对竞争车型全面地了解和掌握，才能在整个产品展示过程中，既能展示产品的特点，又能灵活应对客户对产品产生的异议；最后是与售后服务人员的诚恳合作，在很多情况下，维修人员对车辆实际情况的了解要比汽车销售顾问全面得多，通过与维修人员的沟通，不仅能够引发更多的销售建议，提高操作技

巧，还能使汽车销售顾问提高警觉，及早发现产品存在的问题，对可能发生的客户投诉有所准备。

2. 发掘客户的需求

进行六方位介绍法的主要目的是能够更全面地了解和满足客户的需求，因此在整个介绍过程中要注意互动，随时发掘客户的需求，并以此为主线来进行产品的介绍。在产品展示完成后，汽车销售顾问要能回答以下问题：

1）客户购车的需求和梦想是什么？
2）客户的购车动机是什么？
3）客户现在是否在驾驶其他品牌的车辆？
4）客户是如何了解我公司品牌的？
5）客户对本公司的车了解多少？了解什么？什么渠道了解的？
6）客户对其他公司的车了解多少？
7）客户周围的朋友是否有驾驶本公司车辆的？
8）客户是否知道本公司车辆的长久价值？
9）客户是否清楚汽车质量问题可能导致的严重后果？

表 4-5 汽车产品知识

产 品 知 识			
整体构造	产品/厂家历史	制造工艺	性能
效用	耐久性	各种功能的操作方法	安全性
舒适性	经济性	操纵性	产品特色
流行程度	色彩	款式	基本参数
品种	个人的整体形象	装潢材料明细	名称
零件/附件	缺点和问题	易遇到的反对	易发生的抱怨
曾遇到的主要询问问题			
有关价格及条件的知识			
价格	价格变动	二手车市场情况	付款条件
性价比	优惠条件	交货期限	库存情况
生产情况	有关期限	保证期限	售后服务情况
其他服务项目	出现质量问题的处理方式	出现投诉的频度	可能的主要故障所在
运输情况	签约、付款的方式和程序	有关法规	
其他相关知识			
价格趋向	流行情况	使用者的满意度	竞争车型的整体情况
行业市场情况			

10）客户是否知道售后服务对汽车产品的意义是什么？谁在客户采购决策中具有影响力？
11）客户如何评价汽车行业？
12）客户认为汽车行业发展趋势如何？
13）客户周围的人对他的评价和认知如何？

14）客户平时是否经常会做重要的决定？

客户通常喜欢与汽车销售顾问一起讨论或对话，而不喜欢被硬塞一堆数字或数据。介绍车型时一定要有所选择，尽可能把在探寻需求过程中发现的客户需求串连起来。根据客户可能购车的预算，提出符合的车型供其选择，从最经济型的车型开始，进而介绍配备最齐全的车型。

3. 针对客户情况选择产品介绍的程度

汽车销售顾问可以从消费者的专业熟悉程度和交际类型来把握所用的展示方法。潜在的消费者消费素质由知识、经验、技能三方面内容组成。

知识就是消费者对汽车了解的知识程度；经验就是消费者关于汽车的各种经验程度，如驾车时间、驾龄、驾车的主要目的等；技能就是消费者具体在驾车时的熟练程度，比如意外情况下的下意识反应，高速路上超车的技能，载重爬坡的技巧等。

六方位绕车介绍是我国绝大多数汽车销售展厅采用的汽车销售流程。六方位绕车介绍是在科学分析基础上，结合众多汽车销售顾问经验总结形成的实车展示和讲解方法。该方法富于条理，汽车销售顾问容易记住车辆的介绍点。汽车销售顾问用六方位介绍法对汽车进行介绍时，可以吸引客户的注意和兴趣，容易使客户产生对汽车的良好印象，进而提高成交的机会。

环绕汽车产品的6个部位进行介绍，有助于汽车销售顾问更容易有条理地记住汽车介绍的具体内容，并且更容易向潜在客户介绍最主要的汽车特征和好处。在进行环绕介绍时，汽车销售顾问应确定客户的主要需求，并针对这些需求做讲解。汽车销售顾问针对客户的产品介绍，进行车辆展示以建立客户的信任感。汽车销售顾问必须通过传达直接针对客户需求和购买动机的相关产品特性，帮助客户了解一辆车是如何符合其需求的，只有这样客户才会认识其价值。直至汽车销售顾问获得客户认可，所选择的车型符合客户心意，这一步骤才算完成，而六方位绕车介绍可以让客户更加全面地了解汽车产品。

在4S店展厅中展示汽车的标准流程，如图4-6所示。

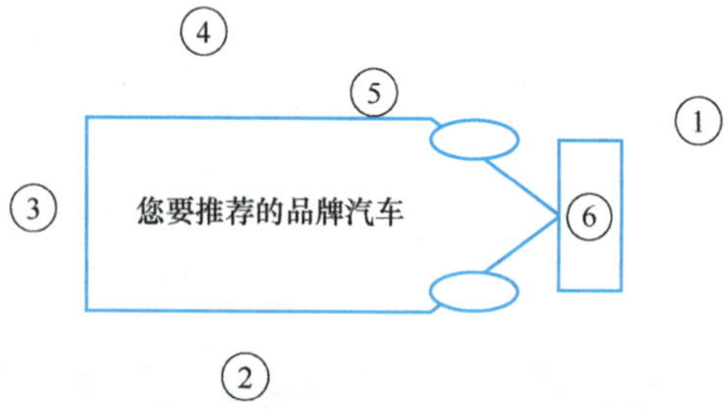

图4-6 六方位绕车介绍示意图

二、车辆展示流程

1. 1号位车前方

该位置最有利于看清车辆的特征，通常可以在这个位置向客户做产品概述。此时汽车销售顾问应面向客户，左手引导客户参观汽车，如图4-7和图4-8所示。

图4-7 奔腾X80正前方

图4-8 奔腾X80车前方45°

项目四 车型推荐

这个方位是客户比较感兴趣的地方,这里的内容也较为丰富,汽车销售顾问可以在此方位向客户介绍品牌文化、品牌历史、车身造型、前照灯、前脸、保险杠等内容。具体介绍内容见表 4-6。

表 4-6 车前方介绍要点

配　　置	主要体现性能	介绍切入点	主　要　内　容	客　户　利　益
车标,如 X80 汽车	汽车品牌内涵	对注重内涵的客户重点推荐	这款车出自意大利名师之手,"X"元素代表着未知、创新、突破、无限扩展的意义	品牌的内涵与您的身份和个性很匹配
前脸	安全性能和外观时尚性	对注重时尚性的客户重点推荐	浑厚动感的前脸设计与饱满流畅的车侧腰线相结合,使整车彰显出大气稳重的成熟魅力	车型大气,彰显您稳重的气息
晶钻智能前照灯	智能感应、灯光延时——安全时尚	对购买家用车的客户重点推荐	这款前照灯,能够根据外界光线的强弱自动开启和关闭,杜绝因光线突然变暗而导致的危险,确保您在过山洞和隧道时的行车安全,在这个价位的车中是唯一一款配备有这个安全智能前照灯的车。它还具有 60s 的灯光延时功能	智能前照灯安全大气,灯光延时功能让您夜晚行车更安全
抗 UV 环保隔热玻璃	安全性和经济性	对注重外观、环保的客户重点介绍	前风窗玻璃达到了 1.68m²,在同级别车中是最大的,采用了抗 UV 环保隔热玻璃,它具有防紫外线,隔热等特点	这款车的前风窗玻璃可以为您提供更好的视野,同时能有效降低您爱车的车内温度,减少空调负荷并降低油耗
吸能式双前保险杠	安全性	对注重安全性能的客户重点介绍	采用的是特殊的吸震发泡材料加上内置金属钢梁,能吸收意外的撞击力	提高安全系数,为您行车提供最大的安全保障
镀铬格栅	外观时尚性	对注重外观的客户重点介绍	镀铬格栅衬托车头设计,展现车的大气与尊贵	大气与尊贵

2. 2 号位车侧方

车侧方是向客户介绍车辆高科技配置及车辆线条等的有利位置,侧方主要介绍的内容见表 4-7。汽车销售顾问应面向客户,左手引导客户走到车的侧面,以能总揽整车侧方,如图 4-9 所示。

图 4-9 奔腾 X80 车侧方

表 4-7　车侧方主要介绍内容

配　　置	主要体现性能	介绍切入点	主要内容	客户利益
铝合金轮胎	主动安全性能和外观时尚性	对注重汽车外观时尚性的客户可重点推荐	直径为××英寸，多辐设计，刚性极佳	造型美观与车身外观相互辉映
全封闭笼形承载式高强度车身	主动安全性能	对注重汽车构造的客户可重点推荐	全封闭笼形承载式高强度车身，采用高张力钢板进行无缝焊接，科学运用不对称设计，使整车在受到碰撞时，能够科学地化解来自不同角度的冲击力	安全高标准，让您行车更有保障
高强度的ABC柱	主动安全性能	与宝马相同的安全设计理念相一致	A、B、C柱全部进行了加粗吸能式设计，A柱加粗加强来自正面的防撞击能力，B柱加粗加强来自侧面的防撞击能力，C柱后方吸能设计与宝马的安全设计相同，当受到撞击时能有效保护内驾乘人员的安全	坚实结构，为您提供4星级的安全保障
四门高强度的双防撞钢梁	主动安全性能	对注重汽车安全性的客户可重点推荐	1. 四车门全部装有坚固的双重防侧撞钢梁 2. 当车侧发生意外碰撞时，防撞钢梁能强有力的阻止外力冲撞的直接伤害，形成有效的防护网，加强对人、车的保护	增强防撞防护能力，为您提供"双倍"保护
电动调节外后视镜	主动安全性能	对注重细节的客户可重点推荐	1. 后视镜上增加了醒目的LED显示，使预警效果更加明显 2. 后视镜的电动调节可折叠功能方便您在狭小的空间里行驶与停车（必须动手演示）	从细节方面体现人性化设计，给您贴心的产品服务
高张力动感双腰线	外观时尚性和主动安全性能	遵循空气动力学设计理念	本车采用双腰线的设计，中部主腰线由前照灯上边缘引出向后过渡，顺势串起前后门把手再滑至后尾灯上边缘，线条平直、不拖沓、一气呵成	在彰显您的尊贵同时也为您的行驶提供安全防护
一体式侧围	主动安全性能	遵循不对称轻量化设计理念	为了保障人体的安全，侧围使用整块钢板冲压成形，并进行了加厚处理，增强车侧的车身刚性，能有效地缓冲来自侧面的撞击，提高车侧安全性，保障驾乘人员的安全	这些高强度钢材组成的车身在碰撞发生时，能非常有效地抵御车身变形，吸收碰撞能量，减少车内乘客的碰撞力度

（续）

配 置	主要体现性能	介绍切入点	主 要 内 容	客 户 利 益
镀铬门把手	外观时尚性	对注重细节的客户可重点推荐	银色镀铬门把手安放在中间主腰线的线条轨迹上，轻松、自然，在车身侧面起到了很好的点缀作用	让您能够顺手就能将车门拉开，方便省力，实用又美观
Bosch 9代ABS/ESP	主动安全性能	对注重安全性、驾龄较短的客户可重点推荐	本车采用了目前很多高端车型才会使用的，世界上最为先进的 Bosch 9 代 ABS/ESP 系统，本套系统整合了 6 大功能模块及 4 个主动式转速传感器，4 通道 ESP 模块，集成式横摆角速度传感器和加速度传感器，功能更为强大	提高车辆动态行驶的安全性，就像您身边坐了一位经验丰富、技艺超群的车手，在危急情况下，帮助您转危为安，真正做到防患于未然
防夹手四门车窗	安全性	对购买家庭用车的客户可重点推荐	在一键式电动车窗上升的过程中，如果肢体或其他物品影响车窗上升时，上升动作将会立即停止并下降到最低点，以确保安全	避免夹伤手指，这样的装备对于儿童尤为实用

3. 3号位车后方

汽车销售顾问引领客户站立在距离轿车约 60mm 的地方，如图 4-10 所示。从行李舱开始，依次介绍高位制动灯、后风窗加热装置、后组合尾灯、尾气排放、燃油系统等内容，见表 4-8。

4. 4号位车后座

车后座主要介绍后部空间及一些有特色的装置，如图 4-11 所示。汽车销售顾问可在展车内或展车外介绍，但一定要邀约客户进入展车内参观。同时积极鼓励客户更多地体验车辆，激发客户的想象，促进他产生希望拥有该款车的冲动。

图 4-10　奔腾 X80 车后方

图 4-11　汽车后排座椅

车后座介绍的重点包括后排电动调节座椅、儿童安全座椅、儿童安全门锁、安全带、后排中央扶手处的控制板、车载冰箱、可移动式后排座椅阅读灯、后排空调出风口、后部空调、后窗电动遮阳幕、后座侧窗帘、预紧限力式后排左右座椅安全带、后排座椅安全带调节器、后排左右座椅、童椅及顶部绳索固定装置等，见表 4-9。

表 4-8　车后方主要介绍内容

配　置	主要体现性能	介绍切入点	主要内容	客户利益
扰流板	安全性和外观时尚性	对注重内涵的客户重点推荐	车顶尾部装配扰流板可以有效利用气流来给车体带来下压力，提供更好的抓地力，更加稳定安全。而且它独特的线条设计还与侧窗弧线相融合成为一个大大的"X"造型，很是亮眼	显现完美体面的高级车风范。这款车非常注重细节，每一个部位都注重品味的塑造，您的眼光真好
后保险杠横梁	经济性与安全性	后保险杠横梁采取后碰 B 型应对措施	采用 B 型断面梁，材料选用抗拉强度高强度钢板。比传统保险杠防撞梁更能分散和降低撞击力，能更好地对撞击力进行分散传导，从而对驾驶舱形成有效保护	这种横梁设计使得您的爱车在低速碰撞时不易变形，降低维护费用，而在高速碰撞时不仅抵抗力更好，而且不易断裂，保证能量传递的最佳效果，提高车辆尾部碰撞时的安全
后尾灯	外观时尚性与安全性	LED 后位灯，外形效果与前照灯遥相呼应	后尾灯总成采用了九颗直线排布的 LED 后位灯，点亮后颗粒状发光，呈现晶莹剔透的光效。整个红色的尾灯区域增加了深度感和层次感，且打破了普通后尾灯大面积红色造型出现的视觉疲劳，新颖别致，抓人眼球	不仅动感美观，而且还保证行车安全，就像您一样，外表时尚而且富有内涵
倒车影像摄像头	操控性与安全性	对注重汽车操控性与安全性的客户可重点推荐	倒车影像系统通过安装在车辆后部行李舱盖上的摄像头，将车辆后方影像显示在车内中控台区域 DVD 显示屏上。只要将档位挂到倒档，无论此时 DVD 屏幕上播放何种内容，倒车影像功能都会自动开启，使驾驶人随时能够通过显示屏的即时影像，更加便捷、安全地控制车辆倒车入库	这绝对是您倒车、停车的好帮手
泊车雷达	安全性	对停车入位感到困难的客户可重点推荐	本车采用"四通道"泊车雷达系统，通过安装在车辆后方的四个传感器，侦测车辆后部障碍物。当发现障碍物时，雷达会通过蜂鸣声进行报警，同时在车内音响信息娱乐显示屏上进行侦测距离显示。最大程度保证驾驶安全	在倒车时，能帮助驾驶人"看见"后视镜里看不见的东西，或者提醒驾驶人后面存在物体

表4-9 车后座描述重点

配置	主要体现性能	介绍切入点	主要内容	客户利益
儿童安全座椅固定装置	安全性	对购买家庭用车，尤其是家中有儿童的客户可重点推荐	本款车在后排座椅配备了ISO FIX系统，在靠背和坐垫的结合处装有两个锚固点，座椅头枕后面还有一个"防倾斜"锚固点。这套标准的固定系统能将儿童座椅或增高器牢牢地固定在座位上	避免突发性停车或在碰撞过程中，儿童座椅可能发生的移动和碰撞，提供更有效的保护
后排中央扶手	舒适性	对注重后排乘坐舒适性的客户可重点推荐	本款车在后排座椅配备了可收折的中央扶手，当需要使用时放下。同时扶手上配备了杯托、存储等功能	后排座椅中间有中央扶手，不仅可以将肘部放于上面休息，提高乘坐的舒适性，还能彰显爱车的高贵
后座椅金属背板	安全性	后排座椅靠背上加装了金属背板	这款车有高强度钢制成的后座椅金属背板，可以在车辆发生追尾时，形成后排乘客与行李舱之间的保护屏障	避免因追尾碰撞冲击力过大对后排乘客的身体伤害，提高车辆安全性，为您打造360°的安全保护
儿童安全门锁	安全性	对购买家庭用车，尤其是家中有儿童的客户可重点推荐	儿童安全门锁设计需以专用钥匙才能解锁，防止误触而产生意外	确保儿童乘车安全
三点式安全带	被动安全	对注重安全性能的客户可重点推荐	后座配置三点式安全带，使后座人员更加安全	使后座人员更有安全感

5. 5号位驾驶室

驾驶室是向客户介绍本车驾驶特性的有利位置，如图4-12所示。

客户观察了汽车的外形，了解了汽车的部分性能后，汽车销售顾问就要引导客户了解驾驶的乐趣和操作的基本方法。此时，汽车销售顾问可以打开车门，邀请客户坐进驾驶室，当客户坐到驾驶的位置上，汽车销售顾问应该用蹲下的姿势检查客户是否已舒适地坐在驾驶座上（帮助客户调整座椅、转向盘等），然后自己坐到副驾驶位置，向客户演示，一边展示汽车的各种功能，一边引导客户操作。

驾驶室介绍的内容包括座椅的调节、转向盘的调控、前窗视野、腿部空间、安全气囊、制动系统及空调音响等，见表4-10。

图4-12 奔腾B70驾驶室

表4-10　驾驶室描述重点

配　置	主要体现性能	介绍切入点	主要内容	客户利益
汽车内饰	时尚性	时尚	本车内饰造型以字母"V"字形为主，分别在驾驶座前、中、后三个位置有体现，仿佛随时预示着Victory——胜利	独特的内饰造型既营造出一种强烈的时尚感，又体现了美好的寓意
仪表板及中控面板	时尚美观	高档、时尚	进入驾驶室，请看这左右横向贯穿的超大"V"字形镀铬饰条，金属质感及科技感十足。按键灵敏度高，按压后阻尼回馈的感觉又让人爱不释手，非常方便您触碰操作	整个中控面板给人高档、时尚的感觉，营造出强烈的视觉冲击力
转向盘	操纵性和舒适性	对追求时尚质感、科技感的客户可重点推荐	转向盘采用头层牛皮包覆把圈+镁铝合金骨架，盘面上也有一个"V"字形镀铬饰条。左边控制音响功能及通信功能；右边控制订速巡航及行车电脑功能。各主要功能键的转向盘集中布置为您大幅度提高操控便利性，同时对于行车安全性也起到了一定作用	为您提供舒适、操控性好的行驶环境
组合仪表	舒适性	符合人体工程学原理	这种组合仪表层次分明，错落有致，这样设计的好处就是符合人体工程学的原理，当驾驶人获取仪表信息时清晰、直观，可缩短视线在仪表盘上的停留时间，大幅提升驾驶安全性	能让您在行车过程中清晰直观地读取行车信息，还能有效缓解长时间驾驶时的视觉疲劳
MMI人机交互系统	主动安全、操控性	对追新求异的客户可重点推荐	MMI拥有友好的人机交互界面，让驾驶人操作起来就像使用电视遥控器一样方便。这种平台化的软件设计不仅方便了驾驶人控制车内各个系统，更重要的是他能针对不同的驾驶人预先设定好其所需要的各种模式，从而使驾驶人省去了烦琐的设置过程	系统反应灵敏、精准
座椅	舒适性	加厚坐垫和靠背，符合人体工程学的设计理念	前排带有电加热功能，高、低档供您随心选择（邀请客户试坐，并为其调节到最佳高度）。加厚坐垫和靠背的采用，使得乘员身体对座椅各支撑点、面受力均匀，保证了您乘坐舒适性	给您舒适的体验，尤其是在长途驾驶时可有效为您缓解腰部疲劳

（续）

配　置	主要体现性能	介绍切入点	主要内容	客户利益
振动噪声控制	舒适性	对注重汽车噪声控制能力的客户可重点推荐	整车设定309项精确全面的振动噪声控制目标，诸多先进的控制技术的应用，使X80具有良好的整车振动噪声表现，达到同级别车型相应标准，甚至超越大部分竞争车型。另外，X80内饰绝大部分采用软性搪塑材质也起到了一定作用	能为您提供安静舒适的驾驶环境
双区独立控制空调系统	经济性、舒适性	人性化设计理念	当主驾位和副驾位乘员对温度的感受度不同时，可以非常方便地调节成两个不同的温度环境	不同区域的客户可以根据自己的需求调节温度
定速巡航	安全性和经济性	对注重汽车安全性和经济性的客户可重点推荐	行驶过程中，您可以在40～200km/h的车速范围内起动该系统，人为设定车速后，巡航控制系统就会根据行驶阻力的变化自动增减节气门开度，使车保持一定速度，此时您将不需再操控加速踏板，只要握住转向盘即可正常行驶	能为您大大减轻驾驶的疲劳强度并节省燃油
倒车影像系统	安全性	对注重汽车安全性的客户可重点推荐	在车辆点火开关处于ON位时，将档位置于倒档，无论此时DVD屏幕上播放何种内容，倒车影像功能都会自动开启，使您随时能够通过显示屏的即时影像，更加便捷、安全地控制车辆倒车入库	开阔客户倒车的视野，实现轻松倒车，同时大大增加了倒车的安全性
安全气囊	被动安全	对注重汽车安全性的客户可重点推荐	X80车型标配了前排双安全气囊，高配车型装备座椅侧安全气囊和侧气帘。通过六气囊配置为车内乘客打造全方位的气囊保护，降低车辆发生碰撞时对人体造成的二次伤害	X80在同级汽车中具有优异的安全性

6. 6号位发动机

介绍发动机时，如图4-13所示，势必涉及一些专业的数据，汽车销售顾问可以根据客户类型分别对待，为不同类型客户介绍发动机舱。

对于一些中老年客户或者一些对汽车并不是很了解的客户，只需简单向他们说明发动机的原产地、耗油量等基本资料。

当遇到一些汽车发烧友，或者年轻客户时，则需要在征询他们同意之后，引领客户站在车头前缘偏右侧，打开发动机舱盖，依次向他们详细介绍发动机舱盖的吸能性、降噪性、发动机布置形式、防护底板、发动机技术特点、发动机信号控制系统以及发动机的基本参数，包括发动机缸数、气缸的排列形式、气门、排量、最高输出功率、最大转矩等。

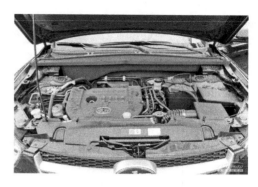

图4-13　奔腾X80发动机舱

任何技术性的沟通都比不上设身处地满足客户的需求，因此，汽车销售顾问始终不能忘记将汽车的特点与客户的需求相结合。

发动机舱介绍的重点是发动机舱盖设计（外观、开启位置、开启方式、重量、隔热隔声护板）、发动机舱布局介绍、发动机技术、变速器技术、制动系统简单说明、空气滤清器、散热器护板、醒目标识、铭牌讲解，见表4-11。

扫一扫

车辆发动机舱介绍

表4-11　发动机舱描述重点

配置	主要体现性能	介绍切入点	主要内容	客户利益
发动机罩	安全性与外观时尚性	发动机罩内板折弯设计	这款车采用了折弯设计，从外观上看，简洁大方；从功能上说，它具有吸声、隔热、降低风阻和保护车内乘员以及行人安全的功能。当车辆发生碰撞时，发动机罩设计折弯区域发生折弯并向上拱起，充分吸收碰撞能量	这样不仅有效避免发动机罩直接挤入驾驶室对乘员造成直接的人体伤害，还能降低对行人的伤害
ET3系列高性能全铝合金发动机	经济性与操控性	2.0/2.3L城市SUV黄金排量	这款车采用的是2.0/2.3L高性能全铝合金发动机，不仅具备良好的燃油经济性，排放标准高，节能环保，同时还拥有高功率、低速大转矩的出色动力表现	高品质的发动机能给您带来无尽的乐趣，超强的功率和转矩输出，不论是起步还是加速，都有过人的表现，让您轻松驾驶，尽情享受，从此不再有烦恼
低噪环保	操纵性与环保性能	对注重汽车环保性能的客户可重点推荐	这款先进的发动机具有低噪声、高环保的特点，尾气排放已达欧Ⅲ标准。这一点，我们刚才在试乘试驾时已体会到了。噪声很小，几乎听不见	让行车更加舒适

（续）

配　置	主要体现性能	介绍切入点	主要内容	客户利益
发动机下沉式设计	安全性	对注重汽车安全性能的客户可重点推荐	本车采用了发动机下沉式设计。这个设计是当发动机一旦受到撞击力超过固定机构的承受能力时（大约正面碰撞40km/h的力度），该装置可以保证发动机能够马上坠落到地面，从车底挤出车外，避免发动机冲入驾驶室，提高车辆的安全性	为您的行车保驾护航
碰撞断油系统	安全性能	对注重汽车安全性能的客户可重点推荐	当车辆发生碰撞，ECU检测到前部气囊弹出的信号时，供油系统立即停止向发动机供给燃油，从而阻止发动机的燃料燃烧，停闭发动机，避免二次事故的发生，提高车辆安全性	避免当车辆发生碰撞时漏油着火事故发生
爱信全新六速手自一体变速器	操控性能	对注重汽车操控性能的客户可重点推荐	日本爱信，被业界称为世界三大自动变速器生产厂商之一。在自动变速器研发和创新方面始终居于世界领先地位，产品的特点主要表现为性能卓越、品质可靠	让您在行车中换档更加平稳顺畅
多点电喷系统	动力性及经济性	对注重汽车动力性能的客户可重点推荐	采用计算机精确控制直接点火，依照点火先后顺序精确控制供油量	让点火更精确，动力更强劲，节油更精确、科学

任务四　车型推介技巧

任务目标

1. 能够运用车辆推介的赞美客户技巧进行推介。
2. 能够运用车辆推介打比喻的技巧进行推介。
3. 能够运用在车辆推介时让客户参与的技巧。
4. 能够运用在车辆推介时将产品缺点"全盘托出"的技巧。

建议学时

4学时。

相关知识

一、车辆推介的四个技巧

1. 巧妙赞美客户

巧妙地介绍自己的产品，有效地赞美客户，将产品的优点与客户的利益点有效地结合起来。在展示产品的过程中，不动声色地赞美客户，赢得客户的好感与信任，这就是聪明的汽车销售顾问必须学习的成功秘诀。

2. 打个恰当比喻

有时候产品说明不但不能起到劝购的作用，反而会引起客户的反感。现在是个讲究效率的社会，几乎没有人愿意花费太多的时间来听汽车销售顾问长篇大论的产品介绍。因此，给你的方案打个恰当的比喻，用最简短、最精练的语言，最恰当、最形象的比喻，将它们表达清楚，这是汽车销售顾问在产品劝购中一项重要的技能。

3. 让客户参与其中

在销售时，最巧妙的做法是提供一个不完整的方案，给对方留下调整的余地；提供一个不完美的商品，赋予对方修改的权利。"人之患在好为人师"，当客户参与了"使方案或商品更完美"之后，客户会更乐于接受你的建议。

4. 将缺点"全盘托出"

任何产品都会存在一些缺陷，这些缺陷对你的销售存在诸多不利的因素，很多时候它是你销售失败的罪魁祸首。然而，永远不要把产品的缺陷当作一项秘密，因为一旦客户发现你有意隐瞒，势必会导致你信誉的丧失。

因此，当产品的某一项性能不符合客户的要求时，应当将这个缺点当着客户的面"全盘托出"；然后，再想办法把客户的眼光引向产品的优势，着重表现出产品高于其客户同类产品的地方。只有如此，才能化缺点为优点，化腐朽为神奇。

二、车辆介绍中应注意的问题

1. 对自己所介绍的内容要有信心

客户在向汽车销售顾问了解情况时，非常注意汽车销售顾问非语言部分的信息表达。客户除了要对汽车销售顾问所讲的内容进行分析外，还会根据汽车销售顾问讲话时的表情、语气、声调和态度来判断。如果汽车销售顾问对自己讲的内容有所怀疑、缺乏信心时，自信心将会受到影响，随之面部表情也会发生微妙的变化。对于客户而言，连汽车销售顾问自己都不认可的产品，凭什么我们还要去买。这就是为什么要求汽车销售顾问在进行产品展示与说明时应充满自信、充满激情、面带微笑。

2. 介绍中不能涉及太多的知识与概念

从心理学角度讲，客户在接收任何信息时，一次只能接收6个以内的概念。但较多的汽车销售顾问不理解这个道理，在与客户洽谈的过程中，就怕讲得不多客户不接受，拼命将自己知道的向客户倾诉。结果，当客户离开时只知道几个不重要的概念，而真正影响客户决策的要点都抛在了脑后。因此，找出客户购车时最关注的方面，只需用6个关键的概念建立客户的选择标注就可以。如介绍发动机时，最关键的概念包括：输出功率、输出转矩、耗油量、气缸数量、涡轮增压、噪声、气缸排布方式、压缩比、单顶置凸轮轴或双顶置凸轮等。

但是这么多的概念一下子介绍给对汽车并不专业的客户，客户会如坠云雾之中，根本不知道什么最重。此时汽车销售顾问只要告诉一般1.3L排量的发动机，如输出功率能够达到6kW，输出转矩能够达到100N·m以上，而且气门数量在16个以上就是一款好的发动机。这里只用了三个概念，就让客户有了一个自己的选择标准。此时，如果客户对发动机兴趣浓厚，有希望多了解一些情况的话，可以再把气缸数、压缩比、凸轮轴等概念介绍给客户。如果客户关注发动机的性能而对投资不做计较的话，选择双凸轮轴的发动机会更好。归纳一点，在向客户介绍和展示汽车产品时，必须针对客户关注的那一点说清楚，同时最多只能给出6个概念，除非客户在这方面很专业或客户对汽车销售顾问的介绍非常感兴趣并愿意接纳。

3. 介绍产品时不要太积极

这里所指的"不要太积极"不是说可以用消极的态度对待客户，而是指在产品介绍中当客户没有提出要求时，不要卖弄自己专业的渊博。

> **小资料**
>
> 客户：除了刚才介绍的情况外，我想问一下这款车的行李舱有多大？
>
> 汽车销售顾问：您真是慧眼，这款车最值得炫耀的就是500L的行李舱，除了菲亚特的西耶那轿车以外，家用车系列中没有一款超过这款车，包括广州本田的三厢飞度轿车号称空间设计最合理，也才500L。
>
> 客户：西耶那轿车的行李舱有多大？
>
> 汽车销售顾问：525L。
>
> 客户：这不错，还有飞度轿车也达到了500L。
>
> 汽车销售顾问：您是否现在确定买这款车呢？
>
> 客户：既然西耶那轿车有525L，飞度轿车也有500L，那我还是再考虑一下这三款轿车中哪一款更适合我。

4. 要学会处理意外情况

产品展示与说明中经常有意外的情况发生，可能是汽车销售顾问介绍错误，更可能是客户的看法错误。此时，要注意做到以下几点。

(1) **马上修正自己的错误并向客户表示歉意** 任何人都不可能不出错，关键的是出错后的表现。

> **小资料**
>
> 一位汽车销售顾问在向客户介绍千里马轿车的发动机时，讲到一个错误观念，告诉一位客户说千里马轿车的发动机是起亚公司原装发动机，共有16个气门，所以动力性能相当不错，输出功率和转矩较大。同时，汽车销售顾问特别指出，在10万元以内的家庭轿车中只有千里马轿车的发动机是16个气门，像羚羊轿车的发动机只有12个气门。当时，作为客户对汽车销售顾问的说法表示出了异样，但该汽车销售顾问并未发觉，也没有做出修正。当然，该客户最终没有与该汽车销售顾问成交。

（2）**如果是客户的错误，应表示出"不要紧"的微笑** 经常会遇到一些对汽车有一定了解却又不那么专业的客户，客户为了在洽谈中左右谈判的局面，往往会表现出自己很专业的样子，但当客户对某些问题提出的看法又不正确。此时，汽车销售顾问最容易冲动，试图去纠正客户的说法。如果汽车销售顾问这样做了，就会发现让客户很难堪，结果就是该客户再也不会找这位汽车销售顾问买车了。遇到这种情况，最佳的处理方式：如果客户没有意识到这样的问题，汽车销售顾问千万不要自做聪明地去纠正；如果客户已经认识到自己出错了，要面带微笑地说："不要紧，谁都会发生这样的错误，刚开始时我也出了错。"

（3）**不要在客户面前说第三者的坏话** 这里的"第三者"主要指竞争对手。一般而言，客户为了降低自己购车的风险，往往会花费大量的时间去广泛地调查。因此，有可能对调查过的销售商和汽车销售顾问会建立认识和好感，有些汽车销售顾问由于经验不足，当客户提及竞争对手时汽车销售顾问会紧张，生怕这些对手会抢走自己的生意。因此，会针对这些"第三者"提出贬低的评价，这些评价就有相当一部分与客户已经建立起来的认识发生冲突。结果不但没有降低客户对第三者的认同，反而再一次增加了客户对竞争对手的关注和认同。此时如何巧妙地处理这样的情况就成为一个汽车销售顾问是否专业的一个标志。最佳的做法是轻描淡写或以忽略的方式，或先认同客户的看法，再以"只是""不过""如果"等转折词进行变换，千万不能用"是的……但是"这样非常强硬的语气来表示。如果汽车销售顾问对客户提出的竞争对手的优势表示出不以为然的表情，客户就会觉得提出的问题不应该是汽车选购中最应关注的问题，反而有利于提高客户对汽车销售顾问所涉及内容的关注度。

第三者还包括汽车销售顾问自己的同事。有时某些汽车销售顾问为了自己的业绩，会在销售中对客户提及的前面与客户打交道的同事进行贬低，殊不知越贬低越让客户觉得这家公司不可信，这位汽车销售顾问不值得合作。如果能够在客户面前对自己的同事大加赞美的话。不仅不会失去客户，反而会让客户对汽车销售顾问产生敬佩，更有利于达成交易。

（4）**保全客户的面子** 一个成功的销售是让客户高兴而来，满意而归。谁也不希望在与汽车销售顾问的接触过程中发生不愉快的行为，但有时会由于汽车销售顾问无意识的行为让客户动怒，从而不利于销售的顺利进行。

> **亮点展示**
>
> ### 汽车销售顾问积极的工作态度和自信心
>
> 一天，一对夫妇来到了丰田展厅。汽车销售顾问热情地迎了上去说："欢迎光临，我是汽车销售顾问小张，很高兴为你们服务。你们想了解一下什么车型呢？"这对夫妻回答道："我们先自己看看。"不一会儿，夫妇俩看了锐志、威驰两款车，这时汽车销售顾问小张走上前问道："两位看过车后，感觉怎么样？"丈夫说："锐志这车不错，又大气，操控性又好，很适合我这种喜欢开快车的人。"而他妻子却说："这两年虽然生意不错，但还是不够稳定，我们还是需要节省一点，锐志车要二十多万，而且2.5L排量的耗油量会比较高，维修保养的费用也会贵很多。"丈夫说："是啊，你说得也有道理，但是威驰感觉还是太小了，有时候接送生意上的客人还是觉得有点小气。"说到这里，夫妇两人都陷入了沉默。

汽车销售顾问小张心里明白了，原来两人都难以说服对方，而又不愿接受对方的意见，如果这时不采取积极的态度，客户可能就会放弃。因此，这时汽车销售顾问小张抱着积极的工作态度和自信心对他们说："威驰虽然价格比较便宜，使用成本也很低，但是纯粹是家庭用车，如果有生意上的使用，的确是有点小气，锐志车虽然够气派，够高档，但价格也比较高，使用费用也会贵很多，因此养车的压力会比较大。两位不如选择花冠，花冠这款车正好介于威驰和锐志之间，车辆外形比威驰漂亮，既可做家用又适合商务用，动力性和操控性都非常出色，而且使用成本也比较低，我看挺适合你们的。"夫妇两人听完汽车销售顾问的一席话，都不约而同地说："能不能带我们看看车啊！"汽车销售顾问小张带两人看完车，又带他们试乘试驾，结果夫妇两人都非常满意，高高兴兴地付了款，订购了一辆花冠车。

　　很多的汽车销售顾问在销售的过程中，面对销售中的遇到困难时总是放弃，没有采取积极的工作态度，自然销售业绩不好。在亮点展示中，汽车销售顾问小张面对客户遇到的问题，抱着积极的工作态度，懂得察言观色，真正抓住客户的心理，既满足了客户的需求又成功完成了自己的销售任务。充分体现了汽车销售顾问在汽车销售中不断坚持的职业精神。

项目五 试乘试驾

任务一 试乘试驾前

 任务目标

1. 能够了解试乘试驾流程。
2. 能够做好试乘试驾前准备工作。
3. 能够准确选择试乘试驾路线。
4. 能够开展试乘试驾手续办理。

 建议学时

4 学时。

 相关知识

一、汽车试乘试驾

试乘是指由经销商指定的人员来驾驶指定的汽车供客户乘坐；试驾是指客户在经销商指定人员的陪同下，沿着指定的路线驾驶指定的车辆，从而了解这款汽车的行驶性能和操控性能，如图 5-1 所示。

1. 试乘试驾的作用

1）使客户的注意力集中于演示的汽车功能，集中于体会销售的产品，防止注意力的转移和分散。如意向客户通过试乘试驾，强化了对购买欲望的刺激，从而实现销售。

2）示范刺激作为一种视觉刺激，比其他知觉具有明显的印象效果。如在产品展示过程中，汽车销售顾问通过对某款汽车新功能的熟练演示，达到强化记忆、加

图 5-1 试乘试驾

深印象的作用。例如，对客户说某款车的座椅十分舒适，内部空间非常雅致，这个概念是无法完全通过语言表达的。最好的方法就是让客户坐上车去亲身感受，这比直接向客户介绍效果要好得多。

3）示范的效果更具体，比其他刺激更容易被客户理解，也更容易在短时间内奏效。

2. 试乘试驾的原因

试乘试驾是客户进行产品体验的重要环节，完美的客户体验有助于强化客户购买意愿。

1）试乘试驾是消费者了解汽车行驶性能和操控性能最重要的途径之一。

2）试乘试驾是经销商推荐产品的最好时机。

3）试乘试驾可以激发客户购买欲望，收集更多的客户资料，便于促进销售。

3. 试乘试驾的前提条件

1）汽车销售顾问要反复练习车辆的各种主要功能，以便在试驾过程中能系统地为客户做各项操控指导及性能的详细说明。

2）汽车销售顾问可以为进行了相关咨询，并产生强烈兴趣的客户安排试车，有助于促成销售。参加试车的客户必须持有合格的汽车驾驶证并拥有一定的驾驶经验，办理相关手续后，参加试乘试驾作业的汽车销售顾问必须有驾驶证。

4. 试乘试驾时机选择

1）在企业为宣传品牌形象而组织巡展活动时，可以通过试乘试驾吸引意向客户群，并设法获取客户资源。

2）新车型上市后，可以通过试乘试驾，帮助汽车销售顾问快速建立客户了解度与满足用户的尝鲜心理。

3）一般在天气状况不佳情况下（如下雨、雪、大风等），不宜进行试乘试驾活动。

5. 试乘试驾流程

试乘试驾是动态的产品介绍，是打开僵局的突破口，通过试乘试驾使客户能够对汽车有真实直观地接触和了解。完整的试乘试驾分为试乘试驾前、试乘试驾中、试乘试驾后。

二、试乘试驾前

试乘试驾流程如图5-2所示。

1. 客户邀约

试乘试驾的目的就是让客户爱上这辆汽车，让客户有一种拥有感，让客户真正的感受这辆汽车的性能，给成交加分，作为汽车销售顾问应主动邀约客户进行试乘试驾。如果客户时间不充裕或当下店内缺乏条件，可以和客户另行约定时间进行试乘试驾。

> **小资料**
>
> 邀约范例：×××先生，刚才我已经简单地向您介绍了车辆的性能和配备特点；不过，车只靠看和听就做决定是不够的，买车是一件大事情！因此，在您做决定之前，我建议您先做一个试乘试驾，亲身感受一下车开起来到底怎么样。
>
> ×××先生，我们的车和其他车不一样，一定要开过以后才能体会到它的好处，如果您想真正了解这部车的话，我建议您做一个试乘试驾！如果您愿意的话，我马上就帮您安排。

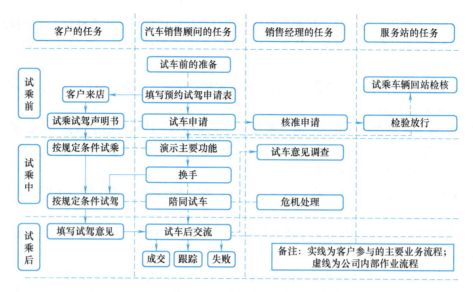

图 5-2 试乘试驾流程

2. 资料准备

良好的试乘试驾体验从资料准备开始,汽车销售顾问需准备试乘试驾预约登记表(见表 5-1)、行驶证、车辆保险单、试乘试驾车管理表(见表 5-2)、试乘试驾协议书(见表 5-3)、试乘试驾检查表(见表 5-4)等。

3. 车辆准备

试乘试驾车辆是有效产品推荐的关键,汽车销售顾问应提前准备好试乘试驾车辆,并做好检查工作,保证各项功能处于最佳状态。

1)销售部门应在试乘试驾车车身的适当部位(两侧前车门离玻璃下边缘 20cm 处),粘贴厂家指定的贴纸以便识别。

2)试乘试驾车必须有专人负责管理(使用申请、钥匙及车辆陈列、清洁等)并及时协调服务站实施定期保养。

表 5-1 试乘试驾预约登记表

序号	客户姓名	联系电话	意向级别	意向客户跟踪卡编号	试驾车型	计划试驾时间	试乘试驾陪同人数	汽车销售顾问	填表时间	展厅经理	备注

表 5-2 试乘试驾车管理表

序号	借车时间	借车人	借车行驶里程表数	用途	试乘试驾客户姓名	联系方式	驾驶证号	驾龄	意向客户跟踪卡编号	意向级别	还车时间	还车人	还车行驶里程表数	本次行驶里程/km	车辆管理员
	(车型) 试乘试驾车管理表
1	2019年2月15日,10点30分	李四	1555	试乘试驾	张三	139****7733	220201************	2	20100210	A	2019年2月15日,10点45分	李四	1570	15	王五
2	2019年2月20日,8点30分	李四	2500	试乘试驾	张三	139****7733	220201************	2	20100218	B	2019年2月15日,8点50分	李四	2520	20	王五
3															
4															
5															

表 5-3 试乘试驾协议书

试乘试驾协议书

尊敬的客户:

您好!为了让您能亲身体验该品牌车型的舒适、安全以及整车的操控性能和优异配置,特将试乘试驾有关事宜向您告知,请您仔细阅读:

一、试乘试驾前,驾驶人请检查车辆内外的卫生,并检查车辆是否处于良好状态。

二、驾驶人在车辆中禁止吸烟或吃零食。

三、您需向我公司保证您本人具有一年以上的驾龄,并持有正式的驾驶证,且身体健康、无重大疾病,适合进行试乘试驾,并能够安全行驶,文明试车。

四、您在试乘试驾期间应当遵守《道路交通安全法》及有关道路规章制度和我公司规定的试乘路线,不得违章行驶,否则我公司汽车销售顾问有权视情况终止此次试乘试驾。

五、试乘试驾完毕后,您所交回的车辆应当完好无损,没有发生任何碰撞、刮擦等事故,否则应承担修复所需的一切费用。

试乘试驾车型登记表

试驾人		驾驶证号	
电话/手机		试驾地点	
试驾车牌号		试驾车型	

以上内容我已仔细阅读,并无异议,且能保证我提供的一切资料真实合法。

车辆提供单位:

××××××××××× 试乘试驾人:(签字)_____

试乘试驾日期: 年 月 日

表5-4 试乘试驾车检查表

试乘试驾车检查表

零售商名称：_____ 车型：_____ 牌照号：_____
填表日期：____年____月____日至____年____月____日

车辆内外检查标准		月 日		月 日		月 日		月 日	
		是	否	是	否	是	否	是	否
外观	整辆车身是否清洁								
	车身试乘试驾标志是否破损								
	车身是否有划痕或碰撞								
	轮胎气压、磨耗、受损等是否正常								
	前照灯、后视镜是否损伤								
	车牌是否污损								
驾驶室	脚踏垫、烟灰缸、中央扶手、置物槽等是否清洁								
	室内照后镜、门边后视镜角度是否合适								
	制动踏板状况是否正常								
	发动机起动状况是否正常								
	油箱存量是否充足								
	仪表盘警告灯是否正常								
	刮水器工作是否正常								
	驾驶座各项调整动作的功能是否正常								
	多种音乐风格准备								
	导航、行车电脑是否正常								
	空调是否正常工作								
发动机室	制动油量是否正常								
	机油量是否正常								
	风窗玻璃的清洁剂是否正常								
	散热器冷却液是否正常								
	其他零部件是否有异响								
检查人签字：									

3）试乘试驾车必须投保全险。

4）试乘试驾车为客户演示专用车辆，禁止挪作他用或违反厂家相关规定的情况。

5）试乘试驾车使用年限依有关厂家规范执行，但若有车辆发生过重大事故及车况存疑时，应避免使用或及时更新。

6）试乘试驾车必须在展厅前醒目的停车区域划出专用的试乘试驾车停放车位。

7）试乘试驾车的外观应加以美化。

8）服务站为试乘试驾车保养维护单位，应依照使用说明书进行保养维护工作，以确保车辆品质。

9）试乘试驾车使用需按规定由经销经理或管理工作人员核准后方可安排试乘试驾。

10）根据客户个人特点和喜好及时调整好试乘试驾车辆的空调温度、音乐存储、座椅位置等，也可以将一些汽车精品和加装套件放置于车内，为后续精品销售打下基础。

4. 路线准备

试乘试驾路线（图5-3）确定首先应以确保行车安全为前提，确保客户有足够的时间体验车辆性能，在选择线路时要考虑以下几方面：

1）应考虑选择有变化的道路，以便全面显示汽车商品的优势；如展现爬坡能力、直线加速性能、高速行驶稳定性及操控性、制动性能等。

2）汽车销售顾问必须熟悉所选道路，且所选道路应能完成15~20min的试车。

3）所选道路应避免建筑工地和交通拥挤的地区。

4）对于可能会有突发情况的路段，应事先调查清楚。

5）要保证在试车途中应有一地点可以安全地进行试乘试驾换手工作。

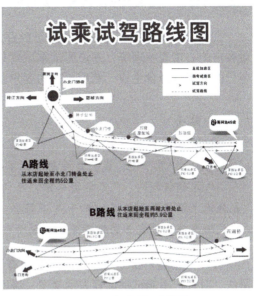

图5-3 试乘试驾路线图

5. 陪乘人员准备

陪乘的试乘试驾人员必须有符合试乘试驾车型的驾驶证，最好有两年以上驾驶经验且驾驶技术过硬，对车辆功能键操控熟练，熟悉汽车销售工作流程和销售技能，了解市场动态，具有丰富的汽车销售和产品性能知识。

三、试乘试驾前沟通技巧话术范例

1. 邀约试乘试驾话术

（1）对威权型或分析型客户的邀约话术 "×××先生，刚才我已经简单地向您介绍了车辆的性能和配备特点，不过，车只靠看和听就做决定是不够的，买车是一件大事情！因此，在您做决定之前，我建议您先做一个试乘试驾，亲身感受一下乐驰开起来到底怎么样。"

扫一扫

邀约试乘试驾

（2）对合作型或表现型客户的邀约话术 "×××先生，通过刚才的介绍，想必您现在一定想亲自体验一下我们乐驰的驾乘乐趣了吧？正好，我们为您准备有试乘试驾车辆，×××先生这边请吧！"

2. 邀约被拒应对话术

（1）强力邀约法 当客户表示不必进行试乘试驾，而汽车销售顾问判断客户对车辆性能尚存疑问时，汽车销售顾问可以采用这种方法来邀约客户进行试乘试驾。

小贴士

话术举例：

客户："我买车只要觉得喜欢就好，不必试了！"

> 汽车销售顾问:"买车最重要的就是要自己喜欢,何况买这部车子您肯定会使用一段时间的,通过这次深度试驾,会让您对车辆的外表和内在都有更深入的了解。"

(2) **以退为进法** 当客户对购车尚存疑虑时,汽车销售顾问可采用以退为进法。首先对客户的心情表示理解,并说明试乘试驾只是为了让客户更好地体验汽车性能,并不会影响客户的购买选择自主权,然后再邀约客户参加试乘试驾。

> **小贴士**
> 话术举例:
> 客户:"算了吧,我只是先看看,不一定要买的!"
> 汽车销售顾问:"其实买车是一个重要决定,我想您可以通过这次的试驾活动,更充分地了解您所要购买的车子是否符合您的需求,您不必担心试过车后就必须要买车,毕竟给您提供更完善的服务是我们的责任,也让您能更理性地选购适合您的好车!"

(3) **遗憾挽留法** 当客户提出时间有限等拒绝理由时,汽车销售顾问可以使用遗憾挽留法,对客户不能试乘试驾表示挽留,说明试乘试驾的好处,当客户依然不能参加试乘试驾时表示遗憾,并主动征求客户意见,为客户安排其他时间的试乘试驾邀约。

> **小贴士**
> 话术举例:
> 客户:"我还要开个会,没时间了"。
> 汽车销售顾问:"太可惜了!王先生,不过我们试一次车大概只要30min,您看时间来得及吗?那我特别为您安排一个试车的机会,如果今天不行的话可以安排在周末,您是周六有空还是周日呢?那我就赶紧先帮您预订了!"

3. 试乘试驾的时间话术

如果客户表示时间比较紧张,汽车销售顾问可以以量化时间的方法,淡化由于时间紧张带给客户的压力。话术举例:"我们试车大概只需要15min,您看时间来得及吗?"

当客户对试乘试驾的时间存在疑虑时,汽车销售顾问可以采用二选一法,提出比较合适的试乘试驾时间,邀约客户进行试乘试驾。话术举例:"您是周六有空还是周日有空呢?"

4. 试乘试驾的路线说明话术

1)我们已经为您准备好了您所关注的试驾车型,全程大约4.2km,这边有我们的试驾路线,我大概跟您介绍一下,等一下我会先开一圈,以便您熟悉车辆的性能特点和路线;接下来您就可以亲自驾驶这辆车了(同时签订试乘试驾协议)。

2)我公司提供了五条试乘试驾路线图,可供您选择,根据刚才您提到的对车辆的需求,我建议您试驾这条路线,因为该路线最高限速80km/h,车流量较少可以充分地体验车辆性能。

3)"这条线路包含了一般弯路、快速路等您平常所驾驶的路段,符合您用车需求",根据试乘试驾路线图,为客户讲解试乘试驾的测试项目,测试重点及注意事项:"为了您的行车安全,请您在试驾全程中系好安全带"。

任务二 试乘试驾中

任务目标

1. 掌握试乘试驾工作流程和操作要点。
2. 能够协助客户完成试乘试驾工作。
3. 能够有效地跟客户进行沟通，解决试乘试驾中客户的疑问。
4. 能够处理试乘试驾中的突发情况。

建议学时

4学时。

相关知识

试乘试驾中包括客户试乘、换手和客户试驾三个阶段。客户试乘是指先由客户乘车试驾专员驾车行驶，客户乘坐体验；换手是指试驾专员结束试驾路线示范之后，在安全区域进行换手改由客户进行试驾体验；客户试驾是指由客户驾车、试驾专员在旁予以适时介绍，通过亲自体验驾驶感受从而提升客户对车辆动态性能的了解。

一、客户试乘

客户试乘的主要目的既是让客户感受车辆的动态性能，同时也让客户熟悉车辆的操作和配置为试驾做准备。在试乘阶段，试驾专员充分地与客户进行沟通，了解更多客户信息，能够有针对性地观察和挖掘客户的需求点并做相应的产品介绍，激发客户的购买欲望。

带客户进行试乘体验

1. 操作流程

客户试乘操作流程如图5-4所示。

2. 执行要点

1）引导客户上车前，邀请客户欣赏车辆外观，给客户做简要介绍。

2）引导客户上车时，试驾专员要注意执行规范礼仪，帮助客户开车门，保护好客户的头部，方便客户入坐副驾驶位置。

3）邀请客户入坐副驾驶位，落座后帮客户调节座椅，讲解座椅的调节方法、座椅质地、车门厚重安全、车窗视野等产品内容，提醒客户系好安全带，帮助客户关好车门。

4）试驾专员于车前绕到驾驶位，进入驾驶室落座。

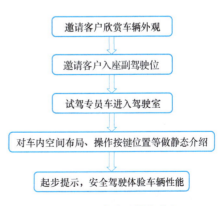

图5-4 客户试乘操作流程

5）试驾专员在驾驶位对车内空间布局、操作按键位置等做静态介绍。尤其是转向盘调整、后视镜、座椅、仪表台布局、仪表盘显示、头部腿部空间等。

6）根据前期了解客户对音乐等方面的喜好，音响播放客户喜欢的音乐。打开空调调节到适应温度，提供给客户车内饮用水等。

7）告知客户驾乘过程中的注意事项，系好安全带，征询客户同意后起动车辆，怠速情况下简单介绍发动机等产品知识。

8）安全驾驶试乘试驾路线，适时适度地介绍产品知识，让客户体验车辆动态性能。

3. 客户体验要点

1）起步阶段，讲解车辆发动机的设计特点。
2）通过试乘，让客户感受车内音响效果（音质美妙）。
3）通过试乘，让客户感受车辆的空调效果（环保空调、不影响动力输出）。
4）通过试乘，让客户感受车辆的乘坐感受（坐在车内享受舒适的空间）。
5）通过试乘，让客户感受车辆的操控性（运动底盘带来的操控感）。
6）通过试乘，让客户了解路线（重点讲解加速路段、转弯路段），为后续试驾做准备。

4. 沟通话术

客户试乘开始前阶段沟通话术见表5-5，试乘阶段沟通话术见表5-6。

表5-5　客户试乘开始前阶段沟通话术

时　机	话　术　示　例
欣赏车辆外观	"这是我们××车××型号的××排量的车，这辆车长宽高分别是××、××、××，车型看起来是不是非常大气稳重，非常符合您需求不是么？"
邀请客户入座副驾驶位	"我先帮您调整好座椅。您看这样舒服吗？我们的座椅采用的是进口牛皮，包裹性非常强，也显得很高档您说是么？"
遥控钥匙	"人性化凹凸设计，让您即使在深夜也能轻松找到您所需要的功能键"
按键式起动	"你看，这个按钮是××车的起动键，我们的车子是不用钥匙起动的，这也免去了您在晚上开车时，需要寻找钥匙孔的麻烦，这个配置出现在这样的中级车里，也算是超值的配备了。"
内饰仪表板设计	"您看一下我们的仪表设计，跟以往您了解的××车是不是有很大的突破？整个驾驶室，我们的仪表设计是很大的亮点，仪表台向右延伸出去，形成了双舱的设计风格，给您带来很强的时尚感"
打开音响，播放音乐	"××车的音响音质优美，车内听的效果挺好，当然，这应得益于××车出众的降噪效果，让发动机的轰鸣声和音乐有效的分隔（同时显示U盘播放功能）"
打开空调	"作为一款经典的发动机，在打开空调时，不会对发动机的动力有很大的影响"
路线讲解	"我们会从这里出发，经过××路，在××转弯，然后回到这里，全程××km，路线包括直线路段、转弯路段，也会经过减速带"

二、换手

客户试乘感受车辆乘坐性能之后，按照试乘试驾路线于适当地点或将车行驶到店内进行换手。换手一定是在保障安全的前提下开展，试驾专员的礼仪和专业服务至关重要。良好的换手体验是开展客户试驾的前提。

表5-6　客户试乘阶段沟通话术

时　机	话　术　示　例
起步（提示安全）	"你只要轻踩加速踏板，××车就能平稳的起步，这得益于××车低转速高扭矩的发动机设计，让您在城市行驶过程中变得轻松、享受。"
低速行驶	"作为一款全球注目的产品，您有没有发现，很多人都对您投来了羡慕的眼光"
直线加速和弯道	"××车的底盘偏向运动型，确保不论是直线加速行驶还是弯道循迹功能都非常精准，让您无论在什么路线行驶，都能给您带来信心。"
中段加速	"您觉得这台车的中段加速能力怎么样？"
高速行驶	"加速踏板响应很快，动力随时提高"（强调加速踏板的响应性）
制动	"制动时的转向盘和制动踏板的操控性很好，车身也没有抖动。"（强调制动时车身的稳定性）

1. 操作流程

换手操作流程如图 5-5 所示。

2. 执行要点

1）行驶至换手地点，停稳后将车辆熄火，拉起驻车制动打双闪，将钥匙拔出。

2）试驾专员从车前方绕道副驾驶帮助客户打开车门，带领客户落座驾驶位。

3）客户落座驾驶位后，协助客户调整好座椅位置、后视镜视线、转向盘位置等。适当进行产品介绍，鼓励客户自己体验操作调整。

4）试驾专员入座副驾驶位，钥匙交给客户。

5）系好安全带，强调驾驶路线及行车安全。

6）换手阶段，是客户即将真正体验驾控乐趣的开始，试驾专员可利用话术提示客户，再次带给客户冲击性。

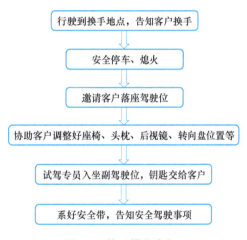

图 5-5　换手操作流程

3. 沟通话术

换手阶段沟通话术见表5-7。

表5-7　换手阶段沟通话术

时　机	话　术　示　例
路线及安全的提醒	"接下来，您将亲自驾驶我们的××车，虽然这是一台讲究操控性的车，为了您的安全，还是建议您注意控制车速，遵守交通安全。我也会对路线给您必要的提示！"
调整合适的位置	"我来帮您调整一下座椅、转向盘和后视镜。因为一款讲究操控性能的车，舒适、正确的驾驶姿势很重要。您看这样合适吗？"
档位使用	对于驾龄较短的客户，建议汽车销售顾问就档位的使用，在起步前详细地讲解给客户

三、客户试驾

客户试驾是指客户沿着指定的路线驾驶指定的车辆，从而了解这款汽车的行驶性能和操控性能。汽车销售顾问通过动态介绍来强化客户对商品的信心，激发购买欲望，从而提高来店成交率。汽车销售顾问也可以通过客户试驾进一步了解客户对新车的关注点，从而深入地对客户做需求分析，为促单成交打下基础。试乘试驾的效果非常显著，这种对客户的贴心服务可以形成正面价值，吸引更多的客户前来，提高客户来店量，从而提高销售量。

1. 操作流程

客户试驾操作流程如图5-6所示。

2. 执行要点

1）尽量少说话，不分散客户驾驶注意力，确保行车安全，以免引起客户的反感，让客户静心体会驾驶乐趣。

2）不失良机地称赞客户的驾驶技术，让客户拥有满足感。

3）在关键点，适当利用封闭式问题，寻求客户认同。

4）适当指引路线，必要的安全提醒。

5）若客户有明显的危险驾驶动作或感觉客户对驾驶非常生疏，及时果断地请客户在安全地点停车；向客户解释安全驾驶的重要性，获得谅解；改试驾为试乘，由汽车销售顾问驾驶返回展厅。

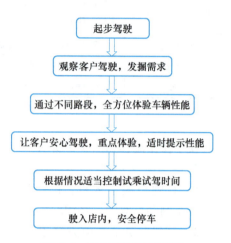

图5-6 客户试驾操作流程

汽车销售顾问依据不同的路段有针对性地提示客户感受其关注的性能配置，如动力性、通过性、过弯稳定性、制动距离和时间、车内舒适性等。利用FABE法强调车辆能够给客户带来的利益和好处。在这一个阶段中配置和感受的要点见表5-8。

表5-8 试驾阶段客户的感受要点

时机	体验点	操作要领
中低速	20km/h自动落锁	车辆起步后，车速达到20km/h时行车自动落锁安全性，马上告诉客户此功能，并观察仪表显示
	转向盘转向力度	提前说明××车的转向盘相对于其他车型要略重（或轻）一点，不过转向力度不需要太大，这样的设计主要是为了在行驶的过程中路感更强烈一些
	低速时的推背感	在演示完自动落锁后，接着低速迅速加速，转速在2000~4000r/min时会带来提速迅猛的"推背感"
	中低速提速	根据客户的具体驾驶水平，适当地提示客户最佳换档时机
颠簸路面	底盘	以时速30km/h驶过减速带，强调××车底盘的扎实性能和硬朗风格
	车身刚性	在强调底盘的同时，可以再同客户说明车身的结构可以带来行驶的整体感
	悬架	使车辆速度保持在40km/h左右拐弯行驶，请客户感受车辆的侧倾效果

(续)

时机	体验点	操作要领
过弯	转向精确性	在客户顺利过弯后，说明××车的转向精确性，这是其他车型无法带给客户的体验
	座椅的包裹感	在弯道行驶中，引导客户体验座椅两侧衬垫带来的包裹感
开阔地带	提速性能	在车辆以60km/h匀速行驶时，以其他道路上行驶的车辆为参照，提醒客户加速，车辆提速会明显提升，很快超过参照车辆，同时换档后继续加速，车辆将继续表现出强劲的后续动力（在绝对安全的前提下）
	行车电脑显示	请客户观察行车电脑显示的平均油耗、瞬时油耗、续驶里程、行驶时间、超速报警、电子罗盘（若配备）、室外温度等数据
	制动性能	在车辆较少的直线路段，可以提醒客户轻踩制动，感受车辆降速效果和制动反映效果
	ABS	再确认前方没有行人、车辆的路段，可以让客户急踩制动，了解大概的紧急制动距离，并感受ABS带来的反弹频率
人口密集地带	车辆外观	如有路人关注××车型，可以不失时机地提醒客户，满足客户的隐性需求
停车	发动机噪声	当冷却液温度上升至90℃时，请客户坐在车内感受发动机噪声，对比在车外的差距
	倒车雷达和影像	可以让客户感受倒车雷达功能，并观察影像显示

3. 沟通话术

客户试驾阶段沟通话术见表5-9。

表5-9　客户试驾阶段沟通话术

时机	话术示例
起步时	"我们准备出发了，您看，起步比较柔和，加速比较线性，换档平顺，车身也很稳定吧！"
赞美客户	"您开得还真不错，看来这款车真的很适合您！"
直线行驶	"您觉得在直线行驶时，发动机是不是运转很平稳？""降噪效果在中级车中很不错"（让客户感受发动机的平稳运转）
加速	"您加速时，是不是感到动力不错，没有吃力的感受？这么好的动力得益于咱们这款车的发动机优良的性能。"（感受加速性能）
转弯	"您在转弯时是不是感到车侧倾不大，整个底盘很稳定？"（感受运动底盘）
中段加速	"您觉得我们这款车的中段加速能力怎么样？是不是特别棒！"
高速转弯	"接下来的弯道，您可以感受一下我们的CBC弯道制动控制系统，高速转弯让您感到很平稳！"
颠簸路面	"接下来是颠簸路段，您可以感受一下××车悬架和转向盘传递过来的路感！"
坡道	"接下来的坡道路面，您可以感受一下××车低转速高转矩的发动机，让您轻松应对上、下坡路面！"

任务三 试乘试驾后

 任务目标

1. 掌握试乘试驾后工作流程，能够完成试乘试驾后工作。
2. 能够协助客户完成试乘试驾评价表填写工作。
3. 能够了解客户试乘试驾感受，解决试乘试驾后客户的疑问。
4. 能够适时进行订单成交尝试。

 建议学时

2学时。

 相关知识

一、试乘试驾后操作流程

1. 操作流程

试乘试驾后操作流程如图5-7所示。

2. 执行要点

试乘试驾结束时执行要点如图5-8所示。

1) 试驾完成后，不要仅让客户站在路边或车边，否则驾车时的紧张会一直影响客户后来的决定，而要让客户回到展厅，使其放松下来休息一下，喝点茶水，重新体验一下试乘试驾时的美好感觉。

2) 汽车销售顾问引导客户回展厅（休息区）；请客户填写《试乘试驾反馈表》（或《试乘试驾满意度调查表》），针对客户特别感兴趣的性能和配备再次加以说明，并引导客户回忆美好的试驾体验。

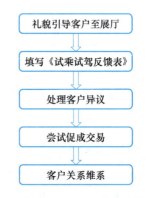

图5-7 试乘试驾后操作流程

图5-8 试乘试驾结束时执行要点

3) 客户通过试乘试驾感受到车辆带给客户的好处后，如果符合客户的需求，那么通过客户订约意向的询问，就可以进入到报价说明阶段。

4）若客户有异议，可以利用客户抗拒点适时利用展车再次解说，促成订约。

5）对暂时未成交的客户，利用留下的相关信息，与其保持联系。

6）汽车销售顾问在试乘试驾结束后，对每一位客户均应热情道别，并感谢其参与试驾，同时完成各项文件记录。

二、征询客户评价

试乘试驾后，客户对汽车的印象极为深刻，汽车销售顾问要抓住时机询问客户对汽车的判断和看法，弄清楚对方的购买意向，以保证试乘试驾的效果。当然，征询客户评价的方式很多，如让客户填写试乘试驾反馈表、直接询问、在试驾途中时刻留意等都是很好的方式。同时，对客户有强烈兴趣的部分结合客户试驾中的体验再次给予重点说明，以加强客户的好感和印象，如果客户有什么疑虑应马上进行说明。

1. 填写试乘试驾反馈表

客户试乘试驾后，请客户填写试乘试驾反馈表（见表5-10），客户对试乘试驾的评价和意见是非常重要的信息：首先可以体现客户对试乘试驾车型的满意程度；其次可以透露客户在选车时主要的诉求点；另外对于以后来选车购车的客户来说也是非常具有说服力的销售工具。汽车销售顾问可以了解客户喜好状况，并据此大致判断该客户的意向等级，进行后续工作。

表5-10　试乘试驾反馈表

尊敬的朋友：

非常感谢您对××车进行试乘试驾，为及时得到您对试乘试驾的安排及车辆性能的反馈信息，请配合填写一下评估问卷，以便我们改进工作，为客户提供更加优质的服务。

再次感谢您的配合！

试乘试驾时间：_____年_____月_____日

试乘试驾用户信息

姓　　名：_____　　年　　龄：_____

职　　业：_____　　性　　别：_____

联系电话：_____　　电子邮件：_____

通信地址：_____　　驾　　龄：_____

试驾车型：_____

关于车辆

1. 车辆起动、起步如何？
□好　　□较好　　□一般　　□差　　□较差

2. 车辆的加速感应如何？
□好　　□较好　　□一般　　□差　　□较差

3. 车辆悬架的舒适度和路面感知力如何？
□好　　□较好　　□一般　　□差　　□较差

4. 车辆加速性能如何？
□好　　□较好　　□一般　　□差　　□较差

5. 车辆转弯性能如何？
□好　　□较好　　□一般　　□差　　□较差

6. 车辆制动性能如何？
□好　　□较好　　□一般　　□差　　□较差

7. 车辆行驶操控性如何？
□好　　　　□较好　　　　□一般　　　　□差　　　　□较差
8. 车辆上下车便利性如何？
□好　　　　□较好　　　　□一般　　　　□差　　　　□较差
9. 车辆造型美感如何？
□好　　　　□较好　　　　□一般　　　　□差　　　　□较差
10. 车辆外观尺寸如何？
□好　　　　□较好　　　　□一般　　　　□差　　　　□较差
11. 车辆内部空间如何？
□好　　　　□较好　　　　□一般　　　　□差　　　　□较差
12. 车辆内饰工艺如何？
□好　　　　□较好　　　　□一般　　　　□差　　　　□较差
13. 车辆乘坐舒适性如何？
□好　　　　□较好　　　　□一般　　　　□差　　　　□较差

关于试乘试驾

1. 通过试驾，您是否对车辆具有一定的感性认识？
□有　　　□一般　　　□不好说
用一句话形容一下您的感受：_____

2. 您认为本次试乘试驾车辆的特点在哪里？
_____

3. 您最欣赏本次试乘试驾车辆的哪些方面，请列举：
_____

4. 如果您有任何意见，请写在下面：
_____

签名：　　　　　日期：

2. 客户意见处理

试乘试驾完成后，与客户从试乘试驾的感受谈起，然后有意无意地引起客户感兴趣的话题，并针对客户特别感兴趣的性能和配备再次加以说明，从而引导客户回忆美好的试驾体验。

若客户对希望的车型已有兴趣，可以下列要点为话题来进行：

(1) 理性话题的诉求

1）操控性——车辆行驶性、加速性及转向盘稳定性。

2）外观——大气、流线形式、稳重。

3）经济性——价格、耗油量或维修零件价格等。

4）安全性——碰撞事故发生时，主动性及被动性安全装备及设计。

5）舒适性——乘坐的舒适感。

6）耐久性——是否坚固，耐久年限如何。

(2) 感性话题的诉求

1）感性——敏锐的、现代的或典雅的。

2）生活形态——户外休闲用、代步用等。

3）话题性——电视、传媒名气高涨或年度风云车等。

（3）话术示例

1）引导客户回到展厅再进一步商谈促进的话术示例。

汽车销售顾问："您辛苦了，请到展厅休息一下，喝杯饮料。"

2）引导客户回到展厅，片刻休息后，听取客户试车感受的话术示例。

汽车销售顾问："××车型的乘坐舒适感怎么样？"

3）听取与客户一起试车同伴的感想话术示例。

汽车销售顾问："××先生（小姐），感觉怎么样？"

汽车销售顾问："座椅的舒适感如何？"

（4）抗拒处理　针对客户试驾时产生的疑虑，应立即给予合理和客观地说明，应对话术参考见表5-11。

表5-11　抗拒处理话术

抗拒问题	对应话术案例
发动机声音太大	"您也知道我们的发动机的特点就是动力澎湃，您有没有注意到，发动机声音低沉有力，就像运动员一样。"
座椅好像小了一点	"您注意到了吗？我们的座椅和别的车不太一样，包覆感很强，您刚才转弯的时候是不是感觉腰部的支撑很有安全感？"
刚才好像颠得挺厉害的	"的确，正如您所说，这台车的路感非常强，无论路况如何，您都会感到四个轮胎牢牢地抓住了地面，所以它的操控和制动才会如此出色。"
内饰灰色太沉闷	"米色的内饰太淡了，较难清洁；黑色很酷，但略显压抑，有灰尘也非常清晰；而灰色是现在的时尚主流色调，宝马、奔驰等豪华车都纷纷采用灰色内饰，紧跟时尚。"
后排坐三个人好像小了点	"的确，轿车的后排坐三个人是有点挤，不过一般情况下我们都不会满员乘坐，您说是吗？在同级车里，我们的内部空间还是相对较大的。"
转向盘太小	"的确，转向盘是比较小，这是采用现在流行的赛车制式转向盘设计的，凸显运动驾驶本色，让您尽享驾驶快乐。"

三、适时促成成交

1. 客户成交前信息的收集

当客户出现以下动作信号：客户频频点头、仔细观察车辆、细看宣传资料、客户的眼神变得很认真、更加注意解说的态度等，汽车销售顾问可以进行催单。如：

1）客户对试驾前的行程说明听的特别认真，甚至主动发问。

2）客户试驾后频频点头，表现出肯定表情。

3）客户专程观看某项配置。

4）客户专程触摸某项配置。

5）客户详细观看车辆介绍资料。

6）客户与他人交头接耳的谈论有关于车辆的配置或看法。

7）客户对车辆六方位仔细观察。

2. 促进现场成交的销售话术

1）××先生/女士您真的是很懂行！只有真正懂车的人开××车才会开出您刚才的感受。对了，您比较喜欢什么颜色？深色系还是浅色系的？

2）您要中配的是吗？还有没有其他的配置需要加的？××先生/女士这边请，您坐下来休息一下，我帮您详细算一算。

3）××先生/女士您运气真不错，刚好我们最近在做促销活动，像您这样参加试乘试驾的客户如果当场下订单还可以获得一个额外的大礼包呢。

4）未能促成现场成交时的处理办法：面对未能成交情况，要正确认识失败，千万不要流露出失望无奈的表情，言行无礼等。要继续保持热情的态度，友好地与客户告别，真诚感谢客户。

四、客户关系维系

客户试乘试驾离去时，要对每一位客户热情地道别，并感谢其参与试乘试驾，可以适当赠送一些小礼品作为纪念。客户离店后，汽车销售顾问应及时填写试乘试驾客户追踪表（见表5-12）并核评分析，呈报销售经理追踪成效，并按规定流程将试乘试驾车交到相关部门检查后，整理车容放回原位做好记录。

表5-12 试乘试驾客户追踪表

序号	客户姓名	联系电话	预购车型	客户级别	试驾日期	成交日期/否	汽车销售顾问
1							
2							
3							
4							
5							

亮点展示

试乘试驾话术案例

★试驾前概述

（寒暄）××先生您好！您先在洽谈区休息一下。

××先生，您这边请，我们这边提供多种饮料，有咖啡、果汁、茉莉花茶、可乐、雪碧，请问您要喝点什么？

请您稍等一下，我帮您办理试驾手续。那××先生，您驾驶证带了吗？

请您出示一下，哇！您的驾龄有六年了，驾驶技术肯定相当的好！那我先帮您复印一下，这是我们的试乘试驾协议书，您看一下，这个协议就是提醒您试驾过程中遵守交通规则。没有异议请您签上您的名字。下面是我们的试乘试驾反馈表和客户意向调查问卷，试驾完请您帮我们填一下您的感受。

【概述路线和线路路况】

那么在试驾之前，我先给您概述一下试驾路线。

这边请，这是我们的试乘试驾路线图：从我们公司门前出发右拐上贾陈街，第一个红绿灯右拐到汉风路，然后左拐到徐庄街，一直到莲湖路掉头试乘结束。然后换手由您亲自驾驶原路返回我们店。我们整个试驾大概需要约 20min。

【概述路段及体验点介绍】

汽车销售顾问：我来给您介绍路线的体验点，从我们的展厅出发，首先体验怠速时超乎您想的安静，沿贾陈街向北行驶可以体验起步直线加速时的澎湃动力，转入汉风路向东行驶可以体验匀速行驶时车内的静音效果及音响体验，在徐庄街前段的颠簸路段将体验到车辆行驶稳定性及舒适性。

中段体验到加速时超越同级 7 速变速器的平顺性以及变道超车时的底盘稳定性，在后段等待红绿灯时您将体验到发动机起停的平顺性、便利性，继续向前我们体验到车辆的紧急制动性能，在 U 形弯掉头处将体验到 V-Class 良好的车身底盘从动性、扎实性以及极小的转弯半径。

然后由您来试驾，您可以亲自体验。最后您原路返回展厅，在回到展厅的时候您还可以体验到 V-Class 自动泊车以及感应式尾门的便利性。这些就是我们的体验项目，您看您想重点体验哪些项目呢？

★试驾中

欢迎您体验我们试乘试驾这一环节，这一环节分为试乘和试驾两个阶段，您先坐副驾驶位进行试乘，然后到换手点，我们换手由您来亲自驾驶车辆，整个过程需要 20min，接下来让我们开始吧。

我帮您开门，您请坐（此时最好帮助客户亲自调节座椅的靠背、腿拖、通风等，其功能顺便讲解）！调至最舒服的角度，是不是很舒服？这些调节都很方便，您自己可以操作一下，请您系好安全带……

【试驾前车况展示】

这是因为我们的试驾车辆为专车专用，每天都要进行检查，保证我们的试乘试驾车辆保持良好的行驶状态。车辆已经为您提前预热，空调已经开启，您觉得温度怎么样？

您看 V-Class 的四幅多功能转向盘，不仅握感极佳，而且功能强大，可以在手不离盘的前提下控制仪表盘上的车辆信息及菜单选项、音乐播放、语音控制等多项功能，使得驾驶时驾驶人目光做到零转移，大大提升了驾驶安全性！

同时我们的 V-Class 还配备了超越同级的电子主动安全配置和与时俱进的科技配置以及先进的便利性配置。首先车辆的所有信息都可以在先进的奔驰 COMAND 系统屏幕上显示，8.4in 高分辨率的彩色显示屏读取车辆信息非常方便。

【怠速静音】

××先生我们再来体验一下怠速时的静音效果，现在车辆是怠速状态，把玻璃降下来，您听一下噪声，然后升起玻璃，您会感到源自外界的噪声会明显变小。

××先生，您是不是感觉和我刚才说的一样，车内噪声很小呢？此外 V-Class 乘客舱采用的是黑色隐私玻璃，能有效地阻隔紫外线，并且防止车外人员往车内窥探，同时，特殊的制造工艺又确保了乘客从车内看向车外的视觉效果，与正常视觉效果几乎一致。

车辆正副驾驶座车窗，则使用浅绿色着色，以起到隔热作用。

★客户试乘阶段

【起步加速】

××先生/女士，接下来我们将开始体验车辆的动态性能。我们选择车辆比较少的情况下加速，先感受一下车辆的平稳舒适和线性加速性能。商务车车辆驾驶与小轿车、SUV的驾驶风格不太一样，商务车是不追求极速的，但加速性能还是很重要的。我会做一个急加速，使车辆加速到60km/h。

这个过程中您将感受到平稳舒适的起步性能，同时您还会感受到全新增强版7速自动变速器的平顺性，整个过程中，您丝毫不会感觉到变速器换档时的顿挫，请坐好，我们现在就开始。

××先生，刚才的加速过程您觉得我们的车辆的加速是不是很快，变速器的平顺性也不错吧？这是因为V-Class采用的梅赛德斯奔驰技术最先进的M274型号发动机，最大功率为155kW，最大转矩350N·m，百公里加速只要10s，同级别最高升功率发动机与增强版7速自动变速器完美结合，使整个加速过程迅速平稳，一气呵成。

【直角过弯】

前方将经过90°的直角弯，我将以40km/h的速度通过。

在这里您将体验到V-Class在转弯过程中转向盘的精准指向以及底盘对车身的良好支撑。

××先生，刚才的转弯过程中是不是像我所说的，V-Class转弯非常精准，车身倾斜也非常小。这是因为V-Class采用了敏感操控悬架系统，车辆会根据不同路况自动调整悬架刚度，确保操控的稳定性和乘坐舒适性。V级车配备的电动助力转向系统，使转向更加精准，带来良好的抗侧倾效果。

【中段加速】

××先生接下来我们将体验到V-Class的中段加速表现。

××先生，在这个阶段您将体验到V-Class在中段加速后劲依然充足。变速器换档十分平顺，几乎没有顿挫感。

××先生，您是否感受到V-Class后劲充足，换档非常平顺呢？这是因为V-Class在发动机转速为1250r/min时就能爆发最大转矩输出，以之匹配的7速自动变速器，更宽的齿轮比和升级的传动装置，降低了换档时发动机的转速，使V-Class在任何驾驶模式下保持较低的转速，所以使您感觉换档非常平顺。不仅提升了车辆起步时的性能，更可在车辆行进过程中最大限度地降低耗油量，减小车辆的排放也大大降低了使用成本。

【变道超车】

××先生现在我们来体验一下V级车的车道保持辅助系统。

××先生，车道保持辅助系统可以帮助预防由于车辆无意间偏离车道而造成不必要的事故。

××先生，当车速超过60km/h未打转向灯、转向盘发生转动时，前风窗玻璃上的多功能摄像头可检测车道标志并监测车辆是否保持在原有车道上。如果车辆无意间偏离了车道，系统会通过转向盘有规律的振动和声音信号提醒驾驶人校正方向。您是不是感觉很实用呢？

【发动机自动起停】

前方将经过红绿灯，我们将停车等待左转。

在这里您将体验到 V 级车所配备发动机自动起停的平顺性和便利性。整个过程几乎感受不到振动。

××先生您注意看，仪表盘上转速为零，车辆已经自动熄火，这就是 V-Class 全系标配的起停功能，不仅省油也使车辆更加安静，当松开制动踏板时车辆将会自动点火。整个过程是不是像我刚才所说，非常平顺几乎感觉不到起停介入呢？您看是不是很方便呢？

【颠簸路况】

左转后我们将进入颠簸路面。

××先生，在这里您将体验到车身稳定性能。

××先生，您是否体验到车身没有多余的振动，舒适性非常好呢？

您的感觉完全正确，这是因为 V-Class 装备有敏感操控悬架系统，通过读取四轮路况信息，实时调整悬架阻尼，保证车身平稳姿态，确保安全驾驶，提升舒适性。

【100km/h 紧急制动】

马上要体验到 V-Class 在 100km/h 的速度下的制动性能，请您坐稳扶好。

在这里您将体验到 V-Class 在紧急制动情况下，车辆制动距离仅为 37.7m。没有明显点头感，您坐稳扶好。

××先生是不是像我所说的那样，制动距离很短，几乎没有点头现象？好的汽车不仅要有迅猛的提速，更应有高效的制动。

【U 形弯调头】

前方将到达我们的试驾终点了，在莲湖路口调头我们可以过一个 180°的 U 形弯，您可以感受到该车良好的车身底盘从动性和较小的转弯半径及优秀的座椅包裹感。

您也会感受到在过 U 形弯的时候，转向梳理非常稳健，转弯半径非常小，过弯非常自如。

【主动式驻车辅助系统】

接下来进入公司我们来感受一下 V-Class 配备的自动泊车系统。

××先生/女士，我们的试驾还没结束，V-Class 还有一个绝技，全系配备了驻车辅助功能的驻车定位系统。它可以支持侧方停车和垂直倒车入库。

让我们来亲自感受一下这个功能吧，车辆搜索到车位后，我们只需按下转向盘左侧的 OK 键，此时就不用再控制转向盘了（双手远离转向盘），它自动接管了，您看我这里的行车电脑，它会指挥你前进、换档、后退，非常智能化，而且帮助您能一次性将车停得很端正、很精准。

××先生，我知道您是驾驶高手，这样的停车位对您绝不是问题。但是在夜晚、下雨等视线不佳的时候，自动泊车功能就会助您一臂之力了，帮您入库。您是不是也感觉这个功能很棒呢？

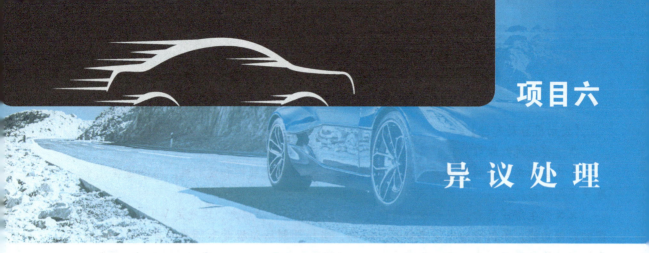

项目六

异议处理

任务一 异议处理的认知

 任务目标

1. 能够正确认识客户异议。
2. 能够理解客户异议的类型。
3. 能够理解客户异议的形成原因。

 建议学时

4学时。

 相关知识

一、客户异议行为

客户异议是指在销售过程中,客户对产品、汽车销售顾问、销售方式等内容存在抱怨、不赞同甚至提出质疑或拒绝的一种行为。

1) 客户异议是客户在销售过程中的一种正常反应。
2) 客户异议产生的原因多种多样。
3) 客户异议可以正确的判断客户是否有购买需求。
4) 客户异议有助于汽车销售顾问提高销售技巧。

二、正确对待客户异议

1. 找到客户产生异议的真正原因

在销售过程中,汽车销售顾问从接触客户、商务洽谈、介绍产品到成交,每个环节都可能会遭遇客户的异议。因此对汽车销售顾问来说,客户异议是一件很常见的事。客户之所以产生异议,原因通常有很多,例如客户对产品不够了解,对价格不满意,对汽车销售顾问不够信任,或者客户自身情绪不佳都有可能使客户产生异议。此外,汽车销售顾问无法满足客户的需求、无法赢得客户的好感、对产品做了夸大不实的陈述、使用过多的专业术语、不当的沟通、展示失败、姿态过高、让客户难堪反感等，也会使客户产生异议。只有了解并正视客户异议产生的原因，才可以"有的放矢"，真正有效地消除客户异议。

2. 用正确的态度对待客户异议

汽车销售顾问在处理客户异议的时候，首先必须认识到，客户产生异议是一件很正常的事情，提出问题的客户才是最有可能购买产品的客户。因此，汽车销售顾问要控制好自己的情绪，以平常心对待客户的异议，继续努力，说不定能使销售发生转机。其次，汽车销售顾问要明白，客户有拒绝购买产品的权利。遭到客户拒绝的时候，汽车销售顾问不应自暴自弃或放弃继续努力。客户的拒绝虽然会给汽车销售顾问带来一定的负面影响，但真正优秀的汽车销售顾问总是善于从拒绝中总结经验，为下次的成功做好准备。

3. 认真倾听客户的异议，找到客户产生异议的真正原因

既然客户的异议是必然存在的，那么，在听到客户的异议后，汽车销售顾问应保持冷静，不可动怒，也不可拿出抗拒的态度，而必须认真倾听客户的异议，并了解客户提出反对意见的内容和重点。

当客户提出异议时，汽车销售顾问应表示真诚欢迎，并聚精会神地倾听，千万不可强行加以干扰；要积极地听取客户的异议，使客户感觉自己受到了重视，同时要在语言和行为、表情上给予适时的反应，鼓励客户把心中的疑问说出来。认真倾听是对客户的尊重，这种行为语言有利于化解对抗、寻求共识。只要客户提出的异议不是无理取闹，并让客户感觉到他的意见已经得到了你的重视，并获得了认同，那么，当你提出相反意见时，客户自然而然也容易接纳你的提议。

4. 把客户异议当成是成交的最佳机会

客户之所以提出异议，说明客户已经认真听取了产品的介绍，并且对汽车销售顾问所介绍的产品有兴趣，所以才会根据自己的要求提出异议。每个客户都担心自己在购买产品时做错决策，所以在购买前，会存在各种疑虑，当客户存在疑虑时，汽车销售顾问就必须帮助客户排除任何异议，帮助客户做出正确的决策。因此，汽车销售顾问要抓住机会，尽量鼓励客户提出他们的问题，了解他们的想法，帮助对方解决疑虑。这样才能针对每个客户的情况寻求解决的办法。打个比方，客户的异议就像白蚁一样，当它们没有被注意到时，能够威胁整个建筑物的基础。但只要正确及时地进行处理，便很快能化险为夷。事实上，异议能够帮助汽车销售顾问把注意力集中到客户的问题上，并为其提供更多的机会来争取利益。

三、客户异议的类型

1. 按照客户异议的真实性进行区分

（1）**真实的异议**　真实的客户异议是指客户有真实的购买需求，自身也愿意接受汽车销售顾问的产品推荐，但是根据自身对于产品的需求出发，对产品或是销售过程环节提出质疑，从而拒绝购买。真实的异议往往来自于客户真实的内心想法。

1）价格太高。汽车销售顾问最常面对、同时也是最害怕的客户异议是价格问题。汽车销售顾问首先要有心理准备，客户只会强调产品价格高，很少会对汽车销售顾问讲价格太便宜。

2）质量问题。是指汽车销售顾问从多个渠道获取的产品质量方面的相关信息。一方面是从新闻媒体、社会传闻得到的有关质量方面的信息；另一个方面是从竞争对手那里获得的负面信息以及对汽车销售顾问所做的有关汽车质量的解释或说明有意见,特别是对那种"不着边际的夸夸其谈"抱有怀疑和不信任。

3) 售后服务担心。很多客户都害怕售后服务不够周到,买之前什么都说好,买了以后有了问题谁也不管,更谈不上服务态度了。也有的客户认为你的特约服务站网点不够多,维修不方便,也有的客户担心或怀疑你的技术能力是否能够为他解决问题而提出售后服务担心的异议。

4) 交易条件。交易的条件也是一种客户经常提出的异议。如付款方式、交车时间、交车地点、赠送的物品、折扣、让利幅度、免费保养的次数、车辆的装潢、美容等。

5) 对汽车公司的不满。客户的异议还会涉及对汽车销售顾问所在的公司不满。客户对汽车公司的异议可能来自别的竞争对手的宣传、朋友的抱怨、媒体的负面报道等。也有的客户可能对汽车公司或汽车品牌的知名度不高而留下不好的印象。

6) 对汽车销售顾问不满。在客户见到汽车销售顾问第一面时,可能由于汽车销售顾问的衣冠不整、态度不好、三心二意、敷衍了事、技术生疏、夸夸其谈、轻视客户、怠慢客户甚至不尊重客户、不按时交车、随便承诺等而产生不满。总之,汽车销售顾问不能取得客户的信任就会给客户产生不好的印象,从而将不购买的理由转移到汽车销售顾问身上。

(2) **虚假的异议** 虚假的客户异议是指客户并非存在真实的购买需求,只是为了拒绝汽车销售顾问的销售行为而编造的理由或借口,主要的作用在于拒绝和敷衍汽车销售顾问。虚假的异议并非客户真实的想法,汽车销售顾问要能懂得正确识别。

> **小贴士**
>
> 常见的虚假的异议有两种:
>
> 1) 客户用借口、敷衍的方式来应付汽车销售顾问,目的就是不想和汽车销售顾问进行实质上的洽谈,不是真心实意地介入到销售活动中来。
>
> 2) 客户可能提出很多异议,但这些异议并不是他们真正在乎的地方,此类客户通常会坚持自己的错误观点,表现在不愿说,有时还会提出一些无理的要求等;如这车价格太贵了;这车外观不够时尚;提出非常过分的要求等。

这种情况,虽然听起来是异议,却不是客户真正的异议。这类客户大多数是有购车的愿望,但是,由于车的价格超过了自己的预算,或对所要购买的车型信心不足,还需要再比较比较,或还有其他什么原因(包括个人隐私的原因)暂时不能买车的。

2. 按照客户异议的来源进行区分

(1) **货源异议** 货源异议是指客户对产品来源于哪个企业和哪个汽车销售顾问而产生的不同看法。它要求汽车销售顾问既要提高自身工作质量,又要将客户的货源异议信息反馈给企业,帮助企业改进各项工作,塑造良好的企业形象;还要运用各种技巧和方法改变客户的主观看法。

(2) **购买时间异议** 购买时间异议产生的原因比较复杂,有时是由于资金周转困难,有时是由于客户尚未做出购买决策,有时仅是客户的一种借口。

(3) **财力异议** 财力异议是指客户为没钱购买产品而产生的一种异议。这种异议有真实和虚假之分,汽车销售顾问要善于识别,采取妥善的办法处理。如经常有很多客户以

"不巧，这段时间钱比较紧张""今天没有带钱""这个车我们买不起"等为借口推辞购买。

（4）权力异议　权力异议是指客户以自己并非购买决策者为由拒绝汽车销售顾问。对此类客户异议，也应采取正确的处理办法。

（5）价格异议　价格异议是销售过程中最常见的异议，汽车销售顾问经常遇到讨价还价的客户，此时一定要讲究讨价还价的技巧，使我们在与客户讨价还价的过程中，处于一个比较有利的位置。

（6）服务方面的异议　服务方面的异议指客户针对购买前后一系列服务的具体方式、内容等方面提出的异议。这类异议主要源于客户自身的消费知识和消费习惯，处理这类异议，关键在于提高服务水平。

（7）客户对汽车销售顾问的行为不满意　这种异议往往是由汽车销售顾问自身原因造成的。在现实中，由于某些汽车销售顾问素质相对较低，服务态度不好，或自吹自擂，过分夸大产品的优点，或不注意仪容仪表等都会引起客户的反感，从而拒绝购买产品。这些都是作为一名成功汽车销售顾问应该避免的，出现上述情况对销售的打击往往是致命的，有句话说得好"要想销售产品，首先得把自己推销出去"。因此，汽车销售顾问一定要注意保持良好的仪容仪表，言谈举止得体，并注意自身素质的提高，争取给客户留下良好的印象，从而顺利地开展销售工作。

四、客户异议的形成原因

1. 客户方面的原因

1）客户缺乏对产品的正确认识。
2）客户的自我保护意识较强。
3）客户存在偏见。
4）客户情绪出现问题。
5）客户的支付能力出现问题。
6）客户的购买习惯。

2. 产品方面的原因

（1）产品的品牌　一般而言，很多客户出于生活习惯和使用特性的原因，都有自己熟悉并喜欢的品牌，对于陌生的品牌往往持有保留或者观望甚至怀疑的态度，所以会产生客户异议。

（2）产品的功能　功能是指产品的功用、效用，这决定了产品能给客户带来的使用价值的大小。所以功能的多少也是客户选择汽车产品时的一个重要依据。若功能太多或太少，或功能不能符合客户的需要，客户当然会提出异议，从而拒绝购买该产品。

（3）产品的利益　客户购买产品，并不是单纯为了产品本身和产品所带来的基本利益。只有当你的产品能为客户带来比其他产品更多的利益和好处时，如节省时间、服务更完善等，客户才有可能放弃购买其他产品而购买你的产品，否则，客户就会因此而提出异议。

（4）产品的质量　产品的质量是产品的一切属性中最重要的属性，它是产品的生命，汽车产品质量的好坏直接影响客户的购买行为。客户对产品的功能、造型等方面的选择都是以产品质量令客户满意为前提的。如果客户认为产品质量不过关，或不能达到令他满意的标准，就会提出异议，而且一般很难改变。

（5）产品的造型、式样、包装等　随着汽车市场产品的不断增多，竞争日益激烈，不同品牌汽车在质量、价格、功能等方面相差无几。这种情况下，客户对产品的要求越来越高，对其造型、式样、包装等方面的重视程度也不断增加。若产品的外观没有什么特色，或不能满足客户的特定需求，他们就会对产品的这些方面提出异议。

3. 汽车销售顾问方面的原因

（1）汽车销售顾问本身素质欠佳　一个优秀的汽车销售顾问往往需要具备多种素质，包括良好的心理素质和工作素质等。现实的销售过程中，并非每个汽车销售顾问都具备良好的素质，例如有些汽车销售顾问心理素质欠佳，在面对客户异议时容易出现慌乱和抵触的情绪，再或者有些汽车销售顾问业务水平较差，对产品不够熟悉，无法做到为客户详细介绍产品，往往是一问三不知，这些情况都容易让客户产生异议。

（2）汽车销售顾问形象不佳，表达缺乏技巧　在销售过程中，如果汽车销售顾问不注意自身形象修养，身着奇装异服、浓妆艳抹或者举止粗鲁怪异，都容易引起客户的反感，还有一些汽车销售顾问，说话缺乏技巧，喜欢开客户的玩笑，不尊重客户等，这些行为都会导致客户的厌恶，最终引起客户异议。

对于因为汽车销售顾问自身引起的异议，企业就应该加强对汽车销售顾问的培训，提高汽车销售顾问的综合素质和道德水平，加强服务意识，提高服务态度和热情，让汽车销售顾问全心全意地投入到销售工作中来。

任务二　异议处理的方法

任务目标

1. 能够掌握客户异议的处理原则和策略。
2. 能够掌握客户异议的具体处理方法。

建议学时

2学时。

相关知识

一、客户异议的处理原则

1. 认真聆听

在销售过程中，当汽车销售顾问面对客户异议时，据理力争或者保持沉默都是不可取的，这都无益于问题的解决。倾听才是解决异议的首要途径。

2. 详细记录

俗话说："好记性不如烂笔头"，要凭借记忆记住客户的异议极易产生错误和偏差。

3. 给予理解

面对客户的异议（质疑），我们要给予理解，要站在客户的立场考虑问题，也就是"假如我是这位客户，我将会怎么办？"。如果我们改变看待问题的角度，便会将理解融入我们处理异议的全过程，更利于异议的解决。

4. 区别对待

对于客户所提出的异议，我们要充分体谅，并注意保护客户的自尊心和隐私，避免对客户的人身和内心造成伤害，并且把处理的焦点放在如何消除和弱化异议上，只有这样，异议的处理才会顺畅。

5. 及时回复

对于客户所提出的异议，我们一定要坚持"尽快答复"的原则。这样做的好处就是：一方面能让客户真真切切地感受到被尊重；另一方面也能表示我们对于解决问题的诚心和诚意。

6. 尊重客户

在销售过程当中，客户与汽车销售顾问虽然一个是买方一个是卖方，但是在人格上双方是平等的，销售的过程本身就是相互沟通、互相理解和尊重的过程。面对客户提出异议时，要宽容大度，不要与客户争论是非，更不要争吵。当客户说出自己心中的不满时，如果汽车销售顾问能认真听取，客户感到自己受到了尊重，心中的不满情绪自然就降低了。对汽车销售顾问而言，对客户的尊重就是对自己尊重。

二、LSCPA 客户异议处理策略

LSCPA 客户异议处理策略是服务型企业经常使用的解决客户异议的一种策略。

1. L——倾听（Listen）

在解决客户的异议之前，我们要通过倾听来进一步了解客户的真实想法、了解客户产生异议的关键点，这有益于汽车销售顾问解决客户异议，同时，安静的倾听客户说出自己的想法也会让客户产生被尊重的感觉，特别是客户处于比较激动的时候，耐心地倾听有助于客户舒缓心情。

> **小贴士**
>
> 在倾听时常用的话术为：
> 1）您能说得更详细些吗？
> 2）如果我没理解错的话，您是担心……是吗？
> 3）很多人都是您这样的想法。
> 4）如果我猜得没错，您考虑的是……吗？
> 5）您所希望的是不是……？

在倾听这个步骤中，汽车销售顾问最重要的工作就是通过倾听客户的异议来找到客户真正的需求，并且要做好记录，以备以后解决异议时用。同时应该注意的是当客户在抱怨的时候，汽车销售顾问要进入一种热情且负责的聆听状态。聆听不仅仅是一种工作能力，更是汽车销售顾问修养的体现。很多人无法留下良好印象都是从不会或不愿倾听开始的，所以当客户一开口说话的时候，汽车销售顾问应立即启动到聆听状态。

2. S——分担（Share）

在倾听完客户的异议后，通常这个时候客户的情绪还没有得到舒缓，所以在解决客户的异议前，我们要对客户的处境表示理解。站在客户的角度，体谅客户产生这种异议的真实感受。在现实销售过程中，由于客户异议的产生往往和客户的认知、意识、偏见和情绪等个人因素有关，所以汽车销售顾问不能只站在自身角度，要求每一个客户都与自己想的一致，在这个时候，就更应该表现出对客户情绪的理解，尊重他们的个人感受。

小贴士

在分担时常用的话术为：
1) 其实我以前也和您想的一样……
2) 我非常能理解您的感受……
3) 我知道您的意思了，您是在担心……是吗？
4) 如果换了我，我肯定也会这样想。

值得注意的是，在这个环节，汽车销售顾问应体谅客户的处境和感受，而不是盲目同意客户的异议。客户提出异议时往往都带有强烈的个人情绪色彩，体谅的目的是为了让客户尽快地平复情绪，让客户在理性的基础上解决异议，所以汽车销售顾问此时要分担的是客户的情绪感受。

3. C——澄清（Clarify）

澄清指的是汽车销售顾问及时就客户的异议向客户进行详细地解释。澄清一定要在客户的情绪平复之后再进行，如果在客户情绪激动的时候着急向客户解释反而会起到激怒客户的效果，所以澄清必须要在客户平静时进行。此外澄清应该是针对客户的异议展开，同时汽车销售顾问要学会把客户的异议与客户本人区别开来。要把客户自身与客户提出的异议区别对待，运用"对事不对人"的原则和方法。

小贴士

在澄清时常用的话术为：
1) 您先别急，请您听我给您解释一下好吗？
2) 从另外一个角度来看，这个问题其实是……
3) 我自己常常也会有同样的想法，但是真正的问题在于……
4) 其实您可以这样想，会发现真正的问题是……

汽车销售顾问在向客户澄清时可能会遇到客户的反驳，这个时候，汽车销售顾问要学会换位思考，在使用话术时要懂得技巧，不要因为急于澄清反而激怒客户，要站在相对公平和公正的立场向客户解释，澄清的目的是为了解决客户异议，因此在澄清时汽车销售顾问务必要将意思表达清楚。

4. P——陈述（Present）

陈述是指在向客户解释异议后，向客户提出的可行性解决方法。一般而言，汽车销售顾问再向客户提出解决方法的时候，要秉承两个原则：一是可行性原则。也就是提出的解决方法真实可行，能够真正地帮助客户消除或是弱化异议。客户在产生异议后，往往需要汽车销售顾问能够提出切实的合理化建议来解决自身的问题，如果此时客户觉得汽车销售顾问所提出的解决方案是糊弄和搪塞自己的,那么不满的情绪将会再次出现;另一个原则就是及时回复原则。客户都希望汽车销售顾问能够及时快速地帮自己解决问题,认为拖延和回避的态度是对自己的不尊重,因此,在帮助客户解决异议的时候,一定要做到及时回复,对于能当下解决的问题,要及时处理,如果不能当下处理的,要给予客户准确的回复时间,避免让客户长时间等待。

 小贴士

在陈述时常用的话术为:
1) 我有一个建议,不知您觉得是否可行?
2) 您的需要是……是吗?您看我们……这么做是否可以呢?
3) 另外一种可能性就是……。
4) 关于这个问题,您看我们是否可以……。
5) 既然我们双方都有诚意,您看是否可以各退一步呢?

在帮助客户解决异议时,一般建议汽车销售顾问准备两套以上不同的方案比较稳妥。这是因为一旦方案之一被客户否决了,还可以有其他方案供选择;另外,让客户在多套方案之间选择,不仅有助于增加解决问题的成功率,同时也会让客户感觉汽车销售顾问充满诚意,有被尊重的感觉。

5. A——要求(Ask)

要求是指汽车销售顾问再给客户提供异议解决方案后,"要求"客户做出决策,或者帮助客户一起解决异议的过程。汽车销售顾问虽然已经给出了解决方案供客户进行选择,但是由于每个客户的文化基础、认知程度不同,并非每个客户都能够顺利地做出决策,这个时候,汽车销售顾问就可以充分利用之前与客户建立起来的信任基础,运用自己的经验和专业知识,帮助客户解决异议,从而达成一致。

 小贴士

在要求时常用的话术为:
1) 您也是这么想的,是吗?看来真是英雄所见略同。
2) 您觉得哪个方案更适合您呢?
3) 您是觉得这种方案更好,是吗?您真是好眼力!
4) 您更愿意选择哪种方式呢?
5) 那样做,您觉得是否可以?

在要求这个环节中,汽车销售顾问要注意不要逼迫客户做出决策,要耐心地与客户进行良好的沟通,从而达成双方相互理解和共识的过程。如果客户最终选择了比较难以处理的解决方案,作为汽车销售顾问不要恼怒,要充分尊重客户的选择,允许并接受客户对商品提出不同的看法,不要与客户争论是非,更不要争吵。

LSCPA 客户异议处理策略的内容概括见表 6-1。

表 6-1　LSCPA 客户异议处理策略的内容

环　节	内　容	作　用
L——倾听（Listen）	倾听客户的异议，确认真正的反对理由	探寻需求
S——分担（Share）	站在客户的角度体谅客户的心情	换位思考
C——澄清（Clarify）	对于客户的异议加以解释，并确认问题	精准解释
P——陈述（Present）	针对客户的异议，提出合理化建议	提出建议
A——要求（Ask）	对于提出的解决方案做成交（确认）建议	促成交易

亮点展示

小张在一家外企公司的销售部工作，工作几年后升职成为销售总监，也有了一定的积蓄，考虑买一辆车。小张一直支持和信赖国产品牌的汽车，打算购买一辆国产汽车作为代步工具。小张了解到，近几年来，新能源汽车非常热门，特别是国产的新能源汽车，销量和口碑都很不错。经过到展厅现场观摩后，小张对比亚迪"秦 Pro"这款新能源汽车有了浓厚的兴趣，觉得无论是外观还是价格都非常满意，可是毕竟新能源汽车产业是个新兴产业，小张对此缺乏一定的了解，而且他在网上也查看了一些关于新能源汽车的资料，但还是感觉不够了解。毕竟买车是一笔大开支，小张因此开始犹豫要不要购买新能源汽车。假设你是一名汽车销售顾问，遇到这种情况时该如何解决小张存在的异议呢？

我们将运用 LSCPA 法则来进行解决。

首先，我们先对案例进行简单的背景分析，初步找出小张买车存在的问题。小张作为工作了几年的白领精英，也有了一定积蓄，由此可见在买车的预算上是足够的，而且小张对于国产汽车非常信赖，又去展厅看过比亚迪品牌的汽车，并且对比亚迪"秦 Pro"这款汽车在各方面都很满意，可见小张已经对汽车的品牌和外观都很满意，但是为什么还是拿不定主意呢？由此可见，对新能源汽车的不了解和不信任是小张买车过程中最大的异议。那么作为汽车销售顾问，我们应该如何运用 LSCPA 法则来解决小张的异议呢？

1. L—倾听（Listen）

作为汽车销售顾问而言，一开始一定会觉得很疑惑，为什么客户对汽车的品牌和造型外观都很满意，可就是拿不定主意买车呢？这个时候，就需要汽车销售顾问对客户进行引导式的提问，并且仔细倾听客户产生异议的原因。

【示例话术】

汽车销售顾问：张先生，我注意到您对我们比亚迪"秦 Pro"新能源汽车非常感兴趣，和您交谈之后也知道您对这款车的价格和造型也很满意，请问您还对这款车有什么要了解的吗？

小张：我知道这款车是新能源汽车，我身边有朋友开过新能源汽车。

汽车销售顾问：张先生，您之前对于新能源汽车大概了解多少呢？

小张：新能源汽车我觉得就是纯电动汽车或者是混合动力电动汽车吧？这种车我总觉得开着不放心。

汽车销售顾问：您说您对驾驶新能源汽车不太放心，是否方便问一下您具体对哪些方面不太放心吗？

小张：我听说新能源汽车动力性不如汽油车，万一没电了是不是就不能开了？而且这种车的售后服务保障怎么样，我都不太了解。

【分析】

在上述对话中，汽车销售顾问针对小张的异议，是通过引导式的问题让小张说出异议的内容，而且当小张说出自己对新能源汽车不够了解的时候，汽车销售顾问并没有马上回答，而是进一步询问小张对新能源汽车哪些方面不够了解，充分地了解客户产生异议的真正原因。

2. S—分担（Share）

在清楚客户对于新能源汽车具体存在哪些异议后，作为汽车销售顾问首先应当站在客户的角度对客户所处的立场充分理解，这样做的目的是能缓解客户的情绪，避免让他对新能源汽车产生进一步的疑惑，同时可以建立起汽车销售顾问与客户的信任度，为接下来解决客户的异议做好准备。

【示例话术】

汽车销售顾问：张先生，我明白了，您是对新能源汽车的动力性原理和相关的服务政策不太了解是吗？

小张：是的，确实不太清楚，所以一直迟迟犹豫要不要买这款车。

汽车销售顾问：张先生，我非常能够理解您的感受，买车是一项大的开支，再小心都不为过，况且，这是您的第一辆汽车，对您有着重要的意义，一定是想选择一辆称心如意的爱车，这点我非常赞同。

小张：确实如此。

汽车销售顾问：张先生，作为汽车销售顾问，我们有责任帮助每一位客户挑选到自己心仪的爱车，不知我是否有这个机会，和您一起挑选汽车呢？我可以帮助您解答您想知道的一切问题。

小张：当然可以，这样太好了。

汽车销售顾问：张先生，请随我一起去展厅，我帮您做一个详细的介绍。

【分析】

在上述的对话中，汽车销售顾问并没有着急帮小张解释新能源汽车的相关问题，而是先站在小张的角度，表示对小张的感受自己能够充分理解，这样做不仅让小张产生了被尊重的感觉，同时也巧妙的和小张建立了一定的信任度。

3. C—澄清（Clarify）

在客户的情绪得以平静，并与客户建立了信任的基础上，汽车销售顾问应针对客户的异议逐条进行解释。在解释时，要充分考虑客户对新能源汽车不够了解，因此汽车销售顾问应该多使用通俗易懂的语言，少使用专业术语，让客户能够充分的理解。

【示例话术】

汽车销售顾问：张先生，我们之前聊过，您似乎是对新能源汽车的动力性、续驶里程和售后服务不了解是吗？

小张：是的，帮我详细介绍一下吧。

汽车销售顾问：张先生，目前市面上的新能源汽车，主要有三种类型，前两种类型就包括了纯电动汽车和混合动力电动汽车，这两种类型的车各有特色。而我们这款比亚迪"秦 Pro"，则是第三种类型，就是纯电动＋混合动力的模式，采用了既可充电又可加油的多种能力补充方式。该车既可以在纯电动模式下行驶，又可以在油电混合的模式下行驶。您通过按键可轻松实现纯电动和混合动力两种模式之间的切换，而且我们的动力蓄电池采用了最新的技术，这款车的综合工况续驶里程达到了 420km，是目前市面上为数不多的超过 400km 工况续驶的家用轿车。并且秦 Pro EV500 还支持快充，30min 就可以充满 80%，实用性极高。您就完全不用担心续驶的问题了。

小张：这倒是很有特色啊。

汽车销售顾问：是的，而且在动力性方面您也不用担心，这款比亚迪秦 Pro 的百公里加速能力是非常可观的 5.9s，这是因为它采用了由 1.5T 发动机＋驱动电机组成的第三代 DM 双模插电混动系统，其中发动机最大功率为 112.5kW，峰值转矩为 240N·m，驱动电机最大功率为 110kW，峰值转矩为 250N·m，系统综合最大功率为 216.8kW，综合峰值转矩为 417N·m。

小张：看上去确实不错。

汽车销售顾问：在售后服务方面，您不用担心，针对新能源汽车，我们 4S 店有专业培训的维修技师，您的爱车有任何问题，我们都会第一时间帮您解决，不用像别的品牌一样需要返厂维修，而且针对新能源汽车，我们还提供专业的保养措施，针对您的行车里程为您制订专属的保养方案，充分考虑您的驾驶需求。

小张：这样我就放心多了。

【分析】

在澄清环节，汽车销售顾问针对小张每个不理解的问题逐一地做了专业的解释，而且充分考虑小张对新能源汽车的不了解，尽可能减少专业术语的出现，方便小张理解。

4. P——陈述（Present）

在向客户逐一解释完异议后，汽车销售顾问应当及时地了解客户的想法，根据客户的想法提出合理化建议，用实际行动最终打消客户的异议。提出合理化建议的目的是为了帮助汽车销售顾问最终完成销售做好铺垫。

【示例话术】

汽车销售顾问：张先生，通过我的介绍，不知是否帮助您加深了对新能源汽车的了解？

小张：还挺不错的。

汽车销售顾问：张先生，这款比亚迪"秦 Pro"确实从经济性和动力性上都很不错。不过我们展厅的车也很多，也有纯燃油版和纯电动版的汽车，您也可以根据您的需要选择不同的款式，具体要看您的用车需求。

小张：我用车主要是市内上下班开，偶尔做短途的自驾游。

汽车销售顾问：那我觉得这款比亚迪"秦 Pro"挺适合您使用需求的，既经济又实用。

小张：我也觉得这款比亚迪"秦Pro"挺不错的。

【分析】

在陈述环节，汽车销售顾问已经通过介绍削弱了小张的异议，但是并没有着急成交，而是提供了多种购车选择，进一步探寻小张的购车需求，然后根据小张的实际用车需求进行推荐。这么做不仅是对客户的尊重，而且有利于小张在购车过程中真正的消除异议。

5. A——要求（Ask）

汽车销售顾问在解决客户的异议后，就可以"要求"客户做出最终的决策，"要求"不等于逼迫，而是应该在充分了解客户需求的基础上尊重客户自己的意见。汽车销售顾问不应该将自己的意见强加给客户，这不仅是对客户的尊重，同时也是汽车销售顾问自己的负责，客户只有对产品真正满意，购买过程才会顺畅。

【示例话术】

汽车销售顾问：张先生，您看您对这款比亚迪"秦Pro"的车还满意吗？

小张：确实挺满意的，那就定这款车吧。

汽车销售顾问：张先生，您看您需要我帮您安排一次试乘试驾，让您感受下这款车的澎湃动力和舒适的驾驶体验呢？

小张：可以的，这样太好了。

汽车销售顾问：张先生，买车是一件大事，而且又是您的第一辆车，一定要让您真正的满意才是。

小张：那太感谢了！

【分析】

汽车销售顾问之所以为小张安排试乘试驾，主要的原因还在于真正完成一次销售，仅仅靠消除客户异议是不够的，只有做到让客户对产品真正地满意，才能更好地完成销售。

三、客户异议的处理方法

1. 回避处理法

回避处理法是根据有关事实和理由间接否定客户异议的一种处理方法，即我们常说的"是的……如果"法。回避处理法优缺点对比见表6-2。

表6-2 回避处理法优缺点对比

优　点	缺　点
有利于保持良好的人际关系和销售气氛	会削弱汽车销售顾问介绍和演示的说服力量
可有效地处理各种客户异议，排除成交障碍	可能会使客户失去购买信心
有利于汽车销售顾问认真分析客户异议，制订具体的处理方案和策略	可能会浪费销售时间

2. 利用处理法

利用处理法是指汽车销售顾问利用客户异议本身来处理有关客户异议的一种处理方法，

又称为"太极拳"法。在应付客户拒绝时,常常可以利用这种方法。也就是说,以客户拒绝的内容来回答客户,然后再把商品画龙点睛地切入。例如:当客户提出某些不购买的异议时,汽车销售顾问可以立刻回复说:"这正是我认为您要购买的理由!"这就是利用处理法在销售上的基本手法。利用处理法优缺点对比见表6-3。

表6-3 利用处理法优缺点对比

优　点	缺　点
有效地转化客户异议	可能引起客户的反感和抵触情绪
保持良好的人际关系和销售气氛	不利于处理客户异议

3. 询问处理法

询问处理法指汽车销售顾问利用客户异议,通过运用为何、何事、何处、何时、何人和如何等语句,根据必要的情况反问客户的一种处理方法。这是所有应对方法中最高明的一招。与其自己来说,不如让对方说出他的看法,把攻守形势反转过来。其优缺点对比见表6-4。

表6-4 询问处理法优缺点对比

优　点	缺　点
可以得到更多的反馈信息并找出客户异议的真实根源	可能引起客户的反感和抵触情绪,造成不利的洽谈气氛
可以明确客户异议的性质	不利于处理客户异议
有利于保持良好的人际关系和洽谈气氛,直接促成交易	可能浪费销售时间,降低工作效率

4. 忽视处理法

忽视处理法指汽车销售顾问故意不理睬有关客户异议的一种处理方法。所谓"忽视",就是当客户提出一些反对意见,并不是真的想要获得解决或讨论时,汽车销售顾问只要面带笑容地同意他就好了。有时是为了让商谈更具幽默感,可把反对性的意见用一些技巧性方法带过,如"你的顾虑太多了,毕竟……"对于一些"为反对而反对"或"只是想表现自己的看法高人一等"的客户异议,若认真地处理,不但费时,还有节外生枝的可能,因此,只要让客户满足了表达的欲望,就可采用忽视法,迅速地引开话题。忽视处理法的优缺点对比见表6-5。

表6-5 忽视处理法优缺点对比

优　点	缺　点
有利于保持良好的销售气氛	可能引起客户的不满和反感
节省销售时间,提高工作效率	不利于处理客户异议
可以有效地促成交易	不利于发展人际关系和销售洽谈的顺利进行

5. 反复法

面对客户的反对意见,有些情况下可以把客户反对的理由作为说服他们购买的原因。程序是:当客户提出反对意见后,立即跟进,用明确的话题吸引客户的注意,反映产品的正确信息。反复法处理问题的方式简洁明快,多适合于应对驾驭型和表现型的客户。

项目七 成交签约

任务一 洽谈成交

 任务目标

1. 理解成交信号的类型，掌握捕捉成交信号的方法。
2. 掌握报价技巧进行报价签约。
3. 了解影响成交谈判的因素和成交谈判的前提。
4. 掌握成交谈判的方法。
5. 掌握合同缔结的流程及禁忌事项。

 建议学时

2 学时。

 相关知识

一、成交信号捕捉

1. 成交信号

成交信号是指客户做购买决定时在无意中流露出来的信号，是指客户在洽谈的最后阶段，通过语言、行为等表现出来的，对产品感兴趣，并愿意采取购买行为的信息。

（1）**行为信号** 行为信号包括客户在购买过程中所表现出来的肢体动作、表情变化和态度转变等。

（2）**语言信号** 语言信号包括客户在购买过程中，通过语言所表现出来的赞叹、喜爱、吃惊、欣赏、请教等语气变化，有时也会通过提出反对意见体现出来。

2. 成交信号的行为判断

（1）**根据客户表情判断** 汽车销售顾问在沟通过程中，要关注客户的情绪和表情的变化，通过这些行为信号，判断客户的真实意图。

（2）**根据客户的动作判断** 客户的肢体语言是客户内在心理的真实反映，在沟通过程中，当客户出现高度关注车型、动作有较大变化或频繁采用辅助工具时，可以根据其行为，判断客户的真实意图。

1）拿手上的汽车宣传资料做笔记，拿出计算器计算，并开始热烈讨论时。

2）对汽车销售顾问的说明开始点头时。

3）客户突然间点根烟，深呼吸一下，然后沉静下来思考时。

4）摊开手掌或伸展双臂，头偏向一侧或不断点头、身体前倾、研究宣传资料等。

(3) 根据客户的态度判断　当客户对人或对物的态度发生较大改变时，可以判断客户购车的真实意图。

1）客户的反应变得积极，从先前的冷淡、被动逐渐转化或者突然变得热情时。

2）对汽车销售顾问的态度比平常亲切时。

3）对决定权以外的人表现出友好的态度时。

4）客户主动问话时。

5）汽车销售顾问拿出订购合同，客户也不说什么时。

3. 成交信号的语言判断

(1) 语言信号的具体表现　当客户开始主动关注商务问题，如最低价、交货时限制条件等时，可以大致判断为客户的购买信号。

1）当客户由关注车辆性能，转变为开始认真地还价时。

2）当客户主动谈及具体的支付条件、赠送品、车身颜色、交货期时。

3）当客户主动询问有关保修、售后、各种费用、保险等问题时。

4）当客户从主动了解产品转变为要询问第三者意见时。

(2) 如何利用语言信号　对已临近成交时机，但还没最终做决定的客户，要去除客户的"担心"和"犹豫"，抓紧时机争取客户"接受"和"满意"，从而促成交易。

> **亮点展示**
>
> 情况一：当发现客户表现出犹豫不决的表情或语言时，汽车销售顾问可以说："您还在犹豫吗？方便和我说吗？我们一起分析分析，您看如何？"
>
> 情况二：当我们要求客户下订单，而客户寻找借口，表示在考虑考虑时，汽车销售顾问可回答"那太可惜了，今天的优惠活动很不错，方便和我说今天不能确定订单的原因吗？"
>
> 情况三：当客户表示还需到其他店看看再说时，汽车销售顾问可以回答："买车可是件大事，确实需要好好挑一挑，您还看过哪些车型，我帮您分析分析。"
>
> 情况四：当客户明确表示要离店时，汽车销售顾问不要停顿，继续邀约下次面谈："……那真是太遗憾了，今天的优惠活动您可能错过了！不过您也不必太担心，据我所知，几天后我店还有一个优惠活动，优惠的条件也非常适合您，到时我再打电话通知您。"
>
> 客户：可以呀。
>
> 那您看什么时间给您打电话合适呢？周一还是周二？

除此以外，客户的购买时机还可以结合客户的行为信号做出判断。客户身体向前倾；对你的看法表示同意；出现放松和愉悦的表情和动作；不断地审视产品；专心仔细地看样本和合同；询问合同的具体内容和订金数量；指定颜色、要求何时交车；咨询上牌相关事宜；了解按揭、付款手续；提及交车事项、地点；要求详述售后服务和保修期等。

4. 成交信号捕捉要点

客户对产品有好感时，就会产生购买欲望，从而通过表情、言行、举止释放出各种成交信号，客户的购买信号通常是无意间流露出来的，稍纵即逝，因此需要汽车销售顾问密切观察，一旦捕捉到这些信号，就要主动采取适当的促成交易的策略。

客户对于购买信号的透露并不是单一的，通常是多种方式互相结合的。当汽车销售顾问捕捉到客户的购买信息后，一定要鼓足勇气提出成交要求，促使客户购买。汽车销售顾问要相信自己的判断，不要因为犹豫而错失良机。

客户刚刚看到产品时，可能会详细询问产品的具体情况，这种情况不可笼统地归为购买信号。客户一般都是在了解了产品的相关信息后才会发出购买信号。

二、报价技巧

1. 报价说明的行为指导

以"客户第一"的态度，考虑客户的利益，尊重客户的意愿，完成报价步骤，以满足客户拥有产品的愿望。说明商品的价格时应做到以下几点：

1）根据客户的需求拟定销售方案，包括保险、贷款、选装件、二手车置换等业务的推荐。
2）详细地解释销售方案的所有细节，耐心回答客户提出的问题。
3）让客户有充分的时间自主地审核销售方案。
4）在报价前，再次总结客户选定车型的主要配备及客户利益，然后报价。
5）报价完毕后，重点强调客户选定的车型对客户生活或工作带来的正面变化。
6）使用报价表格准确计算并说明商品价格及相关选装件的价格。
7）明确说明客户应付的款项与所有费用及税金。
8）若客户需要代办保险，使用专用的表格准确地计算并说明相关费用。
9）必要时重复已做过的说明，并确认客户已完全明白。

2. 报价方法

（1）"三明治"报价法　"三明治"报价法，即"利益—价格—利益"的三步报价模式。第一步针对客户需求，总结客户选定车型的主要配备及客户利益；第二步明确地报出价格，明确说明客户应付的款项与所有费用及税金；若客户需要代办保险，使用专用的表格准确地计算并说明相关费用；第三步重点强调客户选定的车型对客户生活或工作带来的正面变化，指出超越客户期望的地方。

（2）优势报价法　作为一名优秀的汽车销售顾问，在开口报价时，应了解同类汽车品牌的价位，也了解本店车型在同类车型中的价位所处的位置。若价位高，要回答为什么高？是产品的质量比同类产品高，还是用的材料比同类产品好，还是使用更方便、更有科技含量，还是更节能更环保。总之，要让客户觉得你的产品价格物有所值；若是中档价位，要回答：你的产品比高价位的产品优势在什么地方？同样的品质就是要通过价格优势与高价位的产品竞争；若是低价位，你要回答：自己的产品为什么价位低？性价比如何？是有新的工艺还是有新的材料和技术。

(3) 迂回报价法 当客户直接询价时，要尽量通过问答的形式了解客户。比如可以问客户选定的车型，用车的要求，对车型配置的要求，还有没有特殊的需求。通过这些问题的回答，可以判断客户是不是真正需要购买，对于真正有需求的客户，我们可以给一个非常详细的报价。总之，一定要留出继续谈价的余地。

(4) 让客户报价法 面对询价者，老练的汽车销售顾问会问：您需要哪种配置的车型？或者，您想花多少钱来购车？一般有购车计划和目标的购车者，会把车型的性能、规格、技术要求报得很详细，价格也会有一定的范围，还会关心提车时间及售后服务等情况。这类购车者一定是潜在客户，对市场行情也了解得非常清楚，这时你的报价一定要真实可靠，在介绍车型的卖点时也要清楚无误。当然，也有的客户根本不报价，因为他自己都不清楚，只是想以你的报价为依据，对于这样的客户，了解他的意愿后，一定要报一款最低的车型价格给他，但要说明这款车型的优劣势所在，让客户明白货与价的关系。

综上所述，要根据具体情况，把三种报价方式，结合起来用。报价永远是随机应变的，但要遵守一个原则——利润最低保障的原则，如果实际利润低于利润的最低保障，则这单生意不如不做。

3. 报价技巧应用

> **亮点展示**

报价案例一

分析：电话中，我们无法判断客户价格商谈的诚意。电话中的价格商谈是"没有结果的爱情"，因为即使满足了客户的要求，也无法在电话中收款签单。同样，如果我们一口拒绝了客户的要求，就连机会都没有了。

处理技巧：电话中不让价、不讨价还价；不答应也不拒绝客户的要求。对新客户，我们的目标是"见面"；对老客户，我们的目标是"约过来展厅成交"或"上门成交"，电话询价处理技巧见表7-1。

表7-1 电话询价处理技巧

客户类型	客户方面可能的话术	汽车销售顾问方面的话术应对	
		新客户	老客户
分析型客户	"价钱谈好了，我就过来，否则我岂不是白跑一趟！"	"您车看好了，价格不是问题。那买车呢，除了价格，您还得看购车服务和以后用车时的售后服务，所以我想邀请您先来我们公司参观一下我们的展厅、维修站，看看您满意不满意"	"客户是上帝，我哪能让您大老远跑过来！这样，我马上到您家去一趟，耽误您几分钟。您的地址还是老地方吗？"（变被动为主动，刺探客户的诚意）
合作型客户	"你不相信我啊？只要你答应这个价格，我肯定过来"	"价格方面包您满意。您总来看看样车呀，实际感受一下。就像买鞋子，您总得试一下合不合脚呀"	"您这个价格，我实在是很为难。这样吧，您跟我们经理谈一下？您哪天方便，我给您约一下"

(续)

客户类型	客户方面可能的话术	汽车销售顾问方面的话术应对	
		新客户	老客户
表现型客户	"太贵了，人家才……可以吧？可以我马上就过来"	"厂家要求我们都是统一报价而且经常检查，查到我们让价的话要重罚的。所以，您要是有诚意的话，就到我们展厅来一趟，看看车，咱们见面都好谈"	"别人的价格是怎么算的？车价只是其中的一部分，这电话里也说不清楚，要不您过来我帮您仔细算算"
权威型客户	"你做不了主的话，去问一下你们经理，可以的话，我这两天就过来"	"客户是上帝，我哪能让您大老远跑过来！这样，我马上到您那去一趟，耽误您几分钟，您地址在哪儿？"（刺探客户的诚意）	"我觉得您如果是亲自跟经理面谈的话，以您这水平，没准能成呢，我再旁敲侧击一下，应该问题不大"

报价案例二

案例内容：如果客户不是真正的价格商谈，仅是询价，想知道底价，汽车销售顾问应如何报价？

分析：接待这样的客户，应先根据在信息收集阶段及需求分析阶段搜集到的客户预算信息进行分析，了解客户的购车需求；然后对客户的交际风格类型进行判断，不同类型的客户采用不同的推荐方法；最后结合客户的购车需求和客户的交际风格推荐合适的车型，请客户进行决定。

处理技巧：

表现型客户："关键是您先选好车，价格方面保证让您满意。"

合作型客户："选一部合适的车，对您是最重要的。"

分析型客户："我们每款车都有一定的优惠，关键是要根据您的用车要求，我先帮您参谋选好车，然后给您一个理想的价格。要不然，谈了半天价，这款车并不适合您，那不是耽误您的时间嘛。"

权威型客户："我售车好几年了，要不帮您做个参谋，根据您的要求推荐几款车？"

报价案例三

案例内容：客户第一次来店，刚进门不久，就开始询问底价"这车多少钱？"，"能便宜多少？"

分析：对于这类情况不宜立即进行价格商谈，更不应报出底价，因为在不了解客户需求的情况下直接报出价格很可能会把客户吓跑，正确的做法是报出一个可选择的价格区间，为之后的议价保留空间，客户进店直接询问底价处理要点见表7-2。

处理技巧：通过观察、询问后判断，最后根据询问情况报价。在处理过程中，应弄清以下问题：客户是认真的吗？客户已经选定车型了吗？客户能现场签单付款吗？客户带钱了吗？

表 7-2　客户进店直接询问底价处理要点

第一步	第二步	第三步		
		询问客户		
		话术	作用	
注意观察客户询问的语气和神态	简单建立客户的舒适区	"您以前来过吧？"	了解背景	
		"您以前在我们店或其他地方看过该车型没有？"		
		"您买车做什么用？"	刺探客户的诚意	

报价案例四

内容："底价你都不肯报，我就不到你这里买了。""你价格便宜，我下午就过来定。"

分析：遇到这类情况，首先应结合客户的交际风格对客户要求减价的真实意图进行判定，权威型客户一般是真正的要求减价，而表现型和分析型的客户随便说说想探探底价的可能性会更大，然后根据判定结果对不同意图的客户采取不同的应对策略进行处理。

处理技巧：

第一，客户如果没有承诺当场签单付款不要进行实质性的"价格商谈"，不要受客户的胁迫或诱惑。因为客户将拿你的底价再去压其他经销商给出更低的价格，或下次再来的时候在本次的基础上再压低价格。

第二，可告知公开的"促销活动"内容。

第三，如果客户还没有最终确定车型，让客户考虑成熟后再过来订车。

话术应对：

针对真实异议的客户："我这两天再提供一些信息和资料给您参考，您对比一下，定下来买我们这款车后，您过来订车，我保证给您最优惠的价格"。

针对虚假异议的客户："您也知道考虑一款车不只要考虑价格因素还要考虑其他服务条件，您看我们除了价格让您满意外，还有这么好的售后服务设施，买车也是卖服务呀"。

三、成交谈判

1. 影响汽车产品成交的因素

（1）**缺乏对客户的掌控能力**　经验告诉我们，成交机会的丧失往往在于汽车销售顾问自己。当他们向客户提出成交要求后，客户的拒绝会让相当一部分汽车销售顾问无所适从。在这个过程中，如果发现客户已经有准备成交的征兆时，汽车销售顾问就应该用比较巧妙的方式进行询问和要求，这样不但不会遭到客户的拒绝，而且还会提高成交的概率。

（2）**不敢主动要求成交**　在汽车销售的成交阶段，还有一种会延误战机的情况，就是不敢主动要求成交。

（3）**把握不住成交机会**　每次成交都不可能一帆风顺，经常会遇到很多意外的情况。此时，汽车销售顾问的心理素质在成交的过程中，将起到制胜的关键作用。

扫一扫

洽谈成功

2. 成交前提条件

（1）**让客户深刻意识到不做出购买决策才是最痛苦的事情**　买车与卖车是一对矛盾，买车的客户希望能够买到物美价廉、性价比高的汽车；而卖车的销售商却希望自己这款车的优点最大限度地展示在客户面前，能够让他们接受。只是并非每一个汽车销售顾问都懂得如何让客户认可自己的产品，让客户意识到如果不马上购买的话，他的损失会更大，这是每个汽车销售顾问必须解决的问题。

（2）**建立企业的核心能力与客户利益的关系**　这里所说的"企业的核心能力"是指一个汽车销售企业不同于其他同类竞争对手的核心竞争能力。在汽车销售中，产品因素是汽车销售商无法掌控的，在产品同质化和服务同质化的今天，唯一的出路就是进行企业服务能力差异化的塑造，并把这种差异与客户利益紧密联系在一起。

（3）**建立对汽车产品与服务毫不动摇的信念**　销售中，客户经常会问到一些他们关注的问题，包括产品本身、售后服务和汽车销售商。不论是客户刻意提问，还是不经意的问题，汽车销售顾问的回答将在一定程度上影响该客户是否下决心。

3. 有效削弱客户的谈判优势

1）谈判中要设法弱化客户的优势。
2）充分利用人性的弱点。

4. 成交阶段让步策略

1）只能在次要的方面让步。
2）过早让步只会导致销售失利。
3）需让客户也做出让步。
4）用假设性的提议转换客户的注意力。

5. 攻克客户的最后犹豫

1）强调买车后给客户带来的利益。
2）鼓励和赞美客户做出的决定，强化他们的决策信心。
3）避免让客户感到整个成交有输和赢的情况发生。
4）不论是否成交，必须保全客户的面子。

四、引导客户成交的技巧

1. 直接请求促成法

直接请求促成法是指汽车销售顾问得到客户的购买信号后，直接提出建议购买的方法。汽车销售顾问使用直接请求促成法，可以大大缩短达成交易的时间，从而尽快签约。直接请求促成法适用情形见表7-3。

2. 假设法——假设客户要购买

假设法是指汽车销售顾问在假定客户已经接受销售建议，同意购买的基础上，通过提出一些具体的成交问题，直接要求客户购买商品的一种方法。

假设法的好处就是可以将销售洽谈直接引入到实质阶段，可以节省销售时间。由于是直接将销售提示转为购买提示，可以把客户的购买信号转化为购买行为。汽车销售顾问可以营造一个轻松、愉快的销售氛围，让客户在没有压力的情况下洽谈成交。

假设法适用情形见表7-4。

表 7-3　直接请求促成法适用情形

直接请求促成法 适用情形	1. 汽车销售顾问比较熟悉的老客户或保有客户，或与新的意向客户已经建立了互信关系
	2. 在销售过程中客户通过语言、行为等方式发出了某种信号
	3. 客户在听完汽车销售顾问的相关产品介绍后，没有发表异议的观点，甚至对汽车销售顾问的介绍表示赞同
	4. 客户已看中某款车型，购车意向比较明显，但不愿意主动提出成交建议
	5. 汽车销售顾问在处理完了客户的重大异议后，或成功地帮助客户解决了某项困难
	6. 当汽车销售顾问拿着购车合同做试探，而客户没有明显的拒绝反应时

表 7-4　假设法适用情形

假设法 适用情形	1. 已经取得互信的保有客户、新的意向性客户、依赖型客户和性格随和的客户
	2. 明确发出各种购买信号的客户
	3. 对现有的车型很感兴趣，并且没有提出什么异议的客户
	4. 虽然提出了多个异议，但这些异议已经被有效解决了的客户

需要注意的是，汽车销售顾问在运用这个方法时，如果没有捕捉成交的信号，就会给客户造成一定的购买压力，引起客户的反感，反而破坏了洽谈成交的气氛。如果客户依然无意购买，也千万不要勉强做强行销售，以免给客户留下强人所难的不好印象。

3. 二选一法

运用二选一法时，需要注意，汽车销售顾问所提供的选择事项应让客户从中做出一种肯定的回答，而不要给客户一种拒绝的机会。向客户提出选择时，尽量避免提出太多的方案，最好的方案就是两项，最多不要超过三项，否则你不能达到尽快成交的目的。

4. 暗示法

双方还在讨价还价的阶段，即可运用该方法。该方法要求汽车销售顾问必须先在客户心中散播些"想象和暗示的种子"，这样就可使商谈顺利进行。这种"想象和暗示的种子"是让客户也想早些达成交易的一种催化剂。

刚开始谈话时，就要有意地向客户做商品暗示或肯定暗示。当汽车销售顾问做出暗示后，要给客户充分的时间，让这些暗示逐渐渗透到客户的思想里。只要交易一开始，利用这种方式提供一些暗示，客户就会变得积极。

客户不断地讨价还价，也许会使商谈的时间延长。办理"成交"，又需一些琐碎的手续。这些疲惫使客户不知不觉地将这种暗示当作自己独创的想法，而忽略了这是他人提供的巧妙暗示。因此，客户一定会很热心地进行商谈，直到成交为止。

5. 坦诚促进法

坦诚促进法是指通过汽车销售顾问和客户长时间的接触，在建立友好关系的基础上进行销售的一种方法。这是一种很有效的成交方式，特别是当汽车销售顾问与客户有多次接触，彼此间已经建立了较好的互信关系时，能让客户更容易坚定决心。

6. 小点法

这种方法是相对于"大"而言的，汽车销售顾问向客户直接提出购车的要求，客户拒绝的可能性会大一些;如果把要求划分为小的要求,客户就有可能会接受。小点法利用客户的成交心理活动规律,避免直接提示客户比较敏感的重大的成交问题,而是向客户提出比较小的次要的成交问题。

7. 保证法

当客户对产品还有些担心和顾虑的时候,汽车销售顾问可以用保证来减轻或消除客户的担心和顾虑,如:我们保证为您的车做好售后服务等,通过保证消除产品在对方心目中的风险,从而使客户下决心购买产品。

8. 利益总结法

利益总结法是把先前向客户介绍的各项产品利益,特别是获得客户认同的地方,一起汇总,简要地再提醒客户,在加重客户对利益的感受过程中,同时向客户要求签约。利益汇总法是汽车销售顾问经常使用的技巧,特别是在做完产品介绍时。

9. 让步法

让步法是成交的一个重要手段。它隐含着这个用意:"我愿意做这样的牺牲,但为了表示您的诚意,您也同意我的要求。"让步法的使用,能给客户一些压力,让客户加速做决定。

10. 弱势技巧法

虽然销售无法成交,但由于多次的沟通,和客户建立了较好的私交。此时,若面对的客户在年龄上或头衔上都比你高时,汽车销售顾问可采用这种哀兵策略,从而让客户说出真正的异议。只要能化解这个真正的异议,成交的机会就会出现。

11. "抬轿子"法

汽车销售顾问有时要面对许多有权力的客户,当别人称赞她(他)"做事很棒"时,她(他)往往会做出一些让人痛快的决定,借以彰显她(他)自己是个有权力的人。

任务二　二手车置换业务推荐

任务目标

1. 掌握二手车置换业务。
2. 掌握二手车置换业务的流程。
3. 掌握二手车置换业务的注意事项。

建议学时

2学时。

相关知识

一、二手车置换业务概述

1. 二手车置换

二手车是指在公安交通管理机关办理完注册登记手续后,在国家规定的报废标准之前进行交易并转移所有权的车辆。

二手车置换业务是指消费者用二手车的评估价值加上另行支付的车款从品牌经销商处购买新车的业务。由于参加置换的厂商拥有良好的信誉和优质的服务，其品牌经销商也能够给参与置换业务的消费者带来信任感和更加透明、安全、便利的服务，所以现在越来越多想换新车的消费者希望尝试这一新兴的业务。二手车置换业务有广义和狭义之分。狭义的二手车置换就是以旧换新业务，经销商通过二手商品的收购与新商品的对等销售获取利益。广义的二手车置换指在以旧换新业务基础上，同时兼容二手商品整新、跟踪服务、二手商品在销售乃至折抵分期付款等项目的一系列业务组合，使之成为一种有机而独立的营销方式。

2. 二手车置换业务优点

（1）*周期短、时间快*　二手车车主只需将二手车开到4S店，经过专业的二手车评估师做出评估，同时车主选好心仪的新车后，只要缴纳中间的差价即可完成置换手续，剩下的所有手续都有4S店代为办理，很短的时间内就可以完成了新车置换。

（2）*风险小，有保障*　大多数4S店按照厂家要求会购买客户的二手车，收购对象涵盖所有品牌及车型。对于消费者而言，将自身二手车交给4S店，同时在4S店内购买新车，没有任何中间商，所以车主比较安心，参与置换的厂商拥有良好的信誉和服务，消除了不懂车、不知道怎么挑车的疑虑，充分保障了消费者的利益。

（3）*多重促销，车主受益*　二手车市场具有广阔的前景，各个汽车4S店都希望能够在这一领域有所作为，纷纷在打出降价的同时，又推出了"原价"置换，置换送高额补贴，再送礼品或免费活动等多重优惠活动，激发众多车主换车冲动促进新车销售。

二手车置换业务办理流程如图7-1所示。

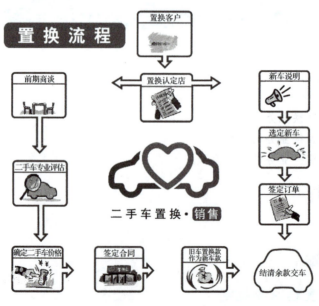

图7-1　二手车置换业务办理流程

二、二手车置换手续

二手车置换业务的办理首先由 4S 店内专业的二手车评估师对客户的旧车做一个初步评估，初步评估结果得到二手车主的认可后，可将车辆转到维修部进行专业检测鉴定。接着收购评估师凭借检测单和报修定价与客户商谈收购价格。双方达成成交意愿后，由收购评估师带领客户办理车辆的移交手续，再进行选购新车等业务，具体业务流程如图 7-2 所示。

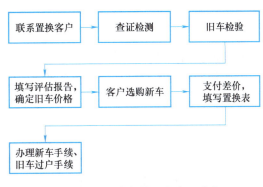

图 7-2　二手车置换业务办理流程

三、二手车置换业务注意事项

1. 交易车辆手续

（1）证件齐全　包括机动车行驶证、机动车登记证书、车辆购置税完税证明、养路费缴费凭证、车船使用税交付凭证、保险单、购车发票、有效的机动车安全技术检验合格标志、维修保养记录等。

（2）车主证件　含身份证（外地人可持一年期内暂住证）、户口簿，而且车主本人最好在场；公车户要带法人代码证书、公章、介绍信、资金往来发票或收据。

2. 详细了解二手车市场

1）充分了解新车及二手车的价格行情，做到心中有数。

2）二手车置换时要将旧车评估价格、新车价格、售后服务、融资服务和保险等综合考虑，单一考虑二手车价格或单一考虑新车价格是不科学的。

3）了解二手车实际车况，关注评估过程，评估时最好邀请车主本人跟随评估师一起进行。

4）出售的二手车应在年检有效期内，且消除车辆违章，车辆必须在交易日之前不拖欠税费，且三者险有效。

5）车辆外观基本符合行使本照片，改装以及相关损伤部分按照车辆管理要求恢复正常状态。

任务三　金融业务推荐

 任务目标

1. 熟悉汽车金融业务相关内容。
2. 掌握并协助客户办理汽车消费信贷业务。
3. 掌握并协助客户办理汽车租赁业务。

 建议学时

2 学时。

一、汽车消费信贷

汽车消费信贷业务是指向个人或企事业法人发放的用于购买汽车的人民币消费贷款业务。汽车消费信贷的对象是个人和企事业单位，贷款期限一般为1~3年。贷款币种目前仅限于人民币。

1. 消费信贷的模式

（1）**商业银行信贷**　该汽车信贷是由银行、专业资信调查公司、保险、汽车经销商四方联合。银行直接面对客户，在对客户信用进行评定后。银行与客户签订信贷协议，客户将在银行设立的汽车贷款消费机构获得一个购车贷款额度。使用该购车贷款额度就可以在汽车市场上选购自己满意的产品。银行的信贷部门还为客户提供相应的售后服务，如汽车维修等一系列增值服务。在该模式中，银行是中心。银行指定相关机构出具客户的资信报告，银行指定保险公司并要求客户购买其保证保险，银行指定经销商销售车辆。风险由银行与保险公司共同承担。

（2）**汽车金融公司信贷**　消费者除了通过银行贷款，还可以在汽车金融公司办理购车贷款。国内的上汽、一汽、北汽等都有自己的金融公司。汽车金融公司一般都是由汽车公司投资创建的，比如上汽通用汽车金融有限责任公司成立于2004年8月，总部设在中国上海，是中国银监会批准成立的全国第一家汽车金融公司。公司已与全国350座城市中的近7000家汽车经销商建立了良好的零售信贷业务合作关系，成了一家覆盖范围广、业务品种丰富、服务水平一流的汽车金融公司。上汽通用汽车金融购车流程如图7-3所示。

图7-3　上汽通用汽车金融购车流程

（3）**信用卡分期购车**　消费者利用手中拥有的银行信用卡进行刷卡消费购车，同时通过信用卡消费还款的一种形式。信用卡分期购车是银行机构推出的一种信用卡分期业务。持卡人可申请的信用额度为2万~20万元，部分银行视情况而定；分期有12个月、24个月和36个月三类。信用分期购车不存在贷款利率，银行只收取手续费，不同分期的手续费率各有不同。低手续费零利率是信用卡分期购车的一大优势。相比银行贷款购车和汽车金融机构贷款购车，信用卡分期购车是没有利息的，当然，所谓的零利率会在手续费上有所支出。招商银行信用卡分期购车办理流程如图7-4所示。

2. 汽车消费信贷条件及流程

（1）**个人汽车信贷业务条件**　《汽车贷款管理办法》规定，借款人申请个人汽车贷款应当同时符合以下条件：

1）中华人民共和国公民，或在中华人民共和国境内连续居住一年以上（含一年）的港、澳、台居民及外国人。

图 7-4　招商银行信用卡分期购车办理流程

2）具有有效身份证明、固定和详细住址且具有完全民事行为能力。
3）具有稳定的合法收入或足够偿还贷款本息的个人合法资产。
4）个人信用良好。
5）能够支付本办法规定的首期付款。
6）贷款人要求的其他条件。

(2) 申请机构汽车贷款条件　《汽车贷款管理办法》规定借款人申请机构汽车贷款应当同时符合以下条件：

1）具有企业或事业单位登记管理机关核发的企业法人执照或事业单位法人证书等证明借款人具有法人资格的法定文件。
2）具有合法、稳定的收入或足够偿还贷款本息的合法资产。
3）能够支付本办法规定的首期付款。
4）无重大违约行为或信用不良记录。
5）贷款人要求的其他条件。

(3) 汽车消费信贷业务流程　如果是通过银行结构进行消费信贷的客户首先应到银行营业网点进行咨询，网点为客户推荐已与银行签订《汽车贷款合作协议书》的特约经销商。如果是到汽车经销商的金融公司进行消费信贷的客户可直接去汽车经销商处选车，而后与经销商签订购车协议，提出贷款申请，明确车型、数量、颜色等，签订购车合同。申请时应准备以下资料：个人贷款申请书、有效身份证件、职业和收入证明以及家庭基本状况、购车协议、担保所需的证明文件、贷款人规定的其他条件。金融机构审核客户资信，与符合贷款条件的借款人签订汽车贷款合同。一般汽车贷款额度最高不超过购车款的60%～80%，贷款期限不超过3～5年。若用户不符合贷款条件，金融机构将申请材料退回申请人不予放款。个人汽车消费贷款申请表见表7-5。

表7-5　个人汽车消费贷款申请表

				申请编号：
填表人信息				
□申请人　□共同申请人　□担保人（与借款申请人关系　□配偶　□父母　□子女　□其他　）				
中文姓名	出生日期　　　　年　　　月　　　日		性别　□男　□女	
身份证件类型　□居民身份证　□护照　□户口簿　□军官证 □其他_____			身份证件号码	
户籍所在地	婚姻状况　□未婚　□已婚　□丧偶　□离异			

(续)

最高学历	□硕士及以上 □本科 □大专 □高中或同等职业教育 □高中以下		是否有驾驶证	□有 □无
现住房情况	□自有住房 □按揭住房 □与父母同住 □租房 □其他	现住房面积 _____ m²	现住房居住时间 _____年_____月	
现住房地址 _____省（市）_____市_____区（县）_____			邮编	
个人联系方式 □固定电话 □移动电话 E-mail 地址				
职业	□政府官员、公务员 □专业人员 □企业高中级主管 □军官 □企业负责人、股东 □企业基层主管、半专业人员 □警察、消防员 □操作人员 □现役军人 □技能工作、文艺工作者 □个体商店老板 □一般工人 □业务人员 □售货人员 □无技术工人 □保安、驾驶人、服务、外送人员 □农林牧渔 □清洁人员 □摊贩 □实习生 □退休 □家庭主妇 □学生 □失业			
所处行业类别	□金融 □国际组织、行政机关及事业单位 □电力、电信、通信、能源 □燃气、水的生产、供应 □信息传输、计算机服务和软件业 □房地产 □房地产中介 □卫生、社会保障和社会福利 □科学研究、技术服务 □文化、体育、娱乐 □教育 □公共管理和社会组织 □咨询服务 □交通运输、仓储、邮政 □烟草制造、医药制造、金属制造、交通运输设备制造、通信设备及计算机制造 □其他制造业 □水利、环境和公共设施管理 □烟草制品批发、医药及医疗器材批发、超级市场零售 □其他批发零售 □军人 □住宿和餐饮业 □地质勘查业 □公共管理和社会组织 □采矿业 □建筑业 □租赁和商业服务业 □居民服务和其他服务业 □农林牧渔业 □各行业非正式编制员工			
现单位名称			现单位工龄 年 月	
所在部门		办公电话	单位人事部门电话	
现单位地址 _____省（市）_____市_____区（县）_____			邮编	
原单位名称 （现工作单位工龄少于12个月填写）			原单位工龄_____年_____月	
原单位地址 _____省（市）_____市_____区（县）_____			原单位电话	
月均收入_____元		供养人数_____人	通信地址 请将有关信息寄往本人的 □现住房地址 □现单位地址	
家庭负债 □住房贷款_____元 □其他贷款名称_____ 其他贷款金额_____元			月固定支出总额_____元	
配偶姓名	身份证件类型		身份证件号码	电话号码
车辆及贷款信息				
购车用途 □家用 □其他_____		购车品牌	购车型号	
车辆价格_____元		变速器 □自动档 □手动档	发动机排量_____L	
贷款产品编码	申请贷款金额_____元	贷款期限_____月	贷款利率_____%（年）	
首付款比例_____%或首付款金额_____元		还款周期 □月 □季 □其他	每期还款日_____日（固定日、对日）	
还款方式 □等额本息还款 □等额本金还款 □弹性还款 □等额本息 尾款比例_____% □其他还款方式				
借款申请人及配偶、共同申请人、担保人声明				

(续)

借款人（及其配偶）签名		签字日期	
共同申请人/担保人签名		签字日期	
经销商填写栏			
本表是根据我司与中信银行签订合作协议时填写的。我司同意该客户向中信银行申请个人汽车贷款			
经销商名称		经销商代码	经销商电话
见证人代码	见证人签字	签字日期	见证人电话

1. 以上申请表内所提供的资料及其所附资料全部属实，本人承担因填写不实所导致的一切法律责任。2. 借款申请人及其配偶知悉并承认以此申请表作为借款申请人向中信银行（以下简称"银行"）申请汽车贷款的依据，且本申请表及所附资料复印件可留存银行，无须退还。3. 担保人及其配偶知悉并承认以此申请表作为同意为本贷款提供担保的依据，且本申请表及所附资料复印件可留存银行，无须退还。4. 本人授权银行向有关方面咨询并保存本人各项详情，并授权银行在授权之日起到该笔贷款结清日止向中国人民银行个人信用信息基础数据库查询本人信用报告并报送本人信用信息。5. 本借款申请仅用于银行采集本人资信信息，用于信用分析，不作其他用途。6. 经银行审查，因不符合规定的借款条件而未予受理时，本人无异议。7. 借款申请人保证在取得银行贷款后，按时足额偿还贷款本息。8. 借款申请人同意银行给予本贷款的任何担保人（保证人）有关本贷款的协议书、催收函的副本，及应保证人要求给予本贷款的结单。9. 本人同意接收有关贷款的短信

二、汽车租赁业务

1. 汽车租赁业务办理

汽车租赁不同于出租汽车，出租汽车以为客户提供运送服务为目的，使用权和所有权均属于出租车驾驶人，消费者只有坐车的权利；而汽车租赁则是所有权与使用权分离，在租赁阶段，消费者拥有使用权，因此其经营模式与出租车完全不同。目前，我国的汽车租赁业由于多种因素的限制，尚处于萌芽阶段，车辆更新速度比较慢，经营的范围和汽车品种也比较单一，一般只开展经营租赁，其日常流程主要包括以下3部分：

（1）**租车流程（车辆发车交接办法）** 车辆发车交车流程如图7-5所示。

图7-5 车辆发车交车流程

（2）**还车流程（正常收车处理办法）** 车辆还车流程如图7-6所示。

图7-6 车辆还车流程

（3）车辆救援流程　车辆救援流程如图 7-7 所示。

2. 汽车租赁手续

（1）个人租赁携带证件　当地人员：携带户口本（本市）、身份证、驾驶证、保证金、租车预付费用；外地人员：身份证、驾驶证、担保人户口簿（当地）、身份证。

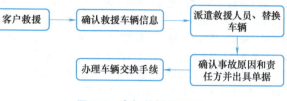

图 7-7　车辆救援流程图

（2）单位租赁携带证件　企业单位：营业执照副本、组织机构代码证及复印件加盖公章、法人代表身份证及复印件。如法人不能在合同上签字，则须有法人委托书，经办人身份证和驾驶证、合同章；事业单位：上级单位介绍信、组织机构代码证及复印件加盖公章、经办人身份证和驾驶证、合同章；外国派驻机构：登记证原件、派出机构证明及担保函、首席代表工作证、身份证原件及复印件、合同章。如在租期内发生违章造成的损失，由承租人独自承担。

（3）手续办理流程　在汽车租赁业务所需要的各类手续中，汽车租赁合同是最重要的具有依据性的文件之一。消费者办理租赁汽车业务应签订租赁合同，必须使用各省级道路运政管理机构根据国家有关法律、法规制定的汽车租赁合同文件。合同文本内容包括租赁经营人名称、承租人名称、租赁汽车车型、颜色和车辆号牌、行驶证号码、道路运输证号码、租赁期限、计费方法、付费方式以及租赁双方的权利、义务和违约责任等。此外，汽车租赁日常经营与管理中涉及的手续一般还包括《车辆交接检验项目说明》《汽车租赁业务登记单》《车辆交接单》等。

3. 融资性汽车租赁办理

融资性汽车租赁业务办理前期和分期付款业务办理流程相同，只是在后期尾款处理上客户可以选择不同的方式。融资性汽车租赁办理流程如图 7-8 所示。

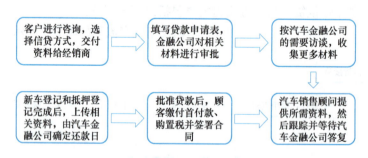

图 7-8　融资性汽车租赁办理流程

任务四　保险业务推荐

1. 熟悉汽车保险的概念。

2. 掌握汽车保险的种类。

3. 掌握保险选择的原则。

4. 能够根据客户需求进行保险业务推荐。

2 学时。

一、汽车保险

汽车保险是保险公司根据社会上汽车发生意外事故的损失概率，制订出保险的具体条款及办法。车辆所有人依照保险规定参加保险，将汽车在使用过程中无法预计的意外损失，变为固定的、少量的保险费用支出，把风险转嫁给保险公司。而保险公司将参加保险车辆所缴纳的保险费集中起来，建立保险基金，一旦保险车辆发生意外事故，保险公司就根据保险条款的规定及时进行经济补偿，确保车辆所有人的运输生产和经济核算的正常运行以及保障第三者受害人得到经济补偿。

汽车保险，即机动车辆保险，简称车险，是指对机动车辆由于自然灾害或意外事故所造成的人身伤亡或财产损失负赔偿责任的一种保险形式。

二、汽车保险种类

汽车保险分为强制保险和商业保险两大类，目前我国实行的机动车交通事故责任强制保险（简称交强险）属于强制保险，其他险种则是商业保险。

1. 交强险

交强险就是指机动车交通事故责任强制保险。在中华人民共和国境内（不含香港、澳门、台湾地区），被保险人在使用被保险机动车过程中发生交通事故，致使受害人遭受人身伤亡或财产损失，依法应当由被保险人承担的损害赔偿责任。

如未按照规定投保交强险，交警部门是有权扣留机动车的，并会处以缴纳保费 2 倍的罚款。交强险的赔偿额度跟机动车在事故中的责任与否有密切关系，如果是无责任的一方，造成普通事故如财产损失的，最多赔付 100 元，如果造成对方有人受伤，最多赔付 1000 元，如果事故中出现人员死亡的，需赔付 11000 元；如果是有责任的一方，普通事故赔付 2000 元，有人受伤赔付 10000 元，如果不幸有人死亡的话，那就要赔付 11 万元了。所以交强险的最高赔付金额是 122000 元。

2. 商业保险

汽车保险中的商业保险分为基本险和附加险。附加险不能独立投保，只有投保了相应的基本险后才能投保。

（1）**车辆损失险**　简称车损险，指保险车辆遭受保险责任范围内的自然灾害或意外事故，造成保险车辆本身损失时赔付的一种险种。车辆损失保险一般保障的是因雷击、暴风、暴雨、洪水等自然灾害和碰撞、倾覆等意外事故造成保险车辆的损失以及相关的施救费用。

（2）**第三者责任险**　简称三者险，是指被保险车辆在使用过程中发生意外事故，造成他人（也就是第三者）的财产损失或人身伤亡而对其进行赔偿的一种险种，当发生交通事故后，交强险的赔付金额不足赔付对方的损失，三者险就派上用场了。三者险赔付的最高限额是由车辆所有者投保金额来计算的，有 5 万元、10 万元、20 万元、30 万元、50 万元、100 万元等，保费不同，赔付的最高限额也不一样，当然具体的赔付金额，还要跟事故中责任的归属有关。根据被保险车辆驾驶人在交通事故中的责任大小划定不同的免赔率。

（3）**车上人员责任险** 车上人员责任险分为乘客责任险和驾驶人责任险，指的是被保险人允许的合格驾驶人在使用保险车辆过程中发生保险事故，致使车内驾驶人和乘客人身伤亡，依法应由被保险人承担的赔偿责任，保险公司会按照保险合同进行赔偿。车上人员责任险算是车辆商业险的主要保险，它主要功能是赔偿车辆因交通事故造成的车内人员伤亡的保险。

（4）**全车盗抢险** 指保险车辆全车被盗窃、被抢夺，经公安刑侦部门立案证实，满三个月未查明下落，或保险车辆在被盗窃、被抢劫、被抢夺期间受到损坏，或车上零部件及附属设备丢失需要修复的合理费用，保险公司负责赔偿。

（5）**车上货物责任险** 指投保了本项保险的机动车辆在使用过程中，发生意外事故，致使保险车辆上所载货物遭受直接损毁和车上人员的人身伤亡，依法应由被保险人承担的经济赔偿责任，保险公司在保险单所载明的该保险赔偿额内计算赔偿。

（6）**车载货物掉落责任险** 指投保了本保险的机动车辆在使用中，所载货物从车上掉下致使第三者遭受人身伤亡或财产的直接损毁，依法应由被保险人承担的经济赔偿责任，保险公司负责赔偿。

（7）**玻璃单独破碎险** 指投保了本项保险的机动车辆在停放或使用过程中，发生本车玻璃单独破碎，保险公司按实际损失进行赔偿。

（8）**车辆停驶损失险** 指投保存了本项保险的机动车辆在使用过程中，因遭受自然灾害或意外事故，造成车身损毁，致使车辆停驶造成的损失。保险公司按照与被保险人约定的赔偿天数和日赔偿额进行赔付。

（9）**自燃损失险** 指投保了本项保险的机动车辆在使用过程中，因本车电路、线路、供油系统发生故障及运载货物自身起火燃烧，造成保险车辆的损失，保险公司负责赔偿。

（10）**新增加设备损失险** 指投保了本项保险的机动车辆在使用过程中，因自然灾害或意外事故造成车上新增设备的直接损毁，保险公司负责赔偿。

（11）**不计免赔特约险** 指办理了本项特约险的机动车辆发生事故，损失险及三者险事故造成赔偿，对其在符合赔偿规定的金额内按责任应承担的免赔金额，保险公司负责赔偿。

（12）**无过失责任险** 指投保了本项保险的车辆在使用中，因与非机动车辆、行人发生交通事故，造成对方人员伤亡和财产直接损毁，保险车辆一方无过失，且被保险人拒绝赔偿未果，对被保险人已经支付给对方而无法追回的费用，保险公司负责给予赔偿。

汽车保险常见术语如图 7-9 所示。

三、汽车保险购买原则

1. 交强险必须投保

根据《机动车交通事故责任强制保险条例》规定，从 2008 年 8 月开始，所有的新车和保险到期的车辆续保必须购买车辆交强险。对于未投保交强险的车辆，不予上牌。公安管理

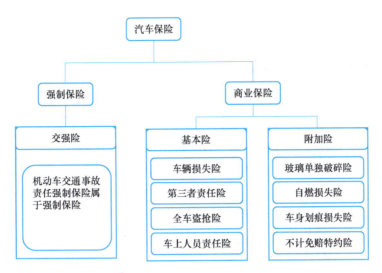

图 7-9　汽车保险常见术语

部门将扣车并处以 2 倍保费的罚款。以六坐以下为例：其中私家车保费为 950 元，企业非营业汽车 1000 元，机关非营业汽车 950 元，营业出租租赁车 1800 元。

2. 不要重复投保

按照《保险法》第四十条规定："重复保险的车辆各保险人的赔偿金额的总和不得超过保险价值。"因此，即使投保人重复投保，也不会得到超价值赔款。

3. 不要超额投保

依据《保险法》第三十九条规定："保险金额不得超过保险价值，超过保险价值的，超过的部分无效。"所以超额投保不能获得额外的利益。

4. 车损险要足额投保

依据《保险法》第三十九条规定："保险金额不得超过保险价值，超过保险价值的，超过的部分无效。保险金额低于保险价值的，除合同另有约定外，保险人按照保险金额与保险价值的比例承担赔偿责任。"

5. 基本险尽量保全

车损险与三者险一定要投保，因为这两个险种是车辆发生事故后，最有可能用得到的险种。全车盗抢险和车上人员责任险，则根据投保人的需要进行投保。

6. 附加险按需投保

可以根据投保人汽车的实际状况与使用情况，有针对性地选择附加险。

> 💡 **小贴士**
>
> 如果车辆经常出入交通混乱的市场等地，容易剐蹭爱车漆面，则可以考虑买一份车身划痕损失险。如果车辆不得不停放在建筑工地旁的停车场，时常有飞来的小石块，风窗玻璃又价值不菲，可建议投保人单独投保一份玻璃单独破碎险，以避免经济损失。此外，夏天天气热，汽车容易产生自燃，在经济条件充裕的情况下也可以投保自燃损失险，做到有备无患。不计免赔特约险是附加险中最有价值的险种，尽量投保。

四、常见险种组合

1. 最低保障方案

最低保障方案见表7-6和表7-7。

表7-6　最低保障方案一

险种组合	交强险
保障范围	只能在交强险的责任范围内对第三者的人伤和物损负赔偿责任
优点	只有最低保障，费用低，因为只有交强险属于强制保险，而且交强险和车辆的车价没有关系，仅与座位数相关
缺点	保障额度不高，一旦发生交通事故，对方的损失能得到保险公司的部分赔偿，而自己车辆的损失只有自己负担
推荐适用车主	适用于那些怀有侥幸心理认为上保险没有什么用的人，车价低，驾龄长；急于上牌照或通过年检的人

表7-7　最低保障方案二

险种组合	交强险+第三者责任险
保障范围	基本能够满足一般事故对第三者的损失负赔偿责任
优点	可以上牌照或验车，第三者的保障基本能满足
缺点	一旦发生交通事故，对方的损失能得到保险公司的少量赔偿，且赔偿限额只能说"基本宽余"，另外自己爱车的损失只有自己负担
推荐适用车主	保险意识不是很强，但又担心自己不小心对他人造成损失的

2. 基本保障方案

基本保障方案见表7-8。

表7-8　基本保障方案

险种组合	交强险+车辆损失险+第三者责任险
保障范围	只投保基本险，能为自己的车与他人损失的赔偿责任提供基本的保障
优点	费用适中，必要性最高
缺点	不是最佳组合，最好加入不计免赔特约险
推荐适用车主	经济实力不太强或短期资金不宽余，有一定经济压力的车主。这部分车主一般认识到事故后修车费用较高，愿意为自己的车和第三者责任寻求基本保障，但又不愿意多花钱寻求更全面的保障

3. 经济保障方案

经济保障方案见表7-9。

4. 最佳保障方案

最佳保障方案见表7-10。

5. 完全保障方案

完全保障方案见表7-11。

表 7-9　经济保障方案

险种组合	交强险＋车辆损失险＋第三者责任险＋不计免赔特约险＋全车盗抢险
保障范围	投保 4 个最必要、最有价值的险种
优点	投保最有价值的险种，保险性价比最高，人们最关心的丢车和 100% 赔付等大风险都有保障，保费不高但包含了比较实用的不计免赔特约险
缺点	部分附加险种还未投保，保障不够完善，主险中还存在较多的免赔情况
推荐适用车主	适用于车辆使用三四年，有一定驾龄的最佳选择

表 7-10　最佳保障方案

险种组合	交强险＋车辆损失险＋第三者责任险＋车上人员责任险＋玻璃单独破碎险＋不计免赔特约险＋全车盗抢险
保障范围	在经济投保方案的基础上，加入了车上人员责任险和玻璃单独破碎险，使乘客及车辆易损部分得到安全保障
优点	投保价值大的险种，不花冤枉钱，物有所值
缺点	费用高
推荐适用车主	经济较宽余、保障需要比较全面、而乘客不固定的私家车主或一般单位用车

表 7-11　完全保障方案

险种组合	交强险＋车辆损失险＋第三者责任险＋车上人员责任险＋玻璃单独破碎险＋不免赔特约险＋新增加设备损失险＋自燃损失险＋全车盗抢险
保障范围	保全险，居安思危才有备无患。能保的险种全部投保，从容上路，不必担心交通所带来的种种风险
优点	几乎与汽车有关的全部事故损失都能得到赔偿。投保人不必为少保某一个险种而得不到赔偿，也不必承担投保决策失误的损失
缺点	保全险保费高，某些险种出险的概率非常小
推荐适用车主	经济宽裕的车主、价格偏高的车辆和企事业单位用车

任务五　精品业务推荐

任务目标

1. 熟悉汽车精品分类。
2. 掌握汽车精品销售的模式。
3. 掌握汽车精品销售的技巧并进行汽车精品的销售。

建议学时

2 学时。

 **相关知识**

一、汽车精品

汽车精品是指应用于汽车改加装、汽车美容、汽车装饰等汽车电子及零部件的相关汽车产品。随着我国汽车保有量的持续增长，汽车销售的不断增加，汽车后市场规模也越来越庞大。2018年汽车用品（精品）市场规模已达万亿规模，汽车精品的销售呈现爆发式的增长。销量的高速增长与新车销售利润的不断下滑，使得各经销商都在挖掘新的利润增长点——搭配精品进行新车销售，以提高利润率。

二、汽车精品分类

1. 以用途分类

根据精品的用途来划分，可以将汽车精品分为防护产品、美容产品、电子产品和其他小精品四类。

（1）防护产品

1）太阳膜（图7-10）。①遮挡刺眼的阳光，阻隔紫外线照射，防止车内饰褪色，防晒。②有较强的隔热效果。③防止玻璃破碎时飞溅的玻璃碴伤害到人，增加安全性。④不同颜色保证空间私密性。⑤降低车内空调负荷，起到保温效果。

2）底盘装甲（油性、水溶性）（图7-11）。①底盘为裸露钢铁，附着在底盘表面起到防腐蚀、防锈功能。②吸附在底盘上密封底盘，起到隔热效果，降低车内空调负荷。③底盘装甲类似于沥青物质，有一定弹性，小石块飞溅到底盘上起到降低路噪和风噪的效果。④路况不良时可抵挡轻微的底盘剐蹭。

3）发动机钢护板（图7-12）。①采用高刚性钢材，2.5mm厚度，抵抗不良路面和石块强烈撞击，有效地保护发动机、变速器。②框架底盘结构不易变形。③保护发动机舱的干净整洁。

图7-10 汽车太阳膜

图7-11 底盘装甲

图7-12 发动机钢护板

4）镀膜封釉套装（图7-13）。①减小漆面长时间氧化。②防止酸雨腐蚀。③增加漆面亮度。④增加漆面强度。⑤减小风阻系数，防尘。

5）地胶（图7-14）。①避免渗透，防止底盘生锈。②容易清洁。③能起到保温效果。

图7-13　镀膜封釉套装

图7-14　地胶

6）脚垫（图7-15）。①保证车内清洁，易清洗。②提高档次。

7）行李舱垫（图7-16）。①保证车内清洁，易清洗。②提高档次。

8）蜡刷掸子（图7-17）。①清洁车内外的灰尘。②蜡层保护漆面。

（2）美容产品

1）前照灯罩（图7-18）。①美观大气、提高档次、彰显个性、运动感强。②保护前照灯不易受损。

2）四季坐垫（图7-19）。①美观、提高档次。②保护座椅不易脏。③冬天保暖、夏天清凉。

图7-15　脚垫

图7-16　行李舱垫

图7-17　蜡刷掸子

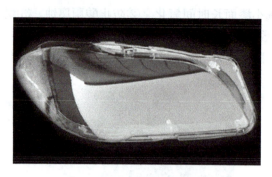

图7-18　前照灯罩

图7-19　四季坐垫

(3) 电子产品

1) 行车导航仪（图7-20）。①增加美观度、提高档次。②导航指引路线。③娱乐系统。④侦测、报警。

2) 行车记录仪（图7-21）。①记录行车状况。②保障行车安全。

图7-20　行车导航仪

图7-21　行车记录仪

3) 氙气前照灯（图7-22）。①提高档次。②照明亮度高。③使用寿命长。

4) 倒车雷达（图7-23）。①距离显示、声响报警、区域警示和方位指示。②探测范围、准确性、显示稳定性和捕捉目标速度。③提高档次。

图7-22　氙气前照灯

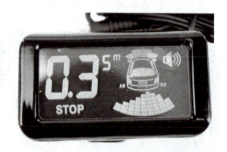

图7-23　倒车雷达装置

5) 倒车影像（图7-24）。①提高档次。②解决倒车雷达测不到的死角。③增加倒车时信心。

6) 智能钥匙（图7-25）。①无钥匙进入、无钥匙起动。②智能升窗。③自动落锁。④防盗报警。

图 7-24　倒车影像

图 7-25　智能钥匙

（4）**其他小精品**（图 7-26）　除以上集中汽车精品以外的其他汽车精品，主要有车内的挂饰、玩具、香水等。

2. 以精品来源分类

根据汽车精品的生产和使用来源可以将汽车精品分为原厂精品、配套精品、通用精品。

3. 以使用位置分类

根据汽车精品在汽车上使用的位置可以将汽车精品分为外观精品和内装精品。

图 7-26　车内小精品

三、汽车精品销售模式

1. 前装销售

前装销售指的是售前加装又称之为加装销售，精品主要指的是在汽车出厂时安装的精品，主要是指将精品安装在新车上销售，也就是将汽车"精装修"后再销售，为客户提供更多的选择。简单的理解就是打造新车型，将一款市场上的车型自己添加一些功能和配置，推出一款全新的车型，以有别于其他集团公司的同品牌 4S 店所售车型，如图 7-27 和图 7-28 所示。

图 7-27　运动外观套件

图 7-28　雨眉

2. 售中销售

售中销售是指没有加装到整车上，客户购买新车时，汽车销售顾问推荐销售的产品，大多数精品都可以采取这种方式销售，在销售这一类精品时，为了减少客户的顾虑，最好采用"减法"和"加法"式销售，也就是说可以为客户设计一个礼包，将不同的产品组合在一起，根据客户对产品的第一需求、第二需求、第三需求等依次罗列处理。依次递减或只列第一需求，在表格上留下空白位置，需要添加在新车销售时给客户同步介绍一些配套精品，并引导客户做出购买的一种行为。

3. 售后销售

这里所说的售后销售是指车主购买新车之后在4S店或街边美容连锁店加装了精品以后，再次在4S店购买的消费行为。在汽车回厂保养或维修时进行，在客户等候时给予介绍。

4. 联合销售

联合销售指的是将精品销售与经销商的其他业务种类结合在一起进行销售的一种模式。主要的内容有以下几种：

1）与汽车消费信贷业务结合，信贷业务中将精品以"贷"的形式销售出去，尤其是金额较大的精品。比如夜视仪、高端的太阳膜、高价的漆面美容保养等。

2）与二手车业务结合，将二手车整修一新并可进行升级改装车辆的漆面，内饰的整新，底盘的保养，发动机的清洗等。

3）与保险业务结合，销售汽车保险的同时联合开展一些活动，比如安装智能钥匙赠送盗抢险，贴太阳膜赠送玻璃单独破碎险等。

四、汽车精品销售推荐技巧

1. RFABE法则

R：Research（需求探寻）的缩写，即发掘客户真正需求。

F：Feature（特点）的缩写，即我们纯正精品的产品介绍。

A：Advance（优势）的缩写，即产品优势介绍。

B：Benefit（利益）的缩写，即给客户带来的利益、好处。

E：Evidence（事例参考）的缩写，即实际客户体验事例说明。

这一法则的运用指的是在精品销售中首先应从客户的语言、肢体、表情等方面挖掘探寻客户的需求，而后利用阐述产品的属性特点、作用优势和给客户带来的利益这一方法推荐汽车精品，最后通过举例说明汽车精品带来的实际体验来强化客户的购买欲望。

2. 精品销售实例RFABE法则运用

（1）外观套件

外观套件RFABE的运用见表7-12。

表7-12　外观套件RFABE的运用

需求探寻（R）	1. 现在是个性化的社会，大家为了标新立异、与众不同绞尽脑汁，而且还要求用的东西更加上档次，有品位 2. 像您一家，周末一般都会去郊外转转吧，普通踏板比较滑，老人和小孩上下车可能不是很方便，孩子碰磕处理一下就好了，可老人伤一下麻烦就大了

（续）

话术应对（FAB）	F：您看我们这套侧踏板采用的是铝合金的材质，弹性好且承载力强，最重要的是防滑 A：而且原厂的配件不会出现色差、缝隙不匀的情况 B：这样老人、孩子上下车既安全又有个落脚的地方，同时也让您看起来更加有品位、有品质
事例参考（E）	家人对车子倍加爱护，尽量不接触车辆漆面。结果本来是用来享受的东西，反而我们不敢碰、不敢踩，比打车还累，实用性反而大打折扣
客户异议处理	异议1：加装了以后会不会影响我挂牌照？ 汽车销售顾问：我们4S店提供的是一条龙服务，只要稍微加点手续费您就可以正常挂照牌，并且行车证上的照片就是您加装完后的照片 异议2：侧踏板使用久了会不会掉颜色？ 汽车销售顾问：我们采用全铝合金材质，不会出现您所说的那种情况，您说的那是镀铝的，跟这款有本质上的区别，即便时间久了颜色发暗，用抹布一擦也会光亮如新

（2）汽车导航

汽车导航 RFABE 的运用见表 7-13。

表 7-13　汽车导航 RFABE 的运用

需求探寻（R）	1. 看您用的是智能手机吧，想不想试一试用手机操控这部汽车 2. 现在马路上车多人多，视线稍微离开路面，就有可能发生危险 3. 现在各个品牌的导航非常多，准确度参差不齐。有时候开车去外地，我们很依赖导航，但是导航却给我们提供错误的数据
话术应对（FAB）	F：我们的导航拥有手机映射功能，东风日产的纯正精品导航采用了语音控制和手势控制模式，原厂自带120G的超大卫星图片 A：我们这套导航系统，在您开车时，如果想调节多媒体设备，只需语音或手势即可操作，无须低头查找按键。另外坐在后排的乘客通过手机即可操控多媒体功能。道路导航过程中，由于自带详尽的地图信息，路线设定精准、迅速 B：由于新交规规定14岁以下小孩不能坐副驾驶位，当您带着孩子开车出行时，您的小孩可以通过手机在后排操作多媒体设备，让您专心开车，保证行车安全。同时借助精确的导航定位，帮您省时省油，出行便利
事例参考（E）	1. 现在是智能化社会，任何终端电器物品都将实现远程的操作遥控，而我们××牌原厂导航产品，正是顺应客户的需要推出这些个性化的使用功能 2. 我有个客户之前认为这些功能华而不实，买它只是因为孩子喜欢，可是用过之后发现非常方便，尤其是语音操控，非常有用，避免驾驶中的很多安全隐患 3. 我有一朋友，自己图便宜买的其他导航，地图不负责更新，他也没当回事。有次开车见客户，导航指错了路，多绕了一个多小时，客户生气了，生意也失败了，原因就是地图旧了，道路变化，新路口没显示
客户异议处理	异议1：你们的导航会不会不准确呢 汽车销售顾问：先生您很关注这些细节，说明您也是一个很仔细、考虑周全的人。您说的这个问题通常在一些其他品牌的导航里确有发生，但是我们的地图更新数据信息经过国家检测、××认证的最新正版地图，这个您放心 异议2：你们的导航有这么多的联网功能，会不会耗费我过多的流量，造成大量扣费 汽车销售顾问：我们的多媒体控制大部分都是通过蓝牙传输数据，即便是需要联网进行数据传输，数据量也很小，您现有的流量套餐肯定用不完的，要是还不放心，可以选择关闭网络选项，再使用，这样就放心了

项目八 新车交付

任务一 交车准备

任务目标

1. 掌握新车交付前的文件准备工作。
2. 能够开展对新车交付前的出厂前检查（PDI）。
3. 能够对新车交付场地进行准备。
4. 能够全方位开展好交车准备工作。

建议学时

2学时。

相关知识

一、文件准备

交车前要对涉及车辆的相关文件进行仔细全面的检查，确认无误后，装入文件袋以便交给客户。这些文件类型如图8-1所示。

商业票据类	收费凭证、发票、合同或协议、完税证明、保险凭证、尾款结算单据等
随车文件类	车辆使用手册、保修手册、车辆合格证、精品附件使用说明书等
商务活动类	销售经理、汽车销售顾问、服务经理和服务顾问的名片等
交车工具类	交车确认单据、PDI检查表格、精品附件检查文件等
增值服务类	售后服务资料、车友俱乐部介绍资料文件、试乘试驾联谊卡、资料袋、赠送的小礼品等

图8-1 交车文件类型

二、车辆准备

1. PDI

新车在交车前要对车辆进行重点检查,俗称 PDI。PDI(Pre Delivery Inspection 出厂前检查)即车辆的售前检验记录,是新车在交车前必须通过的检查。

汽车销售顾问协助服务部维修检验技师完成新车 PDI 准备(含精品件安装),汽车销售顾问再次确认并于《PDI 表》上签名确认,见表 8-1。

表 8-1 新车交车 PDI 表

经销商名称:				编号:	
车型:				钥匙号码:	
车架号:		发动机号码:		车身颜色:	
项次	检查内容说明		状况 OK	状况 NO	维修确认及签字
一、车辆外观/漆面检查:(环车检查有无刮碰伤"变形")					
1	前保险杆、发动机舱盖、右前翼子板、车顶、车门、左右后轮板、后行李舱盖、后保险杆				
2	前后风窗玻璃、车门玻璃、其他玻璃				
3	标志、电镀饰条、车门把手、外照后视镜				
4	前照灯、侧灯、雾灯、尾灯、第三制动灯				
5	安装刮水器片及轮胎饰盖				
二、车辆室内检查:					
1	遥控器功能、钥匙对车门开锁上锁功能				
2	天窗功能及电动座椅功能				
3	室内灯、仪表各指示灯及危险警告灯功能				
4	喇叭、刮水器及喷水、前照灯、转向灯、侧灯、雾灯、尾灯及制动灯功能				
5	空调/音调功能及后风窗玻璃除雾功能				
6	电控及手摇车门玻璃升降及上开锁功能、外后视镜调整功能、儿童锁功能				
7	车门内外把手开启功能、发动机舱盖、行李舱盖、油箱盖开启功能				
三、发动机室检查:					
1	液位检查:发动机、变速器、制动油壶、转向助力泵、副水箱、刮水器喷水壶				
2	蓄电池状态:电压值				
3	各油管、水管、束夹状况,有无泄漏等				
四、后箱室检查:					
1	后箱锁上锁及开锁功能				
2	后箱照明灯功能				

(续)

五、底盘检查：				
1	发动机及变速器下方有无漏油及漏水痕迹			
2	各水管/油管有无渗漏痕迹			
3	传动轴/转向系统有无漏油痕迹			
4	制动系统有无漏油痕迹			
5	悬架系统有无漏油痕迹			
6	调整轮胎胎压到规格内（新车出厂时胎压均高于规格上线，交车时务必调整）			
六、特殊要求：				
1	内装及附加配备			
2	随车手册/点烟器放置定位			

PDI 检查员：_____ 提车人：_____

日　　期：_____ 日　　期：_____

第一联（浅红）经销商存档　　第二联（白色）汽车销售顾问存档

注：
1）PDI 必须在交车给客户的前一天完成
2）检查员必须按照本表逐项落实检查，发现问题必须立即排除
3）提车人必须完成新车的确认后并在本表签名，才能将新车取走
4）本表一式两联，第一联 PDI 存查，第二联交付提车人（汽车销售顾问）

2. 汽车销售顾问对新车进行全面清洁

交车前应该对新车进行全方位清洁，做到清洁靓丽，在车内铺上三件套，随车工具、备胎摆放整齐，各项功能正常使用，油箱内至少有 1/4 箱汽油或保证客户能将新车开到最近加油站，或保证油灯不报警即可，这样可以提升客户提车的满意度。

三、交车场地准备

交车场地 5S 检查，保证交车场地的干净整洁，清理交车区场地。交车区出口无障碍物，方便客户驾驶新车离店不受任何影响，布置交车背景板。

在展厅入口处放置"××提车"欢迎牌，在欢迎牌上书写来提车的客户姓名。

在交车区悬挂 LED 交车横幅，准备手捧花、交车铭牌、大红花、红丝带、交车贵宾胸卡、照相机、三脚架、赠送的小礼品等。

任务二　新车递交

任务目标

1. 掌握交车预约的方法。

2. 能够开展新车递交的接待工作。

3. 能够熟练地开展新车交付仪式，提升客户满意度。

4. 熟悉交车后的工作内容。

建议学时

2 学时。

相关知识

一、预约交车

1. 电话预约

（1）预约前准备

1）客户订车时：应同客户一起在《客户交车需求记录》文件上记录客户对交车的各项需求。

2）如果客户希望安装精品附件等，应与服务部门确认附件的库存情况，并根据需要安排订货。

3）在客户所订新车到达后，应将与客户约定的交车日期和时间通知库管员，由库管员统一安排新车准备计划。

4）准备新车交付档案、新车销售合同、详细的客户账目信息、已付款和待付款信息、交车检查表、PDI 表、客户交车需求记录、车钥匙、齿形码条、车辆合格证、《使用手册》、《三包凭证和保养手册》等；车辆上牌信息（购置税、车船使用税、验车费、保险费等费用以及相关服务）；其他（如点烟器、天线）。

（2）电话预约内容

1）接通电话后首先问候客户并做自我介绍，确认接电话人员是否是订车的客户本人。

2）说明打电话的原因。

3）逐一与客户核对《客户交车需求记录》中记录的各项，以确认其有效性，记录新的或有变化的客户需求。

4）根据《客户交车需求记录》文件中记录的客户可行的时间安排向客户建议总体交车时间。

5）提醒客户完成新车交付所必须携带的相关证件、待付车款等，以保证顺利办理交车相关手续。

6）在结束通话前，重述约定的日期与时间，以确保双方没产生误解。

7）向客户致谢，结束通话。

（3）预定交车日期发生延迟时　第一时间主动向客户说明原因及解决方案。

2. 交车前最后准备工作

1）车辆的最后检查：交车前 2h（确定库管员已经将准备好的待交新车停放在新车交付区，油箱内有充足的汽油。根据《PDI 表》（售后部门提供）确认随车文件及工具是否齐全。填写新车《交车检查表》中的基本信息，按照交车顺序做最后的车辆检查，根据交付的具体车型划掉不适用项目。确保新车干净整洁无任何瑕疵。锁好待交车辆，并将车钥匙交给展厅经理统一管理。

2）更新并展示交车预约看板。

3）再次核实客户背景信息：在客户到达前，查阅交车档案进行核对，清楚地把握客户的背景信息及所购车型；清楚客户对交车的需求。

二、交车接待流程

交车环节是客户最兴奋的时刻，也是汽车销售顾问开心的时刻，递交新车时重要的是按照经销商的交车接待标准全方位服务好客户。

1. 前台接待

1）在4S店展厅门口立欢迎标牌，祝贺客户提车。

2）汽车销售顾问（主管或经理也可参与）到门口迎接并祝贺客户。

3）为客户挂上交车贵宾的识别标志。

4）店内每位员工见到带有交车贵宾识别标志的客户均应热情道贺。

5）引领客户至洽谈桌就座，并提供饮料。

2. 洽谈交车细节

1）向客户简要说明交车流程和所需的时间，并征询客户意见取得认可。

2）利用准备好的各项清单与客户结算各项费用。

3）移交有关的物品：用户手册、保修保养手册、行驶证、车辆钥匙等。

4）文件交接手续工作应在最短的时间内完成，如有必要，其他部门人员应到场协助，避免客户久等。

5）《用户使用手册》结合车辆说明使用，其余各项文件一一打开展示说明，逐条解释让客户了解，并提醒客户详细阅读不明之处随时提出。

6）注意及时添加饮品。

 小贴士

切忌以下两点：

1）交车时只进行口头说明，未使用相关资料。

2）交车时未充分照顾客户，忙于书面文件的填写。

3. 陪同客户交车

1）汽车销售顾问带客户到车辆存放地点选车，陪同客户对新车进行全面检查验收，包括车况检查，随车工具检查，钥匙检查（选车时核对好：密码卡、点烟器、车架号及工具包，有缺少时，一并在内勤处领取）。

2）填写销售业务流程单，把客户的个人资料、车辆信息填写完整。

3）汽车销售顾问持车主本人有效证件、车辆合格证、业务流程单、装饰单（如在本店进行汽车装潢）到财务部交款，财务部收到各款项后，开具汽车零售/增值发票。

4）如客户在本店办理保险，汽车销售顾问应将复印好的发票、车辆合格证、车主身份证、指定驾驶人驾照等客户资料交由保险公司在本店驻点的工作人员计算无误后填写并签字确认，出保单。

5）汽车销售顾问持车主身份证、发票、车辆合格证到保险部门投保出保单后，将以上手续转交客户服务部（验车部）办理验车上牌，待验车上牌后由客户服务部与客户办理相关车辆手续交接，并签字确认（发票、车辆登记证、年检标、尾气排放标、行驶本）。

6）由验车员带客户缴纳购置税，并为客户按区域验车上牌。

7）汽车销售顾问持装饰流程单到维修前台为客户办理汽车装饰业务。

8）汽车销售顾问应在客户办理完验车、上牌等相关车辆手续后，为客户办理新车交付，检查车辆外观、灯光、液面、随车工具及物品等，介绍新车功能及使用常识及售后相关知识（保养维修常识及价格，售后索赔政策，救援政策），填写"出库验收单""销售订单""技术报告单"，请客户在上面签字确认；填写保修手册，并将感谢信、保修手册、说明书交给客户。填写客户满意度调查表，由客户签字确认。

9）将所有的证件、文件、手册、名片放入资料袋内，并将其交给客户。

某品牌汽车交车完整流程如图 8-2 所示。

三、车辆手续办理

1. 手续办理流程

一辆新车，从验证到正式上路，需要经过工商验证、缴纳购置附加费、办理移动证、办理保险、车辆检验、领取牌照等程序。

现在许多客户都委托汽车销售公司办理手续，这往往也成为商家竞争的重要手段。新车手续办理主要程序见表 8-2。

表 8-2　新车手续办理主要程序

序号	程　序	具 体 内 容		备　注
1	购车	客户	1）个人提供身份证 2）单位提供企业法人代码证 3）如军人购车，须部队出具本人姓名、单位、住址证明	
		汽车经销商	1）正规购车发票 2）厂家提供的汽车质量合格证 3）进口车须提供海关货物进口证明或罚没证明、商检证明	
2	上保险		1）购买新车必须承保交强险和第三者责任险，其他险种可酌情办理。车主可在保险公司或 4S 店办理保险，交纳保费 2）办理保险时须提供身份证或企业法人代码证、购车发票	
3	缴纳车船使用税		新车领回行驶证后，车主应带上购车发票和行驶证，自行或委托 4S 店去所在地税务局（或购车时在其驻场代征处）交纳车船使用税，领取"税"字牌	

(续)

序号	程序	具体内容	备注
4	工商验证	办理工商验证须提交购车发票；汽车出厂合格证明（合格证）；企业法人代码证或个人身份证；进口车辆须提供海关证明、商检证明；罚没车须出示罚没证明；凡车价差异较大或售车后退货又重新出售的车须由售车单位出具证明，后者则须出示原售车发票	购车后，须带上购车发票和购车合同到工商局所属的机动车管理所办理发票验证手续，并在发票上加盖验证章
5	办移动证	在发票上加盖验证章办理移动证时，须提供身份证；购车发票；进口车还须带海关货物进口证明或罚没证明、商检证明；单位的车须带法人代码证和公章	1）没有牌照的车辆是不能上路的 2）在领取正式牌照前，还需要到所在区、县的交通大队办理车辆移动证 3）本地车只有办理了移动证后才能上路行驶，外地车还应办理"临时牌照"才能上路
6	缴纳附加费	缴纳附加费时，须提供工商验证发票原件及复印件两张；汽车质量合格证；进口车须提供海关货物进口证明或罚没证明、商检证明；个人提供身份证，单位提供企业法人代码证，属国家控制车辆还须提供控办"准购证"	1）汽车是高档消费品，因此还必须到交通部门指定的车辆购置附加费征稽管理处缴纳附加费 2）国产车的购置费是车价扣除增值税后金额的10%，其计算公式为：购置费 = 车价/1.17×10% 3）进口车的购置费为进口环节各项税费组成的计税价格的10%。其计算公式为：购置费 = 计税价格×10%
7	验车	验车时须带齐车主身份证或法人代码证；车辆合格证；进口车还须出示商检证书、进口单和车管所核发的准验单	新车须经车辆检测场检验合格后才能领牌。验车场由车管所指定。检验合格后填发由驻场民警签字的机动车登记表
8	领取车牌照	领牌时需要带购车发票（进口车还须出示商检证书、进口单和车管所核发的准验单）；车辆合格证；占地证明（停车泊位证明）；个人须提供身份证，单位提供企业法人代码证，属国家控制车辆还须提供控办"准购证"；购置附加费证；验车合格的机动车登记表	1）领取牌照须本人亲自到场。 2）在领回牌照的同时，还能领到"检"字和临时行车执照。临时行车执照替代行驶证使用，同时供下一步备案新车和办正式行驶证时使用
9	保险公司登记车牌号	尽快把新车车牌号通知保险公司是非常必要的，《机动车辆保险条款》中有规定：保险车辆必须有交通管理部门核发的行驶证和号牌，否则本保险单无效	车主最好亲自到保险公司书面登记牌照号码。如果保险委托人很懂行、很负责，也可以委托他们登记牌照号码
10	新车备案	新车领回牌照后，应先去备案，然后再办行驶证。备案地点是所在地的安委会	备案时须带车主身份证明和临时行车执照
11	办理行驶证	须带的资料有两张新车照片；临时行车执照；备案卡；车主身份证	领牌照的3日后方可办理行驶证，须准备两张新车照片，到相应的车管所办理
12	新车建档	新车建档是在交购置费的购置附加费征稽所进行，建档后，他们将在购置附加费证上加盖"已建档"的章	

项目八 新车交付

图 8-2 某品牌汽车交车完整流程

2. 裸车系统交车

（1）**交车单制作** 打开企业销售操作系统交车界面，交车单制作需要填写客户信息、交易信息、车辆基本信息、车主信息、保养里程/交车里程及业务信息等。

（2）**整车销售收款** 打开企业销售操作系统收款界面，需要填写信息包括业务单号、客户号、客户名称、联系人、收款日期、交款方式、摘要、收款金额、选装件金额、已收定金、应收合计金额、实收金额、欠款金额、开票方式、发票号、收款归属日期、备注、收款

167

人、应收日期等。

3. 一条龙服务系统交车

打开操作系统一条龙服务，制作一条龙服务预估单。需要填写信息内容包括客户信息、交易信息、车辆基本信息、车主信息、保养里程/交车里程及业务信息等。

四、新车递交仪式

1. 交车区

4S 店内应设置专用的交车区域用于交车服务，汽车销售顾问应事先布置好交车区。交车区 5S 检查，保证交车区的干净整洁，清理交车区。确保场地没有其他用途，并打扫干净。要在交车区内最明显的位置设立标示牌及标准作业流程的看板和告示牌，并要在展厅入门处设置好恭贺牌。交车区出口无障碍物，方便客户驾驶新车离店不受任何影响，布置交车背景板。

2. 交车仪式

交车仪式力求简短、隆重、热烈，通过交车仪式让客户拥有一段难忘的经历，给客户留下深刻的印象，交车仪式一方面是为了提高客户的满意度；另一方面也可以通过这样一种方式来影响在店内看车或者维修保养的客户，让他们感受到作为本店客户所受到的礼遇和尊重。

1）所交新车用绸缎盖住或在后视镜处带上礼花，准备好模拟新车的钥匙、鲜花、交车钥匙铭牌等小礼品。

2）汽车销售顾问、展厅经理、售后服务经理、客服人员等出席参加交车仪式，店内有时间的其他汽车销售顾问都可以出席参加交车仪式并向车主祝贺。

3）汽车销售顾问经过展厅经理进行现场组织，指挥工作人员在新车旁列队。

4）由汽车销售顾问奉上鲜花交予车主，同时向其家人赠送一些小礼物。

5）现场全体人员与新车合影留念，合影结束后全体鼓掌，表示热烈祝贺。

交车仪式如图 8-3 所示。

图 8-3　交车仪式

五、交车后工作

1. 介绍服务顾问

交车结束之后将专属服务顾问介绍给客户，将服务顾问的名片同随车文件一起交给客户。并告知客户如果希望了解更多情况，可以电话联系予以解决。

提醒客户重要的时间点：首次保养时间；定期检查的时间；保修终止日期。

提醒客户携带好相关文件和随身物品。

2. 代驾新车、送客回家

如果客户是开着车来提新车的，询问客户是否需要帮忙把车辆送回家去。如果需要则由

4S店指派驾驶技术过硬的驾驶人帮客户把车辆送回其指定的地点。如果客户因驾驶经验较少，希望4S店提供送车服务，应安排相关服务（是否收费根据距离远近判断）。如果客户是新上路的驾驶人，不敢独自一人驾车离店，则应帮助客人把新车开回家。

3. 目送客户离店、做好文件总结工作

客户离店时，汽车销售顾问应送到店门口；目送客户离开，直到客户消失在车流中再转身回店。客户离店后汽车销售顾问做好交车文件的总结收集归纳工作，将交车相关信息录入经销商客户管理系统，做好数据管理。

4. 关心客户顺利到家、提醒客户新车上牌

当日交车后预计客户到家后给予电话问候，确认客户是否安全到家，提升客户满意度。在客户提车后三天内，电话联系客户，了解客户车辆使用情况，使用《购车客户回访表》记录客户的反馈，如有疑问并在第一时间给予解决。

客户离店三天后，给客户打电话回访，询问新车使用情况，提醒客户及时上牌；询问客户的家人或朋友对新车的评价情况，如果客户表示满意的，则顺便要求其帮忙介绍新客户来购车，并表示感谢。

项目九 服务跟踪

任务一 客户回访及投诉处理

任务目标

1. 熟悉客户回访的原因和任务。
2. 掌握回访流程，开展回访工作。
3. 掌握客户投诉处理的原则和处理流程。
4. 掌握投诉处理的技巧，并可以开展投诉处理工作。

建议学时

2 学时。

相关知识

一、客户回访

1. 客户回访原因

1）客户购车之后往往会由于车辆的使用或手续的办理等存在很多困扰，汽车销售顾问通过回访为客户提供专业的咨询，有助于增进客户对服务的满意评价，培养企业的忠诚客户。

2）购车之后对客户进行回访，了解客户的使用现状，淡化客户购车后的失落感，增加客户的信任程度，从而有利于实现保有客户的增加。

3）多数客户在销售过程中由于多种原因不对服务进行评价，通过售后回访，能够获取客户对企业服务的评价，从而有助于企业提高服务水平。

2. 客户回访任务

（1）**提醒回访**　对客户保险、驾驶证、车辆年检等各种情况的提醒。

（2）**预约服务**　告知预约服务内容，培养客户服务预约意识。

（3）**满意度回访**　了解客户销售、售后的服务体验，收集意见及建议，找出薄弱环节，改善服务，提升客户满意度。

（4）**客户关爱回访**　询问客户汽车的使用情况，为客户解决疑问的回访。

（5）失败客户回访　对失败客户进行回访，了解失败原因，为下次销售提供信息储备。

（6）潜在客户调研　了解保有用户周边的意向客户资源，促进销售。

（7）休眠客户关怀　分析回访信息，找出客户流失的原因，激活休眠客户。

3. 客户回访的类型

（1）1DC回访　1DC回访是指在交车后的24h内由汽车销售公司或专营店的销售经理负责打出第一个电话。

（2）3DC回访　在交车后的3天内由售车的汽车销售顾问负责打出第二个电话。

（3）7DC回访　在交车后的7天内由售车的汽车销售顾问负责打出第三个电话。

（4）30DC回访　在销售后第一个月左右由服务顾问负责打出第四个电话。

（5）30DC后的关系维护回访　客服专员根据实际情况每月定期回访，主要是进行日常车辆使用跟踪，维系客户关系。

（6）特殊时间特殊回访　如客户的生日、购车周年日、节假日等都是回访的时机，汽车销售顾问可以自然而然地打电话或发短信问候客户、关心客户。

4. 短信回访

在电话回访的过程中，许多客户不方便接听电话，因此也可以采用短信形式回访。

二、客户回访流程

1. 确定回访时间

打电话时要回避客户不方便接听电话的时间，应在适当的时候打，注意别给客户造成不便。

2. 设计电话问卷

（1）设计电话问卷的原则　要做好电话回访，首先要设计一份好的电话问卷。

> **小贴士**
>
> 设计电话问卷时应遵循的原则：
> 1）主题明确。
> 2）结构合理、逻辑性强。
> 3）通俗易懂。
> 4）控制问卷的长度，一个完整的电话回访时间应该控制在5～8min。
> 5）便于资料的校验、整理和统计。

（2）设计电话问卷的注意事项

1）告知客户汽车专营店名称和你的名字、职务。

2）再次感谢客户购买本品牌汽车或选择本专营店的服务。

3）明确告知与客户通电话的原因，并确认客户。

4）客户是否对车辆满意，了解客户车辆使用情况。

3. 与客户联系的要点提示及注意事项

1）再次确认回访时与客户沟通内容。

2）打回访电话的人要懂基本汽车养护常识，懂沟通及语言技巧。

3）征询客户是否有时间交流，如果客户忙，可另约时间，如果客户可接受访问，则感谢客户花时间接受回访。

4）打电话时为避免客户觉得他的车辆有问题，建议使用标准语言及标准语言顺序，发音要自然、友善。

5）讲话不要太快，一方面给没有准备的客户时间和机会回忆细节；另一方面避免让户觉得你很忙。

6）不要打断客户，记下客户的评语。

7）访问过程中，尽量激起客户对在销售店情形的回忆，以聊天的形式与客户进行感情沟通，引导客户主动提问。

8）礼貌道别。

4. 回访信息整理、处置

回访结束后，整理回访信息，对跟踪的情况进行分析及处置。

（1）**完善客户资料** 将回访结果记录到"客户跟踪表"里，见表9-1，以便跟踪。

表9-1 客户跟踪表

实施日	实施内容	面谈者	对话内容	下次预定	经理
	交车后第一周		□寄发感谢信		
			□汽车销售顾问致谢电话		
			□销售经理致谢电话		
	5000km 免费检查				
	10000km 免费检查				
交车时间		车　名		车　型		上牌时间		上牌号	
保险公司					

（2）**处理客户投诉** 如果客户有抱怨，不要找借口搪塞，告诉客户你已记下他的意见，并让客户相信如果他愿意有关人员会与他联系并解决问题。有关人员要立即处理，尽快回复客户。若客户对车辆和服务有抱怨，要及时登记"客户抱怨处理表"，见表9-2。

表9-2 客户抱怨处理表

抱怨时间		投诉来源		客服专员	
客户姓名		车型		汽车销售顾问	
联系电话		车牌号		维修顾问	
客户抱怨详细内容					
客户期望					
处理部门		接单日期		处理期限	
处理过程/结果					
回访情况	□非常满意　□满意　□一般　□不满意　□非常不满意				
抱怨发生原因分析					
预防措施					
客服经理		处理部门经理		处理专员		客服专员	

（3）**发掘客户需求** 通过回访，发掘客户或者客户周边人群的新需求，则要做好信息登记，及时填写客户意向表，待客户需求得到解决时，及时邀约客户到店。

5. 回访结果反馈

对于通过回访获取的客户抱怨或者新需求，都要迅速处理，一旦有了结果就要及时反馈给客户。

三、特殊情况应对方法及话术

在进行电话回访时，经常会碰到一些特殊情况，此时尽量让客户满意，应对方法及话术，见表9-3。

表9-3 特殊情况应对方法及话术

序号	情况	应对方法	参考话术
1	回访潜在客户时，客户表示其朋友有购车计划	主动询问客户朋友的姓名、联系方式，留取详细的信息，建立潜在客户信息档案	1）"您是否方便提供您朋友的电话，我们可以联系他，向他详细介绍车辆的信息" 2）如果客户表示不方便提供，则可说："那是否方便留下邮寄地址，可邮寄相关产品资料，便于您朋友了解信息，再次感谢您"
2	有客户担心个人信息会被泄露时	给出正面肯定的回答，并积极表明立场，请客户放心	"您的参与将会是匿名的，我们将遵循行业规范，不会向任何与项目无关人员透露您的个人信息，请您放心回答"
3	咨询车辆已经出保，再到4S店维修有什么好处	给出积极肯定的回答，并要举例说明	"首先，在维修质量上的保障，我们4S店的维修技师都经过专业培训及技术指导，同时配备专业维修设备，保证维修质量；其次，我们店提供的均为原厂备件，可以保证备件质量及使用安全，让您放心"
4	表示在车辆购买或维修后会接到很多回访电话	首先要感谢客户的配合，态度要诚恳，同时要讲明回访的目的	"非常感谢您的配合，我们的回访是为了了解您的服务体验以便收集您的意见和建议，使我们能及时改善，更好地为您提供服务"

四、客户投诉处理

1. 投诉的分类

（1）**按照客户投诉的性质划分** 可以分为有效投诉和沟通性投诉。

（2）**按照投诉的原因划分** 可分为汽车产品本身的质量投诉、服务质量投诉、维修技术投诉、备件质量投诉、服务价格投诉、客户另有企图的恶意投诉。

（3）**按照客户的反映渠道划分** 可分为一般投诉、重大投诉和恶意投诉三类。

> 🔆 **小贴士**
>
> 1）一般投诉。面对面地表示不满。这类客户会直接将不满发泄给接待他们的人，如服务接待、汽车销售顾问等。

> 2）重大投诉。如果客户的一般投诉不能得到有效的处理和解决，有些客户就会通过其他渠道进行投诉。如向行业主管部门投诉，向消费者协会投诉，通过电视、广播、报纸等新闻媒体表示不满，在互联网上发布消息等。
>
> 3）恶意投诉。客户提出过当索赔要求。这是指客户对企业服务失误不符合公平性原则，提出过分要求，并有意扩大事端以获取额外补偿的投诉事件。

2. 投诉处理

（1）投诉处理的原则

1）先处理心情，再处理事情。

2）不回避。

3）第一时间处理。

4）找出原因，控制局面，防止节外生枝、事态扩大。

5）必要时请上级领导参与，运用团队的力量解决问题。

6）在解决过程中，不做过度的承诺，寻求共识，争取双赢。

（2）投诉处理的流程　从某种意义上说，恰当地处理投诉是最重要的售后服务。有效处理客户抱怨投诉的重要方法之一是利用设计合理的投诉处理报告表（见表9-4），按照有效的投诉处理程序进行。

表9-4　投诉处理报告表

投诉处理报告	报告人： 年 月 日
投诉受理日期	
投诉方式	□来函　□传真　□电话　□来访　□展示厅
投诉内容	
投诉见证人	
地址及联系方式	
处理紧急度	□特急　□急　□普通
承办人	
处理日期	
处理内容	
费用	
客户意见	
原因调查	
调查会议纪要	
原因	
记载事项	
检讨	

1）鼓励客户解释投诉问题，做好记录。

2）确认投诉性质，判断事实真相。

3）提供解决办法。

4）公平地解决索赔。

5）及时沟通解决方案。

6）化抱怨为满意。

7）检讨结果，做好记录。为了避免同样的事情再度发生，必须分析原因，检讨处理结果，并做好记录，吸取教训，使未来同性质的客户投诉减至最少。

3. 投诉处理技巧

（1）稳定客户情绪，防止意外状况　处理投诉最关键的环节是要稳定客户的情绪。

> **小贴士**
>
> 投诉处理技巧有表示歉意，让客户放松，不争辩，换时、换地、换人，转移话题等。

（2）与客户交谈的技巧

1）以诚恳、专注的态度来听取客户对汽车产品、服务的意见，倾听他们的不满和牢骚。

2）确认自己理解的事实是否与对方所说的一致，并站在对方的立场上替客户考虑，不可心存偏见。

3）倾听时不可有防范心理，不要认为客户吹毛求疵，鸡蛋里面挑骨头。绝大多数客户的不满都是因为我们工作失误造成的，即使部分客户无理取闹，也不可与之争执。

4）必要时，认同客户的情感，对其抱怨表示理解。

任务二　客户关系维系

 任务目标

1. 掌握客户关系维系的内容。
2. 掌握客户关系维系的方法。
3. 能够常规的客户关系维系。

 建议学时

2学时。

 相关知识

一、客户关系维系概述

1. 客户关系维系目的

客户关系维系是指企业通过努力来巩固及进一步发展与客户长期、稳定关系的动态过程和策略。客户关系维系的目标就是要实现客户的忠诚，特别是要避免优质客户的流失，实现优质客户的忠诚。当然，客户关系维系不只是现有关系水平的维持问题，而且是一个驱动客户关系水平不断升级发展的过程。

2. 客户关系维系原因

目前，许多企业把工作重心放在不断开发新客户上，消耗了企业大部分的人力、物力和财力，然而由于没有维系或者不善于维系客户关系，或者缺乏保留客户和实现客户忠诚的策略，导致开发出来的客户很快就流失了，这给企业带来很大的损失。

可见，企业固然要努力争取新客户，但维系老客户比争取新客户更加重要。对于汽车企业而言，老客户的价值，要远高于新客户。因此，企业既要不断建立新的客户关系，不断争取新客户，开辟新市场，又要努力维系已经建立的客户关系，努力保持现有客户，并且培育忠诚客户。

二、客户关系维系方法

1. 实现与客户之间的有效沟通

客户沟通的内容主要是信息沟通、情感沟通、理念沟通、意见沟通，有时还要有政策沟通。信息沟通，就是企业把产品或服务的信息传递给客户，也包括客户将其需求或者要求的信息反映给企业；情感沟通，主要是指企业主动采取相关措施，加强与客户的情感交流，加深客户对企业的感情依恋所采取的行动；理念沟通，主要是指企业把其宗旨、理念介绍给客户，并使客户认同和接受；意见沟通，主要是指企业主动向客户征求意见，或者客户主动将对企业的意见（包括投诉）反映给企业的行动；政策沟通，主要是指企业把有关的政策向客户传达、宣传所采取的行动。

2. 建立客户与企业之间的沟通渠道

（1）**通过汽车销售顾问与客户沟通** 汽车销售顾问可以当面向客户介绍企业及其产品或者服务的信息，还可以及时答复或解决客户提出的问题，并对客户进行主动询问和典型调查，了解客户的意见及客户对投诉处理的意见和改进意见等。

（2）**通过活动与客户沟通** 通过举办活动可以让企业的目标客户放松，从而增加沟通的效果。如通过座谈会的形式，定期把客户请来进行面对面的沟通，让每个客户畅所欲言，或者发放意见征询表，向他们征求对企业的投诉和意见。通过这种敞开心扉的交流，可使企业与客户的沟通不存在障碍，同时，这也是为客户提供广交同行朋友的机会。此外，通过定期或不定期地对客户进行拜访，与客户进行面对面的沟通，也可以收集他们的意见，倾听他们的看法、想法，并消除企业与客户的隔阂。

（3）**通过信函、电话、网络、邮件、博客、微信、呼叫中心等方式与客户沟通** 通过信函、电话与客户沟通时指企业向客户寄去信函，或者打电话宣传、介绍企业的产品或服务，或者解答客户的疑问。

💡 **小贴士**

上海通用汽车公司原来只有一个呼叫中心系统，远不能满足客户的需要。为了更好地与客户沟通，公司委托IBM公司帮助建立了CRM系统，使客户通过免费的电话呼叫中心和"百车通"网站可以直接下订单购车。当然，客户还可以对购车时间进行选择，如立刻购买、3个月内购买、6个月内购买、1年内购买，而上海通用则根据客户不同的购买时间制订不同的应对方法。

（4）**通过广告与客户沟通** 广告的形式多样，传播范围广，可对目标客户、潜在客户和现实客户进行解释、说明、说服、提醒等，是企业与客户沟通的一种重要途径。

（5）**通过公共宣传及企业的自办宣传物与客户沟通** 通过公共宣传与客户沟通的优点是：可以增加信息的可信度，因为它是一个与获利无关的评论，比较可靠。

（6）**通过包装与客户沟通** 企业给客户的第一印象往往来自企业的产品，而产品给客户的第一印象，不是来自产品的内在质量，而是来自产品的包装。包装是企业与客户沟通的无声语言，好的包装可以吸引客户的视线，给客户留下美好的印象，能够引起客户的购买欲望。

3. 建立客户与企业之间的互动平台

1）开通免费投诉电话、24h投诉热线或者网上投诉等。
2）设置意见箱、建议箱、意见簿、意见表、意见卡及电子邮件等。
3）建立有利于客户与企业沟通的制度。

企业要积极建立客户投诉制度和建议制度，清清楚楚、明明白白地告诉客户企业接受投诉的部门及其联系方式和工作程序。此外，企业还可以设立奖项制度鼓励客户投诉。

4. 建立多种维系客户关系的纽带

（1）**利用财务纽带维系客户群** 指对客户进行量和频次的鼓励，根据客户购买数量的多少，给予他们不同的价格水平。

（2）**利用社会和心理纽带维系客户群** 社会和心理纽带着重强调通过不断交易而形成的个人关系对客户忠实度的意义。

（3）**利用组织结构纽带维系客户群** 组织结构纽带的核心思想是与客户形成供应链，成为利益共同体。通过一定的组织结构来与客户实现利益上的共同体。

（4）**用户纽带** 用户纽带是涉及对用户个性化需求满足的具体问题。要充分满足客户个性化的需求，就需要与客户形成互动性的交流，充分了解客户的问题与需求。

三、客户关系管理

1. 客户关系管理的目的

客户关系管理是企业为提高核心竞争力，为达到竞争取胜、快速成长的目的，建立以客户为中心的企业发展战略。客户关系管理的目的有两方面：一是售前的销售；二是售后的保养维修。

2. 建立良好的客户信任关系

（1）**增加客户的好感** 汽车销售顾问可以通过以下方面来获取客户的好感：第一，注意个人的礼仪、形象、修养、素质、专业知识、诚信、口碑和良好的服务；第二，把客户的利益放在首位；第三，创造一个安心、舒适的销售环境，与客户保持适当的距离；第四，尊重和重视同行的每位客户，认真对待和处理客户的每个问题、意见和建议；第五，适时正确地使用销售技巧；第六，努力创造客户的满意度；第七，适时地赞美和感谢客户。

（2）**客户关系的维护** 新车交付并不意味着销售工作的结束。客户往往期望在他们离开之后仍能得到企业和汽车销售顾问的关心和帮助。因此，汽车销售顾问应努力做好现有客户关系的维护工作。利用现有客户的人际资源往往事半功倍。因此，在客户交车时，除了要创造轻松、愉快的销售气氛外，还需要为客户提供满意的售后服务，做好客户关系维护工作。

3. 客户关系管理内涵

（1）**客户关系类型**　汽车销售顾问与客户之间的关系类型见表 9-5。

表 9-5　汽车销售顾问与客户关系类型

基 本 型	被 动 型	负 责 型	能 动 型	伙 伴 型
汽车销售顾问把产品销售出去就不再与客户接触	产品销售出去之后，鼓励客户在遇到问题时给公司打电话	产品销售后不久就给客户打电话，询问产品是否符合客户的期望	公司经常与客户联系，查询其有关改进产品用途的建议或为其提供有用的新产品信息	不断地与客户联系，寻求合理开支的方法，或者帮助客户更好地进行购买

（2）**汽车销售顾问与客户情绪变化**　汽车销售顾问随着交车工作的完成，情绪会下降，热忱度也会随之下降，正好与客户相反，从而不利于忠诚客户的培养。要改善汽车销售顾问与客户之间的关系，就需要进行客户关系管理，使汽车销售顾问与客户的情绪保持同频，从而引导客户成为企业的忠诚客户。

（3）**客户由普通向忠诚转变的进程**

1）提供新的车型。汽车制造商可以通过不断的创新，以保证经销车辆的品质，使它能符合客户的"需求"，更要符合其"理念"，能全面融入客户的生活中。

2）提供全方位的服务。对客户而言，买车只是一次性的，用车才是长期的。客户更希望在用车过程中也能得到贴心细致的关怀。因此，企业可以通过采用多种客户关系维系手段，有效地为客户提供全方位的服务，培养其从普通客户转化为忠诚客户。

3）提供完美的购车经历。完美的购车经历是培养出满意的客户前提，只有满意的客户才能成为忠诚的客户。因此，汽车销售顾问要设法为客户提供良好的"消费体验"，让客户参与和感动，建立起客户对品牌的忠诚。

4）质量、高技术的维修服务是保障客户用车的前提。因此，企业要为客户提供最满意的维修服务，解决客户的后顾之忧，进而与客户一同分享、学习和成长。

（4）**客户关系管理的主要工作**

1）客户资料卡管理。客户资料卡是客户重要信息的载体之一，客户资料卡的完善是对客户关系进行有效管理的前提。

2）客户合同管理。客户合同是客户与企业达成交易的重要凭证，通常汽车的质保期为2年，因此正常情况下，合同的有效保存期为2年。

3）客户满意度管理。提高客户满意度、满足客户的需求已成为企业成功的关键，一方面企业为客户提供更多的、具有更高附加价值的产品与更多的增值服务项目，让客户时时感受到你的诚意，从而不断重复成交；另一方面可以帮助客户，与客户缔结战略伙伴关系，基于这种战略伙伴关系，企业帮助客户发掘市场潜在机会，然后与客户共同策划、把握这些潜在机会，以此来提高客户的竞争力。

因此，获得更高的客户满意度意味着我们能够用更低的成本、高效率的方式为客户提供更多的价值，直至与客户建立长期合作、互惠双赢的战略伙伴关系。对于企业而言，为保证每个与客户关键的接触真正达到互感互动的目的，应该建立一套完整的客户服务满意体系，以确保自己的竞争优势。

小资料

客户服务满意体系所涉及的内容主要有建立全过程客户服务满意体系，建立高效客户服务标准，组建高效的客户服务团队，检查、监督、反馈与改善，增值服务，服务补救。

4. 客户关系管理系统

1）客户关系管理系统简称 CRM（Customer Relationship Management）系统体现了新的企业管理的指导思想和理念，是一种创新的企业管理模式和运营机制。其核心思想是：客户是企业的一项重要资产；客户关怀是 CRM 的中心，客户关怀的目的是与客户建立起长期有效的业务关系，在与客户的每一个接触点上都更加接近客户、了解客户、从而最大限地增加企业利润，提高企业效益。

CRM 的核心是客户价值管理，它将客户的价值分为即成价值、潜在价值和模型价值。

2）客户资源管理的主要功能是客户信息管理功能、市场营销管理功能、销售管理功能、服务管理和客户关怀功能。

3）CRM 系统实施的价值。客户关系管理系统的实施有利于降低企业运营成本、提升客户转化率、提高客户回购率、提高企业销售额、提高企业管理水平。

亮点展示

新能源汽车客户关系维系案例

上汽集团 ROEWE 荣威新能源汽车提出"绿芯管家"（图 9-1），并做出四大承诺：

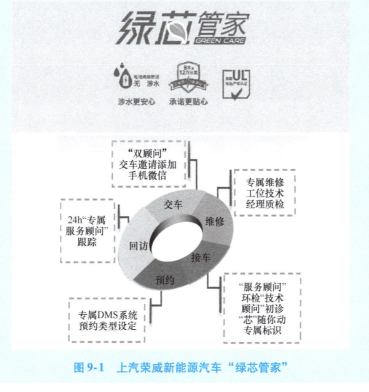

图 9-1　上汽荣威新能源汽车"绿芯管家"

承诺一：三电（即电机、电控、蓄电池）质保承诺8年或12万km。

承诺二：蓄电池衰减5年不超过20%，8年不超过30%。

承诺三：纯电模式续驶60km仍有20%余电。

承诺四：全国部分城市专享"绿芯管家"原厂服务，为车主提供原厂技师24h技术支持。

"绿芯管家"专属服务特色：

（1）享受宅捷修（充）服务 服务上门（上门取车、上门送车、上门维保）；在质保期内，新能源车主可以享受无限次宅捷修、宅捷充上门服务。

（2）享受"二对一"服务 车主在进店保养时，还能享受到专属资深服务顾问和技术顾问提供的类似银行VIP模式的"二对一"服务，比如免预约、免等候的快速维修通道等服务。

参 考 文 献

[1] 张晓青,高红梅,等. 推销实务 [M]. 大连:大连理工大学出版社,2007.
[2] 吴健安. 现代推销理论与技巧 [M]. 北京:高等教育出版社,2008.
[3] 李欣禹. 快速提高汽车销售业绩 [M]. 北京:电子工业出版社,2005.
[4] 周勇江,贾永轩. 汽车品牌营销 [M]. 北京:机械工业出版社,2010.
[5] 陈永革,裘文才,等. 汽车市场营销一本通 [M]. 北京:机械工业出版社,2010.
[6] 石虹,胡伟,等. 汽车营销礼仪 [M]. 北京:北京理工大学出版社,2010.
[7] 刘秀荣. 市场营销 [M]. 镇江:江苏大学出版社,2015.
[8] 刘秀荣. 汽车销售技巧与实务 [M]. 北京:电子工业出版社,2015.

职业教育汽车类专业"互联网+"创新教材
汽车技术服务与营销专业"校企合作"精品教材

汽车顾问式销售实训工单

北京运华科技发展有限公司　组编
主　编　刘秀荣　吴风波
副主编　边　晶　邢　磊
参　编　周学锋　李　君　郑瑞娜　陈佳伟　刘长策　刘　铭

目录

项目一　客户开发与售前准备 ｜ 1

项目二　客户接待 ｜ 6

项目三　需求分析 ｜ 14

项目四　车型推荐 ｜ 19

项目五　试乘试驾 ｜ 24

项目六　异议处理 ｜ 30

项目七　成交签约 ｜ 35

项目八　新车交付 ｜ 40

项目九　服务跟踪 ｜ 45

附录　《汽车销售情境三维仿真教学系统》简介 ｜ 49

项目一

客户开发与售前准备

实训目标	内　　容
职业技能目标	通过训练使学生具有开发客户的能力和售前做好准备工作的能力。能用不同的客户开发渠道进行客户开发并做好售前准备工作
德育素质目标	培养学生敬业、乐于吃苦和奉献的精神；诚实守信、尊重他人；严于律己，宽以待人的态度；平等相待，待人谦和、团结合作，攻坚克难；由此提升学生的道德修养

学院		专业	
姓名		学号	

一、接受工作任务

某4S店决定举办五一促销活动，销售总监在晨会上公布了活动销售目标，并做了相应的工作安排。汽车销售顾问小张为了完成个人的销售任务，需要进行客户开发，确认车辆库存情况，配合其他汽车销售顾问完成展厅、展车整理工作。

二、信息收集

1）客户开发的渠道有哪些？

2）请写出下列客户开发方法的优缺点。

客户开发方法	优　　点	缺　　点
个人观察法		
普遍寻找法		

连锁介绍法		
中心开花法		

3）客户开发的技巧有哪些？

4）如何进行客户资格审查？

5）展厅整理需要注意哪些方面？

6）如何进行客户邀约？

三、制订计划

根据所需知识，制订售前准备的工作计划。

序　号	工作流程	操作要点
1		
2		
计划审核	审核意见： 　　　　　　　　年　月　日	签字：

四、计划实施

1. 客户开发

1）作为汽车销售顾问，请确定本次任务需开发的客户目标是多少？

2）请写出进行客户开发时选用的渠道是什么？

3）请写出进行客户开发时使用的方法是什么，并说明理由。

4）请记录收集到的客户信息。

5）请对收集到的客户信息进行筛选、审查，并将符合要求的客户信息制成表（另付答题纸）

2. 售前准备

1）请写出汽车销售顾问整理展厅时的工作内容及要点。

2）请写出汽车销售顾问整理展车时的工作内容及要点。

_____
_____
_____
_____
_____
_____
_____
_____
_____
_____

3）请记录汽车销售顾问查询车辆库存信息的结果。

车型	在库		在途中		采购		是否交车
	颜色	数量	颜色	数量	颜色	数量	
							□是 □否
							□是 □否
							□是 □否
							□是 □否
							□是 □否
							□是 □否
							□是 □否

4）选取两种渠道告知客户本店将于××年5月1日举行"缤纷五一试乘试驾体验会",客户到店即礼品赠送。可选取的联系客户的渠道有电话、短信、邮件、QQ、微信等。请写出选择的渠道及话术或信息内容。

_____
_____
_____
_____
_____
_____
_____
_____
_____
_____
_____
_____

五、质量检查

请实训指导教师检查作业结果,并针对实训过程出现的问题提出改进措施及建议。

序 号	评价标准	评价结果
1	能够准确地确定客户开发的目标	
2	能够准确地选择开发客户的渠道	
3	能够选择合适的客户开发方法确定准客户	
4	能够运用客户开发技巧,吸引客户成为准客户	
5	能够运用客户信息筛选审查技巧,确认客户信息,制作客户信息表	
6	能够准确地查询整车库存情况	
7	能够做好展厅及展车的整理	
8	能够做好客户的跟进,准确地邀约客户到店	
综合评价	☆☆☆☆☆	
综合评语		

六、评价反馈

请根据自己在本次任务中的实际表现进行评价。

序 号	评价标准	评分分值	得 分
1	明确工作任务,理解任务在企业工作中的重要程度	5	
2	能够准确地确定客户开发的目标	5	
3	能够准确地选择开发客户的渠道	10	
4	能够选择合适的客户开发方法以确定准客户	10	
5	能够运用客户开发技巧,吸引客户成为准客户	10	
6	能够运用客户信息筛选审查技巧,确认客户信息,制作客户信息表	10	
7	能够准确地查询整车库存情况	10	
8	能够做好展厅及展车的整理	20	
9	能够做好客户的跟进,准确地邀约客户到店	20	
	合 计		

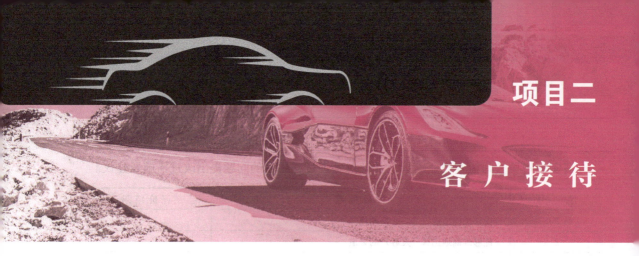

项目二 客户接待

实训目标	内 容
职业技能目标	通过训练使学生具有在不同的环境下能够成功接待不同客户的能力，能用标准的客户接待流程接待客户
德育素质目标	培养学生敬业、乐于吃苦和奉献的精神；诚实守信、尊重他人；严于律己，宽以待人的态度；平等相待，待人热情；由此提升学生的道德修养

学院		专业	
姓名		学号	

一、接受工作任务

周先生带着他的妻子和五岁的儿子首次参观××4S店，他们一家计划添置一辆既能商用也能家用的高档轿车，周先生是某小型企业的高管，妻子为全职太太，为人精打细算，儿子调皮又可爱，请问作为一名汽车销售顾问，该如何做好接待工作呢？

二、信息收集

1）（多选题）整个客户接待流程是初次接触客户和贯穿整个销售过程的互动和沟通过程，通过该流程的实施要注意达到以下哪些目的？（　　）

A. 要时刻注意充分展现汽车品牌形象和"客户第一"的服务理念
B. 要从建立客户的信心入手，为销售服务奠定基础
C. 通过专业热情的服务消除客户的疑虑，为引导客户需求做好准备
D. 通过良好的沟通，争取客户能再次来店

2）（多选题）客户来到展厅大门内，汽车销售顾问应该如何接待客户？（　　）

A. 热情迎接客户，询问客户的来访目的
B. 及时递上名片，简短自我介绍并请教客户尊姓
C. 与客户同行人员一一招呼
D. 引导客户就座

3）（多选题）客户想独自参观车辆时，汽车销售顾问应如何应对？（　　）

　　A. 按客户意愿进行，请客户随意参观

　　B. 明确说明自己的服务意愿和所处的位置，"如有需要，请随时召唤，我就在这边"

　　C. 在客户所及范围内关注客户需求，保持一定距离，避免给客户有压力的感觉

　　D. 当客户有疑问时，汽车销售顾问应主动上前询问

4）（多选题）客户希望与汽车销售顾问商谈时，汽车销售顾问应如何应对？（　　）

　　A. 先回应客户提出的话题，倾听、不打断客户谈话

　　B. 第一时间奉上免费饮料（矿泉水、茶水、速溶咖啡等）

　　C. 介绍本店与本人的背景与经历，增加客户信心

　　D. 争取适当时机，请客户留下客户信息

5）（多选题）客户离开时，汽车销售顾问应如何应对？（　　）

　　A. 放任客户自行离开

　　B. 放下手中其他事务，送客户到展厅门外

　　C. 感谢客户光临，并诚恳邀请再次惠顾

　　D. 目送客户离开，直至客户走出视线范围，挥手告别

6）客户接待的基本环节有＿＿＿＿、＿＿＿＿、＿＿＿＿、＿＿＿＿、＿＿＿＿，也可称为接待的五件套。

7）请举例说明下列不同类型的问候语。

① 表现礼貌的问候语：

＿＿＿＿＿＿＿＿＿＿＿＿＿＿＿＿＿＿＿＿＿＿＿＿＿＿＿＿＿＿＿＿＿＿

② 表现思念之情的问候语：

＿＿＿＿＿＿＿＿＿＿＿＿＿＿＿＿＿＿＿＿＿＿＿＿＿＿＿＿＿＿＿＿＿＿

③ 表现对对方关心的问候语：

＿＿＿＿＿＿＿＿＿＿＿＿＿＿＿＿＿＿＿＿＿＿＿＿＿＿＿＿＿＿＿＿＿＿

④ 表现友好态度的问候语：

＿＿＿＿＿＿＿＿＿＿＿＿＿＿＿＿＿＿＿＿＿＿＿＿＿＿＿＿＿＿＿＿＿＿

8）请列举适合寒暄的几个话题，并说明寒暄时的注意事项。

＿＿＿＿＿＿＿＿＿＿＿＿＿＿＿＿＿＿＿＿＿＿＿＿＿＿＿＿＿＿＿＿＿＿

＿＿＿＿＿＿＿＿＿＿＿＿＿＿＿＿＿＿＿＿＿＿＿＿＿＿＿＿＿＿＿＿＿＿

＿＿＿＿＿＿＿＿＿＿＿＿＿＿＿＿＿＿＿＿＿＿＿＿＿＿＿＿＿＿＿＿＿＿

＿＿＿＿＿＿＿＿＿＿＿＿＿＿＿＿＿＿＿＿＿＿＿＿＿＿＿＿＿＿＿＿＿＿

＿＿＿＿＿＿＿＿＿＿＿＿＿＿＿＿＿＿＿＿＿＿＿＿＿＿＿＿＿＿＿＿＿＿

9）（多选题）汽车销售顾问初次接洽时应该掌握哪些技巧？（　　）

　　A. 热情、友善地对待你的客户　　　　B. 细心地观察你的客户

　　C. 勤勉地对待你的客户　　　　　　　D. 主动地迎接你的客户

10）请总结开放式提问和封闭式提问的优缺点、适用场合及常用语等内容。

提问方式	优　点	缺　点	适用场合	常用词语
开放式提问				
闭锁式提问				

11）（多选题）下列哪些倾听属于真正意义上的倾听？（　　）

A. 听而不闻　　　B. 有选择性的倾听　　　C. 专注倾听　　　D. 积极倾听

12）（多选题）面对客户提问时，汽车销售顾问应如何回应？（　　）

A. 用心倾听客户的问题，以保证正确理解　　B. 耐心解答，提供客户所需的信息

C. 询问客户是否明白、满意自己的解答　　D. 对自己的回复进行补充完善

13）（多选题）下列属于呼出电话邀约准备工作的有（　　）。

A. 查阅潜在客户信息档案

B. 谈话要点准备

C. 列举客户可能搪塞或拒绝的理由，准备好相应的解释或化解方法

D. 准备记录用的笔、本、相关材料及产品资料

14）请简述汽车销售顾问邀约客户的技巧。

三、制订计划

根据所需知识，制订客户接待的工作计划。

序　号	工 作 流 程	操 作 要 点
1		
2		
3		
4		

5		
6		
计划审核	审核意见： 　　　　　　年　月　日　　　　　签字：	

四、计划实施

1. 接待准备

1）你认为汽车销售顾问应该做好哪些仪容仪表方面的检查？

2）你认为一个销售工具夹中应放哪些物品？

3）两人互检仪容仪表及销售工具夹并记录检查结果。

2. 迎接客户

情境：汽车销售顾问看到周先生一家三口进店。

要求：请编写此时汽车销售顾问与客户的动作及相关话术。

3. 客户想独自参观时

情境：周先生提出想独自参观展车。

要求：请编写此时汽车销售顾问与客户的动作及相关话术。

_____
_____
_____
_____
_____
_____
_____

4. 客户希望与汽车销售顾问商谈时

情境：周先生示意汽车销售顾问想与其进行交谈。

要求：请编写此时汽车销售顾问与客户的动作及相关话术。

_____
_____
_____
_____
_____
_____
_____
_____
_____
_____

5. 客户离开时

情境：周先生表示想要离开。

要求：请编写此时汽车销售顾问与客户的动作及相关话术。

_____
_____
_____
_____
_____
_____
_____
_____
_____

6. 客户离开后

情境：周先生一家三口离去后，汽车销售顾问回到展厅，整理客户信息。

1）填写到店客户登记表。

到店客户登记表

编号	客户姓名	电话号码	联络地址	来店人数	来店方式	来店时间	离店时间	拟购车型	有望程度	客户特性跟踪	接待人员
										□初次来店 □已受邀约者 □产品资料 □希望 □再次联络时间	
										□初次来店 □已受邀约者 □产品资料 □希望 □再次联络时间	

2）针对与周先生沟通的结果，判断周先生的分级，并说明理由。

3）制订对周先生的潜在客户跟进计划，并说明理由。

4）根据跟进计划，对周先生进行跟进，电话邀请周先生再次来店。

① 编写电话邀约周先生再次来店的话术及动作要点。

② 填写客户信息跟进表。

客户信息跟进表

客户姓名		公司名称	
电　话		职　务	
手　机		传　真	
详细地址		邮编	
客户推荐记录			
来访方式	□电话　□来店	信息获取渠道	□电视广告　□报纸广告　□朋友介绍 □车展　□其他
来店目的	□了解产品　　□随意参观	□索取宣传资料	□其他
车辆要求		颜　色	
型　号		付款方式	
选装件要求		预购数量	
预购时间		预计交货时间	
预计第一次接洽时间		实际第一次洽谈时间	
有关产品建议			
客户跟进记录			
第一次跟进日期		跟进结果	
预计第二次接洽日期		实际第二次接洽日期	
后续措施			
第二次跟进日期		跟进结果	
预计第三次接洽日期		实际第三次接洽日期	
后续措施			
第三次跟进日期		跟进结果	
预计第四次接洽日期		实际第四次接洽日期	
后续措施			

跟进结果：

□成交——购车　　□战败——购买其他品牌产品_____　　□购车计划取消

销售顾问：　　　　　　　　　　　　　　　　　　销售经理：

五、质量检查

请实训指导教师检查作业结果，并针对实训过程出现的问题提出改进措施及建议。

序　号	评价标准	评价结果
1	能够做好接待准备	
2	能够做好客户进店时接待	
3	能够做好客户想独自参观时接待	

4	能够做好客户希望与汽车销售顾问商谈时接待	
5	能够做好送客工作	
6	能够整理、纪录客户有关信息,准确地判断客户意向及级别,做好客户的跟进,准确地邀约客户到店	
综合评价	☆ ☆ ☆ ☆ ☆	
综合评语		

六、评价反馈

请根据自己在本次任务中的实际表现进行评价。

序号	评价标准	评分分值	得分
1	明确工作任务,理解任务在企业工作中的重要程度	5	
2	能够准确地分析客户接待工作流程中的主要环节及主要内容	15	
3	能够运用看车客户接待工作流程及技巧完成接待工作	60	
4	能够运用其他来意客户接待流程及技巧完成接待工作	20	
合 计			

项目三 需求分析

实训目标	内容
职业技能目标	通过训练使学生具有根据客户的基本信息、交际风格和影响需求的因素进行客户需求分析的能力
德育素质目标	培养学生一丝不苟的态度和科学严谨的科学素养；使他们诚实守信，尊重他人的爱好、习惯和职业、社会价值以及应享有的权利和利益；严于律己，宽以待人；待人热情、谦和；勇于攻坚克难。由此提升学生的道德修养

学院		专业	
姓名		学号	

一、接受工作任务

周先生带着他的妻子和 5 岁的儿子首次参观××4S 店，他们一家正计划添置一辆既能商用也能家用的高档轿车，周先生是某小型企业的高管，妻子为全职太太，为人精打细算，儿子调皮又可爱，对车辆安全性及舒适性有较高的关注，请问作为一名汽车销售顾问，该如何做好接待工作。

二、信息收集

1）（多选题）下列哪些特征属于权威型的风格？（　　）
 A. 喜欢较快速的购买行为
 B. 不想证明自己的能力和控制力
 C. 对时间的延误、失约行为很不耐烦
 D. 对他人支配和影响自己的任何企图和行为都会感到很厌恶

2）（多选题）下列哪些特征属于思考型的风格？（　　）
 A. 喜欢告知别人
 B. 控制他人的欲望较弱，自制力较强
 C. 最讨厌出尔反尔或盲目夸大车型的功效，对过多的赞美之词十分反感
 D. 没有主见、不正式

3）（多选题）下列哪些特征属于合作型的风格？（　　　）
A. 亲切　　　　　　　　　　　B. 以人际关系为主、随和
C. 优柔寡断　　　　　　　　　D. 良好倾听者

4）（多选题）下列哪些特征属于外向型的风格？（　　　）
A. 控制力较强，自制力较弱　　B. 喜欢炫耀自己对车型的知识
C. 比较冲动和鲁莽，决策非常快　D. 良好倾听者

5）消费者购买动机有什么特征？（　　　）
A. 主导性　　　　　　　　　　B. 可转移性
C. 内隐性　　　　　　　　　　D. 冲突性

6）（多选题）动机的作用是什么（　　　）。
A. 激活作用　　　　　　　　　B. 推进作用
C. 强化作用　　　　　　　　　D. 指向作用

7）（多选题）依据对消费者影响程度的不同，参照群体又可分为以下几类？（　　　）。
A. 紧密群体　　　　　　　　　B. 归属群体
C. 松散群体　　　　　　　　　D. 比照群体

8）交际过程中的两种能力有_____和_____。

9）社会阶层并不是单纯由一个变量（如收入或职业）决定的，而是由包括这些变量在内的多个因素共同决定。这些变量包括_____、_____、_____等。

10）根据动机的表现形式将动机分为_____动机和_____动机。

11）需求分析中，汽车销售顾问应了解哪些信息？
_____
_____
_____
_____

12）总结你的家人、老师、同学、朋友等人物交际风格的特点，对这些人进行风格类型归类。

人　物	自制力表现	控制力表现	交际风格类型（可多选）
例：班主任	强，低调，喜欢制订班级计划、班级目标	强，严肃，对迟到行为非常反感，喜欢指挥	思考者，权威者

三、制订计划

根据任务，制订客户需求分析的工作计划。

序　号	工作流程	操作要点
1		
2		
3		
计划审核	审核意见： 　　　　　　　年　月　日　　　　　　签字：	

四、计划实施

请同学参考《汽车销售情境三维仿真教学系统》中的内容，完成需求分析表的填写；或根据情境，进行模拟演练，根据演练结果，完成需求分析表的填写。

请一组学生，对工作情境进行模拟演示，未参演的同学根据展示内容完成下列问题。

参演人员包括：

销售顾问：小张；客户：周先生、周先生太太。

1）客户是否有购车意向。

2）试分析客户的交际风格。

3）完成需求分析表的填写。

客户需求评估表

年　　月　　日　　　　　　　　　　　　　　　　　　汽车销售顾问：

客户信息	姓名/公司			性别：☐男　☐女	
	地址				
	联络电话		工作职业		
	现用车				
	附注	☐新购　☐换购　☐增购			
购车需求事项	信息来源	☐报纸　☐电视　☐广播　☐杂志　☐传单　☐车展　☐网络　☐亲友介绍 ☐其他：			
	新车用途	☐车主上下班自用　☐休闲用车　☐营业用车　☐公司用车　☐其他：			
	使用者	☐本人用车　☐家人用车　☐公司用车　☐其他：			
	新车注重的方面	☐外形　☐配置　☐安全　☐操控　☐省油　☐舒适 ☐其他：			
	配置需求	☐真皮座椅　☐铝圈　☐CD　☐VCD　☐天窗　☐安全气囊　☐倒车雷达　☐雾灯 ☐手动　☐自动 ☐其他：			
	购车预算				
	购买方式	☐全款购买　☐分期购买	首付款：		预计月付款：
	考虑/推荐	☐polo　☐新桑塔纳　☐朗逸　☐朗行　☐途安　☐途观　☐新帕萨特　☐凌渡 ☐夏朗			
	试车安排	☐今日　☐预约时间：　　年　　月　　日　　时			
	购车决定	☐今日　☐本周内　☐本月内　☐两个月内　☐三个月内　☐其他：			
	附注	新车乘客数：　　　人　　家庭人员数：　　　人　　小孩：　　　人 决定者：			
比较车型	厂牌				
	车型			排气量：	
	考虑原因	☐外形　☐配置　☐安全　☐操控　☐省油　☐舒适　☐其他：			
	附注				
备注					
客户签字					

五、质量检查

请实训指导教师检查作业结果，并针对实训过程出现的问题提出改进措施及建议。

序 号	评价标准	评价结果
1	能够掌握潜在客户判定的技巧	
2	能够判断客户的交际风格	
3	能够了解5W2H需求分析的内容	
4	能够了解动机对购买行为的影响	
5	能够完成客户需求分析表的填写	
综合评价	☆ ☆ ☆ ☆ ☆	
综合评语		

六、评价反馈

请根据自己在本次任务中的实际表现进行评价。

序 号	评价标准	评分分值	得 分
1	明确工作任务，理解任务在企业工作中的重要程度	10	
2	掌握潜在客户判定的技巧	15	
3	判断客户的交际风格	15	
4	了解5W2H需求分析的内容	20	
5	了解动机对购买行为的影响	15	
6	能够完成客户需求分析表的填写	25	
	合 计		

项目四 车型推荐

实训目标	内　容
职业技能目标	通过训练使学生具有在做好车型推荐准备工作的基础上，能够选择适当的车型推荐方法，采用一定的推介技巧向客户介绍车型并针对不同客户的异议进行解答的能力
德育素质目标	培养学生一丝不苟的态度和科学严谨的素养；乐于吃苦、勤奋奉献；积极工作的态度和自信心；团队合作、攻坚克难；高尚的道德信念和修养等德育素质，由此提升学生的道德修养

学院		专业	
姓名		学号	

一、接受工作任务

　　周先生到 4S 店看车，汽车销售顾问经过一番了解和介绍，使周先生对店内全新迈腾 330TSI DSG 豪华型轿车产生了浓厚的兴趣，如果你是汽车销售顾问，你会如何向客户进行推荐？

二、信息收集

1)（多选题）下列属于汽车安全配置有（　　）。
A. 驾驶位/副驾驶位安全气囊　　　B. 前排侧气囊
C. 轴距　　　　　　　　　　　　D. 后车门儿童保护锁

2)（多选题）下列属于汽车操控配置有（　　）。
A. 防抱死制动系统（ABS）　　　　B. 前排侧气囊
C. 电子稳定程序（ESP）　　　　　D. 电子控制辅助制动系统（EBA）

3) 下列属于汽车外部配置有（　　）。
A. 全尺寸备胎　　　　　　　　　B. 电子稳定程序（ESP）
C. 电动天窗　　　　　　　　　　D. 后车门儿童保护锁

4)（多选题）汽车销售顾问在使用 FABE 法介绍汽车时，需要掌握哪些技巧？（　　）
A. 实事求是　　B. 夸大其词　　C. 清晰简洁　　D. 主次分明

5）（多选题）在产品展示完成后，汽车销售顾问要能够回答以下问题（　　）。
A. 客户购车的需求和梦想是什么
B. 客户是如何了解我公司的品牌的
C. 客户的购车动机是什么
D. 客户现在是否在驾驶其他品牌的车辆

6）请简述FABE法应用的关键步骤。
_____
_____
_____
_____

7）分别填写下图中汽车六个方位的名称和序号。

8）请简述进行六方位产品展示的前提有哪些。
_____
_____
_____
_____

9）正前方，该位置最有利于_____，通常可以在这个位置向客户做产品概述。此时汽车销售顾问应_____。

10）车前方45°，在这个位置汽车销售顾问可以向客户介绍_____。

11）车侧方是向客户介绍_____的有利位置。汽车销售顾问应面向客户，左手引导客户走到车的侧面，以能总揽整车侧方。

12）车后方介绍时，汽车销售顾问应引领客户站立在_____的地方。

13）车后座主要介绍_____，汽车销售顾问可在展车内或展车外介绍，但一定要_____。同时积极鼓励客户更多地体验车辆，激发客户的想象，促进他产生希望拥有该款车的冲动。

14）驾驶室是_____有利位置。

15）请简述车辆推介的四个技巧。

_____
_____
_____
_____

三、制订计划

根据工作任务，制订车型推荐的工作计划。

序　号	工作流程	操作要点
1		
2		
3		
4		
5		
6		
计划审核	审核意见： 　　　　　　　　年　月　日　　　　　签字：	

四、计划实施

1. 方位1——车前方

汽车销售顾问和客户的站位、动作要点及话术如下：

_____
_____
_____
_____
_____
_____

2. 方位 2——车侧方
汽车销售顾问和客户的站位、动作要点及话术如下：

_____
_____
_____
_____
_____

3. 方位 3——车后方
汽车销售顾问和客户的站位、动作要点及话术如下：

_____
_____
_____
_____
_____

4. 方位 4——车后座
汽车销售顾问和客户的站位、动作要点及话术如下：

_____
_____
_____
_____
_____

5. 方位 5——驾驶室
汽车销售顾问和客户的站位、动作要点及话术如下：

_____
_____
_____
_____
_____

6. 方位 6——发动机
汽车销售顾问和客户的站位、动作要点及话术如下：

_____
_____
_____
_____
_____

五、质量检查

请实训指导教师检查作业结果，并针对实训过程出现的问题提出改进措施及建议。

序　号	评价标准	评价结果
1	能够准确地掌握车辆外部配置	
2	能够准确地掌握车辆内部配置	
3	能够根据客户对汽车性能的要求进行性能介绍	
4	能够运用FABE法进行车辆展示	
5	能够准确地选择车前方介绍的内容及要点	
6	能够准确地选择车侧方介绍的内容及要点	
7	能够准确地选择车后方介绍的内容及要点	
8	能够准确地选择车后座介绍的内容及要点	
9	能够准确地选择驾驶室介绍的内容及要点	
10	能够准确地选择发动机介绍的内容及要点	
11	能够运用车辆推荐的赞美客户技巧进行推荐	
12	能够运用在车辆推荐时让客户参与的技巧进行推荐	
综合评价	☆　☆　☆　☆　☆	
综合评语		

六、评价反馈

请根据自己在本次任务中的实际表现进行评价。

序　号	评价标准	评分分值	得　分
1	能够准确地掌握车辆外部配置	10	
2	能够准确地掌握车辆内部配置	15	
3	能够根据客户对汽车性能的要求进行性能介绍	15	
4	能够运用FABE法进行车辆展示	15	
5	能够准确地选择车辆六方位介绍的内容及要点	15	
6	能够运用车辆推荐的赞美客户技巧进行推荐	15	
7	能够运用在车辆推荐时让客户参与的技巧进行推荐	15	
	合　　计		

项目五 试乘试驾

实训目标	内　　容
职业技能目标	通过训练使学生具有针对具备试乘试驾条件的客户，在试乘试驾前、试乘试驾中、试乘试驾后向客户进行动态的产品介绍的能力
德育素质目标	培养学生的安全意识；一丝不苟的工匠精神、科学严谨的工作作风；诚实守信；团队合作、克服困难、攻坚克难等德育素质，由此提升学生的道德修养

学院		专业	
姓名		学号	

一、接受工作任务

展厅内，经过汽车销售顾问给周先生进行六方位的讲解推荐，周先生对车辆产生了浓厚的兴趣。汽车销售顾问适时提出可以给周先生安排一次试乘试驾，让周先生动态的感受车辆的性能，更好地了解车辆。

二、信息收集

1）为保证试乘试驾工作的顺利进行，在进行试乘试驾前，汽车销售顾问应做好哪些准备？

_____
_____
_____

2）请分别简述客户试乘、换手及客户试驾的操作流程。

_____
_____
_____
_____
_____
_____
_____

3）当遇到不符合试驾条件的客户坚持要试驾时，汽车销售顾问应如何处理？
_____
_____
_____

4）（多选题）为保证客户试驾活动的顺利和圆满，汽车销售顾问需在试驾途中对客户进行哪些贴心提示呢？（　　　）

A. 汽车操作提示　　　　　　B. 路况信息提示
C. 潜在危险提示　　　　　　D. 驾驶心情提示

5）请简述试乘试驾后的操作流程。
_____
_____
_____
_____
_____
_____

三、制订计划

根据所需知识，制订试乘试驾的工作计划。

序　号	工作流程	操作要点
1		
2		
3		
计划审核	审核意见： 　　　　　　年　　月　　日　　　　　　签字：	

四、计划实施

1. 试乘试驾前

1）编写汽车销售顾问电话邀约客户到店进行试乘试驾的话术。
_____
_____
_____
_____

2）根据电话邀约客户试乘试驾情况，填写《试乘试驾预约登记表》。

试乘试驾预约登记表

序号	客户姓名	联系电话	意向级别	意向客户跟踪卡编号	试驾车型	计划试乘试驾时间	试乘试驾陪同人数	汽车销售顾问	填表时间	展厅经理	备注

3）根据试乘试驾车辆情况及客户情况，填写《试乘试驾车检查表》。

试乘试驾车检查表

零售商名称：　　　　　　车型：　　　　　　牌照号：

填表日期：＿＿＿年＿＿＿月＿＿＿日至＿＿＿年＿＿＿月＿＿＿日

车辆内外检查标准		月 日		月 日	
		是	否	是	否
外观	整辆车身是否清洁				
	车身试乘试驾标志是否破损				
	车身是否有划痕或碰撞				
	轮胎气压磨耗、受损是否正常				
	前照灯、后视镜是否损伤				
	车牌是否污损				
驾驶室	脚踏垫、烟灰缸、中央扶手、置物槽等是否清洁				
	室内后视镜、门边后视镜角度是否合适				
	制动踏板状况是否正常				
	发动机起动状况是否正常				
	油箱存量是否充足				
	仪表盘警告灯是否正常				
	刮水器工作是否正常				
	驾驶座各项调节的功能是否正常				
	是否准备多种风格音乐				
	导航、行车电脑是否正常				
	空调是否正常工作				
发动机室	制动液量是否正常				
	机油量是否正常				
	风窗玻璃清洁剂量是否正常				
	散热器冷却液量是否正常				
	其他零部件是否有异响				

检查人签字：

4）客户按时到店进行试乘试驾时，汽车销售顾问核对客户驾驶证并复印留底，请试驾者填写《试乘试驾协议书》，告之客户试乘试驾路线及注意事项，介绍试驾专员。

请按照上述描述，编写汽车销售顾问、客户、试驾专员之间的话术并填写《试乘试驾协议书》。

_____
_____
_____
_____
_____
_____
_____
_____
_____
_____

试乘试驾协议书

尊敬的客户：

您好！为了让您能亲身体验该品牌车型的舒适、安全以及整车的操控性能和优异配置，特将试乘试驾有关事宜向您告知，请您仔细阅读：

一、试乘试驾前，驾驶人请检查车辆内外的卫生，并检查车辆是否处于良好状态。

二、驾驶人在车辆中禁止吸烟或吃零食。

三、您需向我公司保证您本人具有一年以上的驾龄，并持有正式的驾驶证，且身体健康、无重大疾病，适合进行试乘试驾，并能够安全行驶，文明试车。

四、您在试乘试驾期间应当遵守《道路交通安全法》及有关道路规章制度和我公司规定的试乘试驾路线，不得违章行驶，否则我公司汽车销售顾问有权视情况终止此次试乘试驾。

五、试乘试驾完毕后，您所交回的车辆应当完好无损，没有发生任何碰撞、刮擦等事故，否则应承担修复所需的一切费用。

试乘试驾车型登记表

试驾人		驾驶证号	
电话/手机		试驾地点	
试驾车牌号		试驾车型	

以上内容我已仔细阅读，并无异议，且能保证我提供的一切资料真实合法。

车辆提供单位：

　　　　　　　　　　　　　　　　　　　试乘试驾人（签字）：

　　　　　　　　　　　　　　　　　　　试乘试驾日期：　　年　　月　　日

2. 试乘试驾中

1）在《汽车销售情境三维仿真教学系统》"试乘试驾"环节带客户进行试乘体验，完成直线加速、颠簸路面、U形弯调头、紧急制动等操作，并记录这些线路客户体验要点。

路段	直线加速	颠簸路面	U形弯调头	紧急制动
客户体验点				

2）请编写换手时，试驾专员与客户的动作及相关话术。

3）请编写客户试驾时，试驾专员与客户的动作及相关话术。

3. 试乘试驾后
请编写客户试乘试驾后，试驾专员、汽车销售顾问与客户的动作及相关话术。

五、质量检查

请实训指导教师检查作业结果，并针对实训过程出现的问题提出改进措施及建议。

序　号	评价标准	评价结果
1	能够做好试乘试驾前准备工作	
2	能够协助客户完成试乘试驾工作	
3	能够完成试乘试驾后工作	
综合评价	☆ ☆ ☆ ☆ ☆	
综合评语		

六、评价反馈

请根据自己在本次任务中的实际表现进行评价。

序　号	评价标准	评分分值	得　分
1	明确工作任务，理解任务在企业工作中的重要程度	5	
2	能够做好试乘试驾前准备工作	30	
3	能够协助客户完成试乘试驾工作	45	
4	能够完成试乘试驾后工作	20	
合　　计			

项目六

异议处理

实训目标	内　　容
职业技能目标	通过训练使学生具有根据客户的异议，选择恰当的方法和策略处理客户异议的能力
德育素质目标	培养学生坚持不懈、持之以恒的信念、一丝不苟的工匠精神、科学严谨的工作作风；诚实守信、团队合作、克服困难、攻坚克难等德育素质，由此提升学生的道德修养

学院		专业	
姓名		学号	

一、接受工作任务

　　张女士是一家外企公司的财务总监，之前开的车是大众 Polo，虽然觉得 Polo 小巧精致，但是觉得车内空间略小，一家人出行时不太方便，因此决定换一辆大一点的车。张女士精挑细选后打算购买福特翼虎车型，但是在选完车辆配置后发现自己心仪的棕色外观车型缺货了，要等较长的时间才会到货，这让张女士深感不满，请问你作为一名汽车销售顾问这时该如何解决客户的异议呢？

二、信息收集

　　1）（多选题）下列对于客户异议理解正确的是（　　　）。
　　A. 客户异议是客户在销售过程中的一种正常反应
　　B. 客户异议产生的原因多种多样
　　C. 客户异议可以正确地判断客户是否有购买需求
　　D. 客户异议有助于汽车销售顾问提高销售技巧
　　2）客户提出"这款车的内饰做工塑料感强，显得不上档次"，属于哪种异议？请写出应对话术。

3）客户提出"××品牌的服务比你们好，比你们的有名"，属于哪种异议？请写出应对话术。

_____
_____
_____

4）客户提出"这个高配车有点贵，我看还是买低配的吧"，属于哪种异议？请写出应对话术。

_____
_____
_____

5）请从客户、汽车销售顾问和产品三方面来分析客户异议形成的原因。

_____
_____
_____
_____
_____

6）汽车销售顾问在处理客户异议时，必须遵守哪些原则？

_____
_____
_____
_____

三、制订计划

制订运用 LSCPA 客户异议处理策略处理客户异议的工作计划。

序　号	工作流程	操作要点
1		
2		
3		
4		
5		
计划审核	审核意见： 　　　　　年　　月　　日　　　　签字：	

四、计划实施

1. L——倾听（Listen）
编写汽车销售顾问与客户间的话术，并分析汽车销售顾问这样说的理由。

_____
_____
_____
_____
_____
_____
_____
_____
_____
_____
_____
_____

2. S——分担（Share）
编写汽车销售顾问与客户间的话术，并分析汽车销售顾问这样说的理由。

_____
_____
_____
_____
_____
_____
_____
_____
_____
_____
_____
_____

3. C——澄清（Clarify）

编写汽车销售顾问与客户间的话术，并分析汽车销售顾问这样说的理由。

4. P——陈述（Present）

编写汽车销售顾问与客户间的话术，并分析汽车销售顾问这样说的理由。

5. A——要求（Ask）

编写汽车销售顾问与客户间的话术，并分析汽车销售顾问这样说的理由。

五、质量检查

请实训指导教师检查作业结果,并针对实训过程出现的问题提出改进措施及建议。

序 号	评价标准	评价结果
1	能够运用 LSCPA 客户异议处理策略,处理客户异议	
综合评价	☆ ☆ ☆ ☆ ☆	
综合评语		

六、评价反馈

请根据自己在本次任务中的实际表现进行评价。

项 目		评分标准	分 值	得 分
1		明确工作任务,理解任务在企业工作中的重要程度	5	
2		能够叙述客户异议含义	10	
3		能够叙述顾问异议类型	15	
4		能够解释客户异议形成原因	10	
5		能够运用 LSCPA 客户异议处理策略,处理客户异议	60	
合　计				

项目七 成交签约

目　　标	内　　容
职业技能目标	通过训练使学生具有识别客户的购买信号、选择恰当的成交技巧、适时提出成交的能力。并根据客户的需求，适时向客户进行二手车置换、金融业务、保险业务、精品业务等推荐的能力
德育素质目标	培养学生高尚的道德信念和修养；坚持不懈，持之以恒的信念；一丝不苟的工匠精神；科学严谨的工作作风；诚实守信、一视同仁的品德；平易近人，热情大方的态度；团队合作、攻坚克难等德育素质，由此提升学生的道德修养

学院		专业	
姓名		学号	

一、接受工作任务

周先生是某小型企业的高管，妻子为全职太太，为人精打细算，有一个 5 岁的儿子，调皮又可爱。近期，他打算购买一辆迈腾汽车用于上下班代步，妻子偶尔也会使用，节假日一家人希望开车自驾游，他家小区楼下有固定停车位，他已拥有 8 年驾龄，妻子拥有 5 年驾龄。试乘试驾后，他对车子的性能表示很满意，但是他之前咨询过另一家一汽大众 4S 店，他家报价 25 万元（含购置税、车船税、上牌费、保险及精品等），他希望这家店的价格能更优惠，而周太太表示希望能处理原有的旧车，另外周先生因为手头比较紧，目前只有 15 万元现金。面对周先生的情况，汽车销售顾问应如何完成报价签约。

二、信息收集

1)（多选题）当客户出现下列哪些情况时可大致判断为客户的购买信号？（　　）

　A. 当客户由关注车辆性能，转变为开始认真地还价时
　B. 当客户主动谈及具体的支付条件、赠送品、车身颜色、交货期时
　C. 当客户主动询问有关保修、售后、各种费用、保险等问题时
　D. 当客户从主动了解产品转变为要询问第三者意见时

2）汽车销售顾问在说明商品的价格时应做到哪几点？

3）请简述成交阶段让步策略。

4）（多选题）攻克客户的最后犹豫，汽车销售顾问要做的工作主要有哪些？（　　）
　　A. 强调买车后给客户带来的利益
　　B. 鼓励和赞美客户做出的决定，强化他们的决策信心
　　C. 避免让客户感到整个成交有输和赢的情况发生
　　D. 不论是否成交，必须保全客户的面子

5）请简述二手车置换业务办理流程。

6）在我国汽车信贷业务的主要形式有哪些？

7）根据各个车主自身情况，为其推荐合适的险种组合方案，并说明理由。
①李先生今年40岁，已经有8年驾龄，今年购买了一辆2014年产的二手捷达轿车，用于上下班代步。

②张先生今年35岁，已经有3年驾龄，拥有一辆桑塔纳轿车，已经用了三年，张先生没有自己固定的车位，经济条件中等，但比较节约。

③ 29 岁的王小姐，去年刚拿到驾驶证，今年新买了一辆雅阁轿车，平时喜欢和朋友一起驾车出游。

8）根据精品的用途来划分，可以将汽车精品分为_____、_____、_____和_____四类。

三、制订计划

根据工作任务描述，制订成交签约的工作计划。

序 号	工作流程	操作要点
1		
2		
3		
4		
5		
计划审核	审核意见： 　　　　　　　　　年　月　日　　　　签字：	

四、计划实施

1. 捕捉成交信号，进行报价

判断客户成交信号，编写汽车销售顾问与客户之间的话术。

2. 推荐二手车置换业务

　　根据客户需求，选择合适时机向客户推荐本店二手车置换业务，编写汽车销售顾问与客户之间的话术。

_____
_____
_____
_____
_____
_____
_____
_____
_____
_____

3. 推荐金融业务

　　根据客户需求，选择合适时机向客户推荐本店金融业务，编写汽车销售顾问与客户之间的话术。

_____
_____
_____
_____
_____
_____
_____
_____
_____
_____

4. 推荐保险方案

　　根据客户需求，为其推荐适合的保险方案，编写汽车销售顾问与客户之间的话术。

_____
_____
_____
_____
_____
_____
_____
_____

5. 推荐精品

根据客户需求，为其推荐适合的精品，编写汽车销售顾问与客户之间的话术。

_____
_____
_____
_____
_____
_____
_____
_____
_____
_____

五、质量检查

请实训指导教师检查作业结果，并针对实训过程出现的问题提出改进措施及建议。

序 号	评 价 标 准	评 价 结 果
1	能够捕捉成交信号，进行报价	
2	能够根据客户需求，为其推荐二手车置换业务	
3	能够根据客户需求，为其推荐金融业务	
4	能够根据客户需求，为其推荐保险方案	
5	能够根据客户需求，为其推荐精品	
综合评价	☆ ☆ ☆ ☆ ☆	
综合评语		

六、评价反馈

请根据自己在本次任务中的实际表现进行评价。

项 目	评 分 标 准	分 值	得 分
1	明确工作任务，理解任务在企业工作中的重要程度	5	
2	能够捕捉成交信号，进行报价	25	
3	能够根据客户需求，为其推荐二手车置换业务	15	
4	能够根据客户需求，为其推荐金融业务	20	
5	能够根据客户需求，为其推荐保险方案	20	
6	能够根据客户需求，为其推荐精品	15	
合 计			

项目八 新车交付

目标	内容
职业技能目标	通过训练使学生具有做好前台接待、陪同客户交车、进行车辆手续办理和举行新车递交仪式的能力
德育素质目标	培养学生勤奋和奉献的基本素质和劳模精神；科学严谨的工作作风；待人和蔼、平易近人、热情大方；团队合作；坚持不懈，持之以恒的信念等德育素质，由此提升学生的道德修养

学院		专业	
姓名		学号	

一、接受工作任务

周先生带着他的妻子和五岁的儿子应邀来到××4S店，他们一家已报价签约购置了一辆迈腾轿车，周先生是某小型企业的总经理，妻子为全职太太，为人精打细算，儿子调皮又可爱，请问作为一名汽车销售顾问该如何做好交付工作？

二、信息收集

1）（多选题）交车环节的主要工作包括（　　）
   A. 送别、合影留念　　　B. 手续、车辆移交　　　C. 费用说明
   D. PDI　　　　　　　　E. 操作说明　　　　　　F. 收款

2）请简述汽车销售顾问向客户交车的整个流程。
_____
_____
_____
_____

3）PDI不包括（　　）。
   A. 付款　　　　　　　　　　B. 钥匙的记忆功能是否匹配
   C. 舒适系统是否激活　　　　D. 清洗车辆

4）（多选）新车手续办理包含（　　　）。
A. 上保险　　　　B. 缴纳车船使用税　　　C. 缴纳附加费　　　D. 办理驾驶证

5）简述交车后汽车销售顾问的工作有哪些。

_____
_____
_____
_____

三、制订计划

根据所需知识，制订新车交付的工作计划。

序　号	工作流程	操作要点
1		
2		
3		
4		
5		
6		
计划审核	审核意见： 　　　　　　　年　　月　　日　　　　　签字：	

四、计划实施

1. 交车文件准备

交车前要对涉及车辆的相关文件进行仔细全面的检查，需检查的文件包括哪些？

2. 完成交车场地准备

情境：周先生一家于本周五 10 点到店提车，请设计交车场地，绘制布局草图。

3. 预约交车

情境：周先生将于本周到店提车。
要求：请编写汽车销售顾问预约提车话术。

_____
_____
_____
_____
_____
_____

4. 车辆手续办理

新车需要办理哪些手续？车辆手续办理的流程是怎样的？

_____
_____
_____
_____
_____
_____

5. 销售系统登记

请使用"运华天地 4S 店管理系统"完成本次交车单的登记工作，并填写交车信息表。

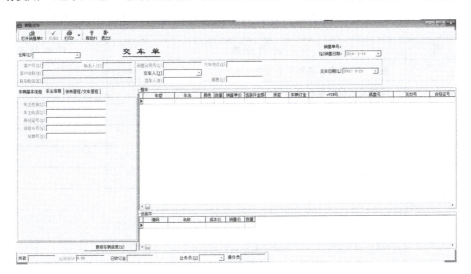

交车信息表

客户信息	客户号		客户名称	
	联系人		联系电话	
交车信息	交车地点		交车人	
	交车日期		提车人	
车辆信息	车型		颜色	
	VIN 码		发动机号	
	底盘号		合格证号	
	钥匙号		含税销售价	
车主信息	车主姓名		车主电话	
	保修卡号		车牌号	
其他信息	首保里程		交车里程	

6. 交车后工作

交车后工作包括哪些？

_____
_____
_____
_____
_____
_____
_____

五、质量检查

请实训指导教师检查作业结果,并针对实训过程出现的问题提出改进措施及建议。

序　号	评价标准	评价结果
1	做好交车准备,熟知交车文件	
2	根据要求按照流程完成PDI	
3	能够设计交车场地	
4	根据完成交车预约工作	
5	熟知新车手续办理相关信息	
6	能够登记客户交车信息	
综合评价	☆ ☆ ☆ ☆ ☆	
综合评语		

六、评价反馈

请根据自己在本次任务中的实际表现进行评价。

项　目	评分标准	分　值	得　分
1	做好交车准备,熟知交车文件	5	
2	根据要求按照流程完成PDI	40	
3	能够设计交车场地	20	
4	根据完成交车预约工作	15	
5	熟知新车手续办理相关信息	15	
6	能够登记客户交车信息	5	
合　计			

项目九 服务跟踪

目标	内容
职业技能目标	通过训练使学生具有进行客户回访、处理客户投诉和客户关系维系等能力
德育素质目标	培养学生勤奋和奉献的基本素质和劳模精神；平易近人，热情大方；坚持不懈、持之以恒的信念；热爱自己的本职工作等爱国主义情怀和德育素质，由此提升学生的道德修养

学院		专业	
姓名		学号	

一、接受工作任务

客户周先生已经完成提车，汽车销售顾问小张需要按时回访做好客户服务跟踪工作，小张按照服务跟踪流程进行电话回访和短信回访。准备好回访话术的同时还需要针对可能出现的客户投诉做好相关工作。

二、信息收集

1）（多选题）客户回访的方式有哪些？（　　）。
A. 电话回访　　B. 信函回访　　C. 登门回访　　D. 电子邮件回访

2）请简述客户回访的流程。
_____
_____
_____

3）下面关于客户投诉说法正确的是（　　）。
A. 忠诚的客户一定是满意的客户
B. 当企业发生客户投诉时，必须由当事人与客户协商解决
C. 回头客和重复购买都取决于客户是否得到了实惠的成交价格
D. 客户异议与客户投诉是两个不同的概念

4）客户关系管理的目的是什么？

_____
_____
_____

三、制订计划

根据所需知识，制订客户回访的工作计划。

序　号	工　作　流　程	操　作　要　点
1		
2		
3		
4		
5		
计划审核	审核意见： 　　　　　　　　　年　月　日　　　　　　　　　签字：	

四、计划实施

1. 确定客户回访时间

在确定客户回访时间时有哪些注意事项，哪些时间段不适合进行客户回访？

_____
_____
_____
_____

2. 设计电话问卷

情境：周先生于上周五提车，车型为迈腾330TSI豪华型，联系方式为××××××××××。现在需要了解周先生的用车情况以及品牌满意度。

请设计电话调查问卷，列出需要回访的问题。

3. 与客户联系

请根据所涉及的电话调查问卷设计回访话术。

_____
_____
_____
_____
_____
_____
_____

4. 回访信息整理、处置

请将回访结果填写到《客户跟踪表》中。

实施日	实施内容	面谈者	对话内容	下次预定	经理
	交车后第一周		□寄发感谢信 □汽车销售顾问致谢电话		
			□销售经理致谢电话		
	5000km 免费检查				
	10000km 免费检查				
交车时间		车名	车型	上牌时间	上牌号
保险公司					

5. 回访结果反馈

情境：周先生在回访的过程中表示后续保养考虑去其他服务站进行，作为汽车销售顾问的你将如何处理？

要求：根据情境设计相应话术

_____
_____
_____
_____
_____
_____

五、质量检查

请实训指导教师检查作业结果,并针对实训过程出现的问题提出改进措施及建议。

序　号	评价标准	评价结果
1	理解客户回访的原因和任务	
2	掌握回访流程,开展回访工作	
3	掌握客户投诉处理的原则	
4	掌握客户关系维系的内容	
5	掌握客户关系维系的方法	
6	可以进行常规的客户关系维系	
综合评价	☆ ☆ ☆ ☆ ☆	
综合评语		

六、评价反馈

请根据自己在本次任务中的实际表现进行评价。

项　目	评分标准	分　值	得　分
1	理解客户回访的原因和任务	10	
2	掌握回访流程,开展回访工作	30	
3	掌握客户投诉处理的原则	20	
4	掌握客户关系维系的内容	20	
5	掌握客户关系维系的方法	10	
6	可以进行常规的客户关系维系	10	
合　计			

附录

《汽车销售情境三维仿真教学系统》简介

　　《汽车销售情境三维仿真教学系统》是从理实一体化教学模式出发，融合做中学、学中做的教学理念，根据汽车销售顾问典型工作内容，通过学习任务的形式加以转化，利用三维仿真技术还原真实工作场景，使学生以沉浸式的学习模式来掌握基本工作技能和专业知识，从而大幅度提升学生的职业能力和专业技能水平。

一、功能概述

　　该系统分为教学模式、学习模式、综合测试、个人中心、后台管理5个功能模块，包含客户接待、需求分析、车辆介绍、试乘试驾、热情交车、售后跟踪等9个学习情境，进行展车准备、接待到店客户、介绍车辆驾驶室、带客户进行试乘试驾体验、进行新车交车准备、客户回访等22个学习任务。

　　该系统运用虚拟仿真技术构建1:1的汽车4S店仿真工作环境，搭建展厅、业务洽谈区、客户休息区、试乘试驾区、结算区、新车交付区等14个实际工作场景。场景中包括汽车销售顾问、客户、试乘试驾专员等20多个高仿真人物模型。内置高仿真实车，并提供汽车参数牌、资料架等若干销售工具，学生可以自由选择车辆颜色并应用到任务中。

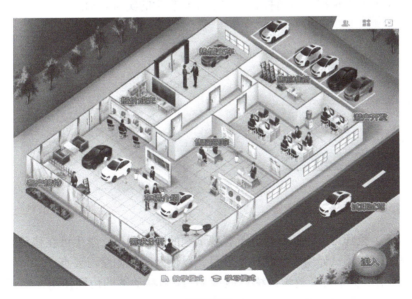

系统界面

二、实训应用

学习模式下,学生接收任务下达,根据任务提示,可进行360°场景漫游、人物对话、车辆互动、场景互动、小地图引导等多种交互方式,使学生在沉浸式的互动体验中完成任务操作,掌握岗位技能。其中,任务节点的任意跳转,提升了学生学习的灵活度;多剧情分支,方便学生学习不同情境下汽车销售顾问的销售方式;关键节点中的选择题、拖拽题、话术选择、单据确认等作答形式,进一步加强学生对重点知识内容掌握情况的考核评价。此外,系统自带记忆功能,学生中断学习再次登录时,系统会提示是否继续上次任务,以继续未完成的任务。

场景互动界面　　　　　　　　　　　试题互动界面

教学模式下,教师不仅可通过系统自带客观题题库,自主选择试题组卷,对学生进行单一任务的考核评价,还可将任务学习中的视频、漫画等主观题生成二维码,要求学生使用移动端扫描二维码,完成任务中的主观答题。除此以外,教师也可查看参考答案、收藏学生优秀答案,对学生的答题情况进行监控,实现了课堂教学的实时互动。

教师发布任务测试试题界面　　　　　学生扫描看资源界面

综合测试下,教师可组织所有任务下客观试题的随机测试;学生可在移动端进行任务测试和综合测试,了解测试详情,收藏典型题目,以便及时巩固学习要点。

《汽车营销情境三维仿真教学系统》通过PC端和移动端的协同使用,实现了学生技能训练模式的创新,为职业院校汽车营销专业实训教学改革开辟了广阔天地。

附录 《汽车销售情境三维仿真教学系统》简介

学生在移动端答题界面